本书获得南昌大学"双一流"博士点建设专项（71764017）的资助，是国家自然科学基金项目"博弈架构下的区域土地—产业结构综合优化配置研（71764017）的阶段性研究成果

U0671414

农村基础设施融资机制：基于非营利性的理论与实证研究

THE FINANCING MECHANISM OF RURAL INFRASTRUCTURE BASED ON THE THEORY AND DEMONSTRATION OF NONPROFIT CHARACTERISTICS

毛燕玲 ◎ 著

经济管理出版社
ECONOMY & MANAGEMENT PUBLISHING HOUSE

图书在版编目（CIP）数据

农村基础设施融资机制：基于非营利性的理论与实证研究/毛燕玲著．—北京：经济管理出版社，2021.7

ISBN 978 - 7 - 5096 - 8156 - 5

Ⅰ.①农… Ⅱ.①毛… Ⅲ.①农村—基础设施—融资机制—研究—中国 Ⅳ.①F323

中国版本图书馆 CIP 数据核字（2021）第 145195 号

组稿编辑：杜 菲
责任编辑：杜 菲
责任印制：黄章平
责任校对：王淑卿

出版发行：经济管理出版社
　　　　　（北京市海淀区北蜂窝 8 号中雅大厦 A 座 11 层　100038）
网　　址：www. E - mp. com. cn
电　　话：（010）51915602
印　　刷：唐山昊达印刷有限公司
经　　销：新华书店
开　　本：720mm×1000mm/16
印　　张：17
字　　数：277 千字
版　　次：2021 年 9 月第 1 版　　2021 年 9 月第 1 次印刷
书　　号：ISBN 978 - 7 - 5096 - 8156 - 5
定　　价：88.00 元

总　序

南昌大学是国家"双一流"计划世界一流学科建设高校，是江西省唯一的国家"211工程"重点建设高校，是教育部与江西省部省合建高校，是江西省高水平大学整体建设高校。2014年5月，南昌大学管理学院成立，学院由管理科学与工程、图书情报与档案管理、信息管理与信息系统三个老牌学科组成。管理科学与工程学科，具有从本科专业、一级学科硕士学位授权点到一级学科博士学位授权点、博士后流动站的完整体系，是江西省"十二五"重点学科。因此，在学科建设方面，管理学院在设立之初就奠定了雄厚基础。

南昌大学管理学院第一任领导班子中，彭维霞书记雷厉风行，涂国平院长沉着稳重。在他们的带领下，管理学院迈入了发展新征程，在教学、科研、社会服务、人才培养等方面均取得了显著成效。2019年，感谢组织信任、领导推荐和同事支持，本人有幸成为管理学院的第二任院长。感恩于前辈打下的基础，我辈少了筚路蓝缕的艰辛，却多了任重道远的压力；得益于前辈创设的体制，我辈继承了艰苦奋斗与稳健发展的精神，却也感受到了更多对于创新发展的期盼。

当前，管理学院存在规模小、底子薄、知名度不高的问题，南昌大学管理科学与工程学科在学科排名中落后于诸多"985"高校的相关学科。为此，本人时常思考如何推动学院奋起直追、实现跨越式发展，颇有心得。

学科建设是学院发展之本。2017 年，我国开始统筹推进世界一流大学和一流学科建设，南昌大学仅有 1 个学科入列。管理科学与工程学科，离"世界一流"这一目标还有遥远距离。但是，"双一流"建设为管理学院管理科学与工程学科的发展指明了方向，也带来了机遇。管理学院的追赶式发展，需要以学科建设为抓手，在学科带头人与学科团队建设、科研平台与教学基地建设、高质量和有特色的学科品牌建设等方面做文章、争成效。

学术研究是学院发展之基。学术研究能力是学科发展的硬实力。在学校排名、学科评估、学术资源配置等方面，学术研究成果一直都是关键业绩指标。全面提升学院教师的学术研究能力、专心打造具有国际和国内影响力的高水平科研成果，是管理学院突破话语权壁垒、实现跨越式发展的战略要点。在学院内培养学术意识、推广研究型文化、引导和激励卓越研究成果的诞生，应该始终作为学院科研管理工作的重心。

人才培养是学院发展之魂。高校，是高级人才培养的重要基地。人才培养，包括学生的培养，也包括学者的培养。大学之魂，不在"大"，而在"学"——学生、学者与学术，共同构成了大学。因此，管理学院的未来发展，既寄托在优秀在校生的培养以及优秀毕业生的回馈之上，也寄托在培育大师、培养国家级与省级拔尖人才、引进具有学术追求和研究能力的青年学者之上。学院是全体师生的学院，需要全体师生的共同努力，也希望能够成为全体师生共同成长的沃土。

思想宣传是学院发展之路。南昌大学管理学院一直都在"默默无闻"地发展。然而，作为哲学社会科学的一员，管理学科也理应承担反映民族思维、发扬精神品格、宣传思想文化、服务国家智库、繁荣社会发展的使命。很多高校的经济与管理学院之所以能在学校发展中举足轻重，也正是因为占领了思想宣传和服务社会的高地。南昌大学管理学院，需要领会习近平主席在哲学社会科学工作座谈会上的讲话精神，加强和改进宣传思想文化工作，全心培养"文化名家"、"四个一批"人才和"宣传思想文化青年英才"，在思想宣传和社会服务方面勇创佳绩。

品牌塑造是学院发展之志。高校之间的竞争，不亚于企业竞争，品牌塑造同样是高校之间竞争制胜的重要法宝。南昌大学管理学院，急需在人才培养、学术研究、社会服务等方面提升能力、培育优势、凝练特色、塑造品牌，走差异化发展道路，才有可能"弯道超车"，实现跨越。加强品牌塑造，既需要高水平学术研究成果和大师级学者等硬实力作为支撑，也需要特色、文化、制度改革等方面的软实力提供支持。

正是基于上述考虑，本人在担任管理学院院长之后，开始着手规划和布局，而这套"南昌大学管理科学与工程博士点学术研究丛书"的组织出版，正是学院围绕学科建设、学术研究、人才培养、思想宣传和品牌塑造等目标而实施的一项集体行动。希望能通过丛书出版，加强南昌大学管理学院的学术传播与品牌推广，激励管理学院全体教师的学术研究与成果发表，为南昌大学管理科学与工程学科的建设做出贡献。

在此，感谢南昌大学对管理学院发展的重视，并将管理科学与工程博士点列入学校学科建设的支持项目，学校的经费支持资助了本套丛书的出版；感谢管理科学与工程系师生的辛勤工作与创造性努力，本套丛书所发表的研究成果都是他们学术探索的劳动结晶，是他们的工作促成了本套丛书的顺利出版。

本套丛书包括15本学术专著。它们可以归纳为科技创新与知识管理、农业经济与生态管理、系统动力学、物流与供应链管理、政府政策与社会管理5个方向。

科技创新与知识管理方向，包括喻登科教授的《科技成果转化知识管理绩效评价研究》、《知性管理：逻辑与理论》，陈华教授的《科技型中小企业协同创新策略研究》，薄秋实副教授的《协同创新的组织模块化过程和创新模式研究》以及余伟副教授的《企业开放式创新的形成机理》。

农业经济与生态管理方向，包括徐兵教授的《中部地区农村经济系统重构——城乡协调发展下的研究》，傅春教授的《绿色发展蓝皮书》，毛燕玲教授的《农村基础设施融资机制：基于非营利性的理论与实证研究》以及邓群钊教授的《基于承载力的排污权组合分配研究》。

系统动力学方向，包括刘静华教授的《农业系统动力学》和祝琴副教授的《系统动力学建模与反馈环分析研究》。

物流与供应链管理方面，包括徐兵教授的《农产品供应链运作与决策——基于PYO模式的研究》以及谢江林副教授的《资金约束供应链系统分析与决策》。

政府政策与社会管理方向，包括石俊博士的《政府财政支出与经济高质量发展》和曹开颖副教授的《再制造背景下政府政策与企业以旧换新策略研究》。

这5个方向基本囊括了南昌大学管理学院管理科学与工程学科的主要研究领域。我们在硕士与博士的招生与培养、学术团队与学科建设等方面，都主要是从这几个研究方向加以推进。其中，系统工程与系统动力学是南昌大学管理科学与工程学科的特色方向。

欢迎对这些研究方向感兴趣的学者与同行来南昌大学管理学院交流，欢迎对相关领域有需求的企业提供合作机会，欢迎在这些研究方向有发展潜力的青年博士能加入我们的研究队伍，欢迎有志于从事这些方向研究的同学能够报考南昌大学管理科学与工程专业的硕士与博士。南昌大学管理学院将始终秉承开放创新的理念，欢迎你们的交流与指导，也接受你们的批评与指正。

正因为有你们的支持，我相信，南昌大学管理学院会越办越好。

南昌大学管理学院院长

2020 年 4 月 20 日

前　言

　　基础设施是一种可共享的投入，承载着一个地区的经济运行和发展速度，无论是城市还是农村的发展首先是基础设施的发展，基础设施的建设必须超前于地区的发展。由于我国城市与农村是长期二元体制下形成的发展内涵泾渭分明的两大独立区域，且在经济、社会、文化与生活等方面的发展竞争力，农村与城市的差距尤为显著，其根本症结在于各类农村基础设施严重滞后于城市。因此，如何利用各种"反哺、支农、扶贫"机遇与政策，加大农村基础设施投入，推进社会主义新农村建设，是我国当前乃至今后较长时期的发展目标。

　　本书围绕非营利性农村基础设施的融资问题，以公共物品理论、投融资理论、系统科学、发展经济学、博弈论、优化理论、计量经济学、金融工程、项目管理等相关学科理论为指导，遵循综合分析和个案分析相结合、逻辑分析和数理分析相补充的研究思路，科学地对非营利性农村基础设施融资机制框架、融资结构理论与方法、特定类型农村公路和农村水电建设项目的融资机制做了系统深入研究，同时对研究所建立的理论模型给予了实证分析。

　　本书的主要研究内容是：农村基础设施的内容、性质和作用分析，分别从实证角度和调查实践角度论证农村基础设施对"三农"和农村社会进步的作用；非营利性农村基础设施融资机制的理论分析，重新界定了融资机制的内涵并提出融资机制的研究框架和研究思路，以及在此框架下非营利性农村基础设施融资机制的形成原理、内容和类别；融资结构理论分析，一类非营利性农村基础设施的融资结构优化研究；农村公路和农村水电项目融资机制的理论分析，定量研究了两种农村公路市场化融资方式，建立了农村水电PPP融资应用模式；探讨非营利性农村基础设施融资创新途径。

主要研究结论包括：①农村基础设施投资与农村农业和非农经济增长及农民收入增长构成长期均衡关系，农村水电与后两者之间不但构成长期均衡关系，而且还存在单向因果关系，同时农村社会进步对基础设施的依存度较高；②基于自组织理论的系统观点把融资机制划分成内生融资机制和外部融资平台两大模块，提出三类非营利农村基础设施融资机制，即财政主导型、财政补助型和财政引导型；③非合作博弈和合作博弈理论应用于一类需要政府补助并且可市场化运作的非营利性基础设施项目融资结构的研究，建立了多目标优化模型，给出了求解步骤并对农村小水电代燃料工程进行了实证分析；④对农村公路和农村水电项目的融资主体和融资渠道进行分析，对农村公路冠名权双方叫价拍卖进行博弈分析，运用实物期权理论方法建立农村公路路边土地开发权定价模型，建立农村水电PPP融资应用模式；⑤提出三种非营利性农村基础设施融资创新途径：组合BOT融资模式；组建农村建设投资公司；以农村建设公司为依托发行企业集合债券。

本书构建的非营利性农村基础设施融资机制研究框架，使农村基础设施的"政府引导、社会参与、市场运作"的投融资体制改革成为可能，对我国加快农村基础设施建设、加速新农村建设进程、实现城乡一体化具有重要的理论和应用价值。

目　录

第一章

绪 论

一、研究背景与意义

（一）研究背景

　　中国是一个有着 6 亿农村人口的发展中国家，在一定的历史条件下，城乡二元体制对中国经济社会的发展做出了巨大的贡献，"农业支持工业、农村支持城市"，造就了今日城市的繁荣和工业的发达。但同时也由于农业支持工业的城乡剪刀差二元经济格局及引致的城乡二次分配或多次分配不公，使农业成为国民经济的弱势产业，农村成为国家的弱势区域，农民成为社会的弱势群体，造成城乡差距不断扩大。而在这种计划体制下，城市中的基础设施等公共品几乎完全由国家财政投入，而农村的基础设施和公共物品则大部分由农村集体和农民自己投入，国家的投入相当有限，直接的体现就是当前农村基础设施整体水平落后，无论是投资的力度、建设的质量，还是覆盖的广度与城市相比都形成了强烈的反差，这进一步反映了农村公共物品长期供给中国家层面的主体缺失和社会层面的动力不足，致使农村得不到和城市水平同等或差不多的公共品供给。因此，不公的农村公共品供给机制是影响农业地位和竞争力的提升、农村经济发展潜力的发挥和农民生活水平的改善等的最大障碍之一，也是构成"三农"问题的瓶颈因素，制约着农业发展、农村经济增长和农民收入提高，城乡差距日益扩大。

随着城乡矛盾的日益尖锐和社会不和谐因素的增加，如何保证农业安全、促进农村经济发展、提高农民生活水平，进而实现城乡共同富裕逐渐成为国家和社会的共同认识。自 2004 年以来国家连续多年发布了关于"三农"问题的中央一号文件，并且党和国家先后提出推进社会主义新农村建设、脱贫攻坚战略、美丽乡村建设、乡村振兴战略等事关农村长远发展的系列可持续战略规划，从而终结了以往"农业支持工业、农村支持城市"的城乡关系模式，形成了当前形势下的"哺农、支农、扶农、振农"的新型城乡发展格局，国家对城乡关系战略进行了根本的逆向性调整，而化解"三农"问题也将是未来相当长时期国家宏观调控和财政政策关注的重点。响应时代要求，"三农"问题成了学术界经久不衰的研究热点，造就了一大批"三农"学者和专家，时下消除国民经济和社会发展的城乡二元体制障碍，深化改革城乡二次及多次分配体系，建设社会主义新农村，推进和谐社会和城乡一体化进程，等等，这些问题成为理论界和政治界探讨和着力解决的焦点。

在一系列支农惠农政策的出台和支持下，城乡关系得到了明显改善，国家加大了对"三农"的资金投入和政策倾斜，农村公共品的供给主体也由乡村集体和农民转变为国家和各级政府。但这种二次分配在城乡间的调节和加大农村公共品的财政供给力度仍停留在对历史欠账和"三农"利益的补偿上，并没有形成真正意义上的"城市带动农村、农村支撑城市、城市依托农村"的良性互动机制。对于资金密集型的农村基础设施而言，由于本身的准公共品性质以及乡镇和村这样的基层单位财力所限，现阶段其建设融资的主要来源仍然是各级政府和公共部门的投入，都忽视了对农村基础设施自身内生融资机制的培育，更忽视了对城市资金和社会资金的有效激活和利用，若无可持续机制，农村基础设施的建设尤其管养问题恐日久难支，只能依赖财政补助，而无法形成"造血"式自给自养机制。因此，在这种新的政策背景和历史时期下，研究农村基础设施建设中的融资主体构成、内生性融资机制的形成、财政在融资中的职能和定位、市场化运作的可行性和空间等问题，对于拓宽农村基础设施资金渠道，加快农村基础设施和社会主义新农村建设，进而实现城乡经济社会协调发展，无疑具有一定的理论意义和社会价值。

（二）研究意义

分析农村基础设施的内容属性和作用，研究其资金融通过程中的现状和问题，符合新时期农村经济社会发展的要求，是推进社会主义新农村建设、实现城乡一体化和构建和谐社会的时代要求。因此，本书的研究具有一定的理论和现实意义。

1. 研究农村基础设施的内容和作用有助于丰富发展经济学的研究内容

农村基础设施所涉及的内容非常广泛，但学术界对其涵盖的内容一直没有进行统一的界定和系统分类，而且对其作用的分析主要着重于经济和物质层面，忽略了对农民精神文明和社会进步的潜在作用分析，从而影响对农村基础设施研究的深入和细化。本书从农村基础设施的概念入手，结合公共物品理论和外部性理论，对农村基础设施内容进行了系统分类；此外，从计量经济学角度实证了农村基础设施对农村农业经济和非农经济增长、农民收入的影响，同时，还研究了农村基础设施对建设农村物质文明、精神文明和生态文明等的作用，从经济增长和社会进步两方面分析了固定资产投资的作用，有利于拓展和丰富发展经济学的研究内容。

2. 分析国外农村基础设施融资问题可以借鉴经验加快社会主义新农村建设进程

知己知彼，方能百战不殆。了解国外一些国家在城乡一体化进程中以及农村基础设施建设过程中融资方面的法律法规和资金来源等内容，一方面可以借鉴它们的成功经验和模式，另一方面可以发现我国农村基础设施建设中的不足和可能存在的融资问题，从而可以少走弯路，避开农村基础设施融资中的盲点和难处，创造合适的融资条件，争取有利的融资机遇，探索符合我国国情和"三农"特点的农村基础设施建设融资机制，进而加快我国农村基础设施和新农村建设进程。

3. 研究农村基础设施的融资机制能够体现学科综合和交叉的优势

农村基础设施融资机制的研究既属于投资经济学的范畴又属于项目管理学的领域，需要多学科知识，具有交叉性和复杂性特点，而融资机制的研究框架和研究方法迄今为止尚没有文献专门阐述。本书围绕融资机制对农村基础设施的融资问题进行研究，通过分解融资机制的组成要素，建立融资机制研究框架，并运用系统论思想综合分析农村基础设施融资机制的存在形式和原理，在此基础上，选取具有代表性的几类不同性质农村基础设施，分别对它们所代表的融资机制进行逐一分析，同时结合博弈论和运筹学等理论和方法研究了一类典型农村基础设施的融资结构并建立数学模型，使在融资机制的研究方法上处处体现综合和具体，有效利用了多学科交叉的优势。

4. 研究财政在农村基础设施融资中的责任和角色可以推动财政预算投入的合理化

现阶段无论是学术界还是领导层都强调要加大中央和地方财政对农村基础设施的投入力度，一味地呼吁财政担负起农村公共品供给的主要责任。但需要明确的是，农村基础设施既有公益性突出的物品也有经济性较强的物品，不能一概而论，由财政统包统揽，这既不科学也不现实，财政担负的责任必须视农村基础设施的具体性质而定。本书通过从农村基础设施的经济学属性着手，分析不同类别农村基础设施建设的融资主体及可能的融资渠道，进而按类界定财政在其中所应承担的责任以及政府在农村基础设施融资过程中所扮演的角色，无疑更能体现财政资金利用的效率与公平，有利于更加合理地设置财政预算投入机制。

5. 研究农村基础设施融资中市场机制的作用及市场化的运作模式可以丰富公共物品供给理论的内容

根据公共物品供给理论，纯公共物品、准公共物品和私人物品之间并没有严格的界限,一旦条件成熟,三者是可以互相转化的。本书通过分析不同类别农村基础设施的供给主体,探讨民间和私人部门提供农村基础设施的可行性范围,以及由私人部门安排农村基础设施供给责任的制度性和技术性条件,进而研究运用市场机制对农村基础设施进行融资的方式和手段,并选择特定的某种农村基础设施分析其商业化运作的实现路径,此外,在分析市场化融资所需的一系列保障条件的基础上,提出几种农村基础设施市场化的融资模式,从而可以丰富公共物品供给理论的内容。

二、国内外文献综述

(一) 国外研究

1. 公共物品供给理论

以马歇尔、庇古、萨缪尔森等为代表的福利经济学派认为,由于公共物品的非排他性和非竞争性,通过市场的方式实现排他是不可能的或者成本高昂,并且在规模经济上缺乏效率,私人部门没有提供公共物品的动力,因此,大部分公共物品必须由政府提供(巴尔,2003)。奥尔森(2003)在《集体行动的逻辑》一书中指出:一个国家首先是一个为其成员公民提供公共物品的组织,政府被认为是为公众提供公共物品的组织,在公共物品提供过程中存在着较强的规模经济和外部性,因而私人部门不愿意或没有能力提供公共物品。奥茨由此提出:既然公共物品的成本是相同的,那么"让地方政府将一个帕累托有效的产出量提供给他们各自的选民,则总是要比中央政府向全体选民提供任何特定的并且一致的产出量有效得多"(黄恒学,2002)。这就是分权定理。一般来说,分权管理比集权管理更有效,因为分权管理在增加投资来源的同时,会减少集权产生的政策失灵和政府低效。

布坎南提出了在所有权和经营权合一的前提下，可以通过所有权变更的方式把公共物品的政府所有或公共所有转变为私人所有。布坎南从俱乐部理论出发，认为现实世界的产品是纯私人物品和纯公共物品的混合，在不同程度上具有俱乐部的性质，因此，在市场中加入俱乐部这样的组织形式可以在一定程度上克服"搭便车"问题。俱乐部产品有它特有的消费边界和均衡点，可以成为公共物品供给的有效组织。公共选择理论认为，如果对提供排他性公共物品的技术和偏好聚类，使得在一个给定规模的社会中形成最优构成的俱乐部数目很大，那么，通过个人的自愿结社而形成俱乐部是这些排他性公共物品的一种最优配置。

灯塔常被引为纯公共物品的典型例证，认为必须由政府来提供。穆勒（1848）以及庇古（1932）均指出，私人建造灯塔的收益远远低于社会的收益，所以政府建造灯塔是必要的。萨缪尔森（1964）也表达了类似的观点，他从边际成本的角度论证了灯塔应该归类为公共物品，认为对社会而言，向多一条服务的额外费用等于零，因此这类对社会有益的服务应该是由政府供应，并且应该是免费供应。

但是，科斯得出的结论却与众不同，他认为私人投资建造灯塔比政府效率更高。并指出，历史上英国灯塔一直是由私人提供的，政府的作用在于灯塔产权的确定和行使。与科斯的观点相似，Demsetz（1970）和 Goldin（1979）从管理或技术角度提出公共物品私人供给的可能性，认为或者通过价格的手段，或者通过管理或其他手段实现公共物品在不同消费者之间的差别供给，通过竞争的市场机制可以有效地提供可排他性的公共物品。Demsetz 提出，在能够排除不付费者的情况下，私人企业能够有效地提供公共产品，对于有不同偏好的消费者，可以通过价格歧视的方法进行差别收费。Goldin 也认为，产品或服务采取何种方式提供应取决于排他性技术和个人偏好的多样化。

世界银行专家普拉丹认为，政府与私人部门的相对作用（职能分工）应是选择是否需要公共筹资和公共提供的主要标准，公共支出应首先集中用于私人市场不会提供或者提供过少的产品和服务，而不应该仅仅去替代或者只是有限地改进私人市场活动。美国财政学家罗森也提出，公共物品的公共提供和私人提供的选择取决于相对工资、材料成本、行政管理费用、对产品的偏好差异和分配问题。即使在产品由公共提供的情况下，在公共生产和私人生产之间也必须进行选择，决定公共还是私人生产哪一种更有效率的关键因素是市场环境（刘宇飞，1999）。

美国政治经济学家奥斯特罗姆夫妇则明确提出要改变政府作为公共领域垄断者的单中心治理模式，建立政府、市场和社会三维框架下的多中心治理模式。梭罗（1997）表达了同样的观点，他认为"归根结底，要研究的问题不是在私人投资和公有投资间做简单的选择问题，而是需要建立一种包括调控管理、协作、竞争及公私投资者有效地融合的复杂的体制，以便提供低成本高效率的基础设施服务系统"。

2. 基础设施与经济社会发展的关系

斯密（1979）在《国富论》一书中分析了资本积累对一国财富增长的重要性。他认为，增加一国国民财富的方法之一是增加生产性劳动者的数量，而"要增加生产性劳动者的数量，必先增加资本，增加维持生产性劳动者的资金。要增加同数量受雇佣劳动者的生产力，唯有增加那些便利劳动、缩减劳动的机械和工具，或者把它们改良……但无论如何，都有增加资本的必要"。不仅如此，他还谈到了资本形成的另一重要方面，即资本的投向问题，斯密已经认识到了不同经济部门的劳动生产力是不同的，资本的不同投向产生的资本生产力不同，因而，为更好地发挥资本的效能，增加国民财富，促进经济增长，必须注意资本的用途。

凯恩斯（1999）在其代表作《就业、利息和货币通论》中建立了投资乘数模型，认为："一个经济单位的一笔初始的投资支出，会成为另一个经济单位的收入，在边际消费倾向一定的情况下，经济单位的收入增加会使支出的绝对量或多或少地增加，这部分增加的支出导致下一轮收入的增加，如此一轮一轮地递推下去，就会形成一条无穷数值不断减少的再支出链条，各轮支出的加总便是初始支出导致的支出总增加量。"因此，投资具有这样一种乘数效应，即投资变动能引起国民产出更大的变动。

美国经济学家 Rosensten – Rodan（1966）提出要发展经济，政府部门就必须全面地、大规模地在基础设施部门进行投资，才能加速经济增长。罗斯托（1962）在《经济成长阶段》一书中吸收了德国历史学派的经济发展阶段划分法、熊彼特的"创新"学说、凯恩斯的宏观经济分析和哈罗德—多马模型等理论方法，强调基础设施的重要意义在于基础设施发展是实现经济起飞的一个重要前提条件，其主要内容是：①强调随经济发展，基础设施投入应不断增加；②基础设施的投资建设政府部门应负重要责任；③其他部门的发展以基础设施为基础。

拉尼斯和费景汉认为，为了避免经济发展陷入低水平均衡陷阱，一国在经济发展初期应该对农业进行追加投资，以加速农产品及农业剩余的增长，促进剩余劳动力转移，带动经济发展。英国牛津大学农经学院经济学家莫利特以农业固定资本代替农业投资，在分析了1970～1975年70个发达国家和1975～1979年18个发展中国家的农业投资与经济发展关系后认为：当国内产品总值人均收入增加时，农业产值份额下降，总固定资本中农业固定资本的份额亦下降；国内农产品总值中再投入农业的比例，随人均收入的增加而增长。

Issah 等（2005）通过对 Harris – Todaro 两部门基本模型的扩展，把发展中国家政府对基础设施的供给和融资行为考虑进模型中，指出基础设施不但能够提高人们的生活水平，而且有助于依赖基础设施运作的农业产业化建立。Zhang 和 Fan（2004）利用印度的截面数据通过一般矩估计法（GMM）实证了基础设施发展对农业生产力的重大影响，指出道路和水利对农业全要素生产力具有长期的因果关系，其中水利设施有利于提高农业产量，而且其影响范围超出了农业生产边界；而道路可以降低农民交通和运输成本，还有助于农民的非农活动和人口迁移，进而对减贫和增加农民收入发挥重要作用。

3. 关于基础设施投融资问题研究

斯密（1979）在《国富论》中特别强调农业基础对国民财富增加和经

济增长的重要作用，提出政府应高度重视农业基础建设，主张把资本首先投向农业，让农业获取的资本量达到充足有余状况。而舒尔茨（1987）在《改造传统农业》中继续论述了政府对农业投入，改造传统农业对经济增长尤其是对发展中国家经济发展的重要作用。萨伊在其消费理论中把非生产性消费分为个人消费和政府为公共目的而进行的消费，主张公共费用应该用于建筑铁路、桥梁、运河等交通设施，反对修建如凯旋门、宫殿之类的被他认为无效用的公共建筑，他认为公共教育费用有助于财富的增长（朱彤书，1989）。

凯恩斯（1999）也强调政府投资基础设施不仅是政治的需要，也是发展经济的手段。并且近代多数发展经济学家，包括 Rosensten – Rodan（1966）、罗斯托（1988）等都进一步主张政府在基础设施建设中的主导作用，都将基础设施的投资建设作为政府实施经济发展战略和实现社会公平的职能，认为这是由"基础设施是社会变革、生产力发展和经济成长的条件"决定的。而赫希曼（1991）虽然也认为基础设施的投资要实行国家干预和经济计划，但他更强调市场机制的作用。

公共经济学认为，由于信息不对称、偏好加总困难、政治家近视等问题，政府提供基础设施等公共产品和服务往往产生低效率，而为数众多的准公共产品则应采用公私合作方式提供（朱柏铭，2003）。20 世纪 70 年代后的新公共管理学主张建立一个综合运用市场机制和科层制体系来提供公共产品和服务的全新体制，强调提高公共工程和服务管理绩效的重要手段是引进私人部门的竞争机制（张钢，2003）。美国公共管理专家萨瓦斯（2002）指出，"在政府角色和职能定位上，新理念表现为对政府失灵的认识，表现为政府战线的全方位退却和市场价值的回归，表现为公共服务的市场化"。德国经济学家鲍斯在《价格制定和价格管制》中指出，政府管制公共产品价格的目标是实现社会福利的最大化（任俊生，2002）。Ramamurti 等（1991）世界银行的专家指出，"基础设施以往对经济增长提供服务业绩不佳的基本原因是体制性激励机制不健全"，提出"应通过商业化管理、竞争和使用者参与"等方式来"改变激励机制"。

4. 农村金融问题研究

Levine（1997）对有关金融与经济增长关系的研究进行了总结，认为一个功能完善的金融市场的存在能够起到降低经济体中的风险、更加有效地配置资源、提高经济中的储蓄水平、降低交易成本等作用，这些功能又会有力地促进资本形成和技术创新，从而推动经济增长。赫米斯和伦辛克（2001）从分析金融中介与经济发展之间关系的角度得出"金融深化"的概念，指出，发展中国家的经济改革首先应该从金融领域入手，减少人为因素对金融市场的干预，借助市场的力量以实现利率、储蓄、投资与经济增长的协调发展，消除"金融抑制"。Bouman（1995）认为，人们能够通过参加互助会来减少来自生活中的不确定性冲击。此外，非正规金融市场上相对充分的信息以及隐性抵押等也减少了贷款的违约风险，使得居民小规模和短期的投资成为可能，这有利于经济增长。

Townsend 和 Yaron（2001）研究了农业经营风险对农村融资活动以及农村金融发展的影响：农业在缺乏必要的风险管理的情况下，将导致农村金融部门对农业信贷的下降和增大农村金融风险，"农业风险是许多发展中国家充分发展金融市场的阻碍"。Gow 和 Winnen（1998）对非传统的农业融资工具进行了深入研究，介绍了农业产业化发展的贸易融资方式（Trade Credit）、农业租赁融资方式（Leasing）以及以订单农业为基础的商品融资方式（Commodity Contract）。OECD（1999）专门对中国农村经济系统资金流失的渠道、规模和原因进行了分析研究。

（二）国内研究

1. 基础设施与经济增长

娄洪（2004）从生产要素供给的角度在对近年出现的经济增长模型进行分析的基础上，首次提出了包含分别由外生投资形成和由内生投资形成的具有不同拥挤程度的基础设施资本存量的动态经济增长模型，并在此基础上分析了基础设施资本存量对经济增长的作用机制，分析了基础设施的拥挤程度对长期增长率的影响机制。杨军（2003）认为，基础设施投资结构变动既有共同规律也有不同点，但是任何一个国家具体情况如何，基础设施投资结构会随着经济增长而变动，与社会需求相适应。作者还认为基础设施重置规模的不足等价于对基础设施的负投资，它对经济增长的负面影响十分突出。总之，基础设施的总支出与总产出之间有较为明显的弹性系数；基础设施物质存量资本与总产出和部门产出有明显的联系，但基础设施的增长不会导致总产出马上增长，同时基础设施的结构与经济增长有密切联系。李伯溪和刘德顺（1995）分析了中国基础设施水平的区域差异，认为对区域收入差异影响较大的基础设施是那些直接参与生产过程和影响劳动者的区域和企业选址的基础设施类型，同时基础设施的地区差异与地区经济增长呈正相关关系。

2. 农村基础设施与"三农"的关系

从理论分析角度，著名经济学家林毅夫（2000）指出，农村地区和与生活有关的基础设施仍然十分落后，基础设施不足是限制广大农村地区的居民实现其消费意愿的主要原因，以积极的财政政策来加快农村基础设施建设是启动国内需求、消除过剩生产能力最有效的措施，也是当前实现农村劳动力就业和农村产业结构调整，增加农民收入，解决"三农"问题的首要政策。岳军（2004）认为，就农村而言，有效提供农村道路、农村电网、农村有线电视网、农田水利设施等公共产品所产生的收入效应、消费效应和就业效应对刺激农村消费、扩大内需和拉动经济增长具有明显的带动作用。陈文科和林后春（2000）研究农业基础设施与可持续发展时，指出发展农业基础设施可以降低农业总成本，提高农业劳动生产率，降低农业自然与经济风险，促进农业专业化和可持续化发展，安定农业资源，阻止农业比较利益的下降，是建立统一市场的前提和基础，进而提出农业基础设施是农业、农村乃至全社会可持续发展的支撑。杨林等（2005）研究了公共财政框架下农村基础设施的有效供给，指出中国农村公共品供给严重不足，农村的生产性基础设施支撑力脆弱，服务性基础设施执行力减弱，社会性基础设施安全力薄弱，流通性基础设施承载力孱弱，中国的农民在农村不可能靠自己发展自己；必须加强农村公共财政支持。朱国忧

（2006）、袁立（2006）分别研究了农村基础设施投资乘数效应的作用机制和基础设施投资对农村经济增长的作用。

从实证分析角度，彭代彦（2002）指出乡镇道路、农村医疗卫生设施在降低农业生产支出和增加农民收入方面具有显著作用。鞠晴江（2006）对基础设施与农村经济发展关系的实证分析中，从理论上分析了基础设施与农村生产、农民增收以及农村经济社会发展的关系，同时通过选用双对数 Cobb - Douglas 生产函数模型对基础设施和农村经济发展的内在关系进行实证分析，检验了农村道路、电力、通信和教育四类代表性基础设施与我国农业生产、非农生产和农民收入之间的内在关系，结果显示：在其他条件不变的情况下农村公路里程、农村用电总量和平均受教育年限每增加 1%，农业总产值将分别增长 0.821%、0.184%、1.934%，非农乡镇企业总产值将分别增长 0.229%、0.856%、3.259%，三类基础设施的产出弹性之和大于 1，表明农村基础设施在农业生产和非农生产增长中都发挥了显著的规模经济效应；农村道路、通信和教育基础设施在农民人均收入提高上也具有显著影响。辛毅（2006）在研究农村基础设施建设与农业生产成本的关系时分析了亩均生产成本与国家财政农业基建投资、农村集体固定资产投资、农户固定资产投资、农业成灾率之间的关系，指出提高国家财政农业基建投资水平对于降低农业生产成本具有积极的作用，但国家农业基建投资一直无法满足农业发展的实际需要。徐翔和王洪亮（2003）通过研究建立经济计量模型计算江苏省的农业生产发展规模、农产品价格、劳动力转移及农业基础建设投资对农民收入的贡献及贡献率。

3. 公共物品供给研究

卢现祥（1996）指出公共物品的"共享性"决定其不能保证供给者利益的充分体现，由私人提供公共物品会造成资源配置缺乏效率，外部性和"搭便车"会使公共物品的私人供给不足，而政府可以凭借其强制力、意识形态等优势减少或拒绝"搭便车"现象。盛洪（2002）、曹吉鸣和郭建新（2002）认为，单靠政府难以承担全部公共物品提供和生产的重任，必须动员民间资本从事公共物品的供给。政府在公共物品的供应过程中，也存在"失灵"，不是供给成本过高造成的社会资源浪费，就是预算支出过高造成的供给数量过多，或是供给水平不能满足当时社会经济发展的需要。如果在公共物品的提供上引入竞争，则将有助于提高政府的效率和资源的利用率。卢洪友（2002）从公共物品的内涵与外延分析认为，单一的政府机制或市场机制以及单一的公共部门或私人部门，在公共物品供给过程中均存在失灵的问题，有效率的制度安排应当是政府与市场复合调节，公共部门与私人部门混合生产。因此公共物品应该由政府与市场（私人）以混合方式提供（吕恒立，2002）。

4. 基础设施投融资问题研究

最早的融资机制概念是葛兆强（1997）在研究经济增长、金融制度与融资机制创新时提出融资机制的概念及财政拨款型、银行贷款型和市场调节型三种机制模式。郑泽华（2002）进一步丰富了融资机制的内涵，指出所谓融资机制包括融资主体的确立、融资主体在资金融通过程中的经济行为、国民储蓄转化为一定规模、结构的投资的渠道、方式以及确保促进资本形成的良性循环的手段等诸多方面。李国民（2004）认为融资机制是指在调节资金的供给与需求、生产要素的流动与配置的过程中，相互联系、相互制约地作用于各相关经济主体的融资行为，以达到有序高效融资目的的作用机理。

丁健（1999）提出了构建以项目为主体的投融资机制，这是一种政府不以直接投资者或直接借款人的身份介入项目，而是以为项目提供市场优惠，特许经营权或管理权等方式来组织投融资的机制，并根据城市公共建设项目的不同性质和类别提出五种投融资方式。钱维（2006）认为，中国政府投资领域的市场化改革势在必行，在投资领域加快竞争机制的建立，引入多种主体的民营资本，重建市场的主体地位。蒋海等（2002）认为市场投资主体应该是企业、私人及其他的机构投资者，政府的投资应集中于公益事业而非营利性的投资项目上，如果政府职能部门同时经营公益性项目和营利性项目，很难避免这些部门将公益性项目的财政投入转向营利性项目的投资，导致市场中的不平等竞争，减少竞争性项目中企业和私人的投资机会，产生"挤出效应"。林森木（1987）认为税收和财政是城市基础设施价值补偿的重要形式，主张通过对基础设施企业实行减免税政策、对使用者征收专项税收和直接财政补贴等方式对基础设施进行价值补偿。刘立峰（2001）提出运用国债资金进行基础设施建设的有效性不足，难以在短期内形成对经济增长的支持，并指出政府承担的基础设施建设依赖于银行债务融资的现实将不利于基础设施的健康发展。魏陆（2003）对基础设施产业的财政资金进行了量化研究，指出基础设施等公共支出结构存在严重的显现和隐现财政债务危机。

5. 农村基础设施投资不足问题研究

杨邦杰（2006）、黄卫红（2006）、杨华（2006）分别通过大量的调研考察，了解到农村公路建设总量不足，农村公路养护资金匮乏，农村水利设施严重老化和短缺，农民烧柴占森林资源消耗总量的80%～90%，农村饮用水水源受到人畜粪便、垃圾与化学肥料等污染，农村固定资产投资投向教育的比重仅为2%，投向水利、环境和公共设施的比重为1%，指出经济基础设施是促进农村经济发展的前提条件，社会基础设施是保障农村社会发展的基础条件，新农村首先要建好基础设施，农村固定资产投资的突破口在于基础设施，必须加大力度建设农村基础设施。

杨明洪（2000）、顾焕章和周曙东（2004）、陈立双和张谛（2004）均认为，中国农村投资存在增长困境，农业投资运行中出现各种政府、市场、环境和投资主体等方面的问题。陈池波从制度经济学、博弈论和行为学角度对农业投资不足的成因进行了分析。从制度经济学角度分析认为现行产业投资体制、财政体制、农业经营体制的缺陷造成对农业投入的不足；从博弈论角度分析认为政府与农民之间是一种合作博弈，存在唯一纳什均衡解，即政府与农民博弈的结果是双方都不增加农业投资。王广起和张德升（2006）认为，中国农村基础设施存在的突出问题是供给短缺且极不平衡，扭转这一状况的根本途径在于完善农村基础设施建设的工作机制，建立一种长效投入机制，建立农民劳动积累机制，探索全社会力量的参与机制，以稳步、有序地促进农村基础设施健康发展。

6. 农村基础设施投融资渠道和模式研究

刘家伟（2006）认为，借鉴城市基础设施建设的一些作法，建立市场化和多样化的农村基础设施投融资模式应是大势所趋。陈秀芝和侯军岐（2004）认为，传统的投资体制障碍造成的投资资金短缺是最直接的制约"瓶颈"，因此，多渠道、多方式筹集建设资金是改变中国农村基础设施现状的关键。彭代彦（2002）对农村基础设施如乡镇道路、农业科研和技术服务、农村医疗卫生设施的投资资金来源作了归纳。

曹力群（2000）、温铁军（2004）等发现，农户贷款中大额借款占有相当大的比例，而且随着农村经济发展，农户借贷资金中用于生产性投资的倾向明显增强；商业银行、农村信用社等正规金融机构提供的贷款在农户借贷款总额中只占20%～25%，意味着中国正规金融机构在农村开展金融服务的效率低下。据对全国农村固定观察点2万多农户的调查，在现行农村金融市场上，多数农户从商业银行、农业发展银行、农村信用社等正规金融机构得到贷款的难度较大（李霞，2007）。何广文（2001）从引进外资的角度对中国农业投入短缺、农户和农村企业贷款难等问题进行研究后认为其根源在于严厉的金融管制和半封闭的金融环境的存在。

吴庆（2000）从公共物品理论出发对基础设施的投资难题作了探讨，指出大多数经济基础设施是准公共物品，政府不必独自投资基础设施而应该广泛吸引民间资本参与。黄如宝和王奋伟（2003）认为政府应该从经营性项目中逐步退出，集中精力投资非经营性项目，为解决公共物品所有权代理人缺位的问题，可运用市场化手段运作。张晋东（2005）认为，在基础设施领域引入竞争机制的过程中，存在诸多阻碍因素，政府应采取有效措施，发挥积极作用，为竞争机制的顺利引入创造条件。杨林等（2005）认为，农村基础设施投融资应该从制度创新、体制改革、融资方式、政策导向等角度进行创新。廖家勤（2006）认为依法明确界定各级政府在农村基础设施建设中的责任，建立充分体现农民需求的偏好显示机制和自上而下的基础设施供给机制等，是有效促进基础设施建设的政策选择。胡静林和周法兴（2006）认为PPP模式可以破解新农村基础设施建设资金和管理难题。贾康和孙洁（2006）建议鼓励沿海发达地区、城镇周边地带和农村较大型基础设施的专项资金支持的PPP项目试点，积极为民间资金进入农村基础设施出台相关的法规，形成政策保障。

（三）研究文献述评

1. 国内外研究成果的参考价值

综观国内外文献可以发现，有许多思想和观点是本书研究的理论基础，值得加以参考和借鉴，归纳起来主要有四点：第一，公共物品理论和外部性理论的研究成果是本书研究得以开展的理论基石，基础设施的公共品性质可以延伸到农村基础设施的经济学属性研究，以及对不同类型农村基础设施如农村公路和农村水电等的融资主体界定和融资机制分类都需要使用公共品性质和外部性效应进行探讨。第二，公共物品供给理论的研究成果给本书的深入研究提供了铺垫，尽管公共物品在某些条件下由政府提供最合适，而在另外某些条件具备时由私人部门提供更有效率，这两派观点在本书研究中都得到了体现。而且对于非营利性农村基础设施的财政主导型融资机制实际上就是基于公共物品政府供给论提出并展开研究的，而财政引导型融资机制则是基于公共物品私人供给论的研究观点，本书研究对公共物品政府供给论和私人供给论进行了综合运用，在研究财政主导型农村公路融资机制过程中分析了经过条件和制度设计后政府供给下的公共物品可以由私人部门提供，与德姆塞茨等的观点不谋而合。第三，基础设施对经济增长作用的一些研究成果给本书研究提供了动力，也是研究的价值依据，正是循着农村基础设施对"三农"问题的直接贡献和潜在影响这条线索开始研究的。第四，基础设施及农村基础设施投融资方面的研究成果使本书研究找到了切入点，从农村基础设施迫切的融资需求以及农村金融支持的贫乏开始，迅速捕获了现实与理论的最佳契合点，即对非营利性农村基础设施的融资机制进行研究。

2. 现有研究成果的不足

但同时也发现了现有研究成果的一些盲点和缺口，为本书研究提供了机会，主要有：第一，现有文献并没有对农村基础设施与农村农业经济增长、非农经济增长和农民收入三者进行均衡分析，要么只对其中的一类，要么只从定性或线性回归角度研究，并且还没有文献对农村水电与这三者之间的协整关系进行研究。第二，现有文献缺乏农村基础设施对农村社会进步影响的系统性研究，包括理论分析和实践调查方面都没有专门的研究成果。第三，现有文献较多地讨论融资渠道和融资模式，甚至有些文献把融资机制与融资模式和融资渠道混为一谈，对融资机制研究缺乏明确的框架和思路，对非营利性农村基础设施融资机制更无系统性的研究成果。第四，现有文献对农村基础设施的融资结构缺少定量研究，都只做了常规性的分析和论述。第五，转让农村公路冠名权和路边资源开发权是一项新的实践探索，没有查到相关文献，而对它们的定量研究文献更无从查找。

三、研究思路和技术路线

（一）研究思路

本书从公共物品理论和外部性理论出发，在对农村基础设施性质和内容进行分析的基础上，首先，从理论和实证两方面并结合调查问卷系统分析和论证了农村基础设施对解决"三农"问题的巨大作用和影响，以及现阶段农村基础设施融资的迫切需求，以此说明研究农村基础设施融资问题的意义和选题的价值；其次，综合运用投资经济学、发展经济学和系统科学与自组织理论，提出融资机制的研究框架和研究思路，并在此框架下研究非营利性农村基础设施融资机制的形成和分类，提出三种非营利性农村基础设施融资机制，并通过选取农村公路和农村水电作为非营利性农村基础设施的典型再分别对它们所代表的两类融资机制进行逐一研究；再次，通过分析非营利性农村基础设施市场化融资途径和可行性条件，运用博弈论、期权理论和项目融资理论等方法研究了农村公路市场化运作的几种融资模式；又次，运用融资结构理论分析了非营利性农村基础设施的资金来源和结构，并结合博弈论和多目标优化方法，定量研究了一类带约束的非营利性农村基础设施的融资结构且应用于农村小水电代燃料工程的实证分析；最后，在分析非营利性农村基础设施融资可创新性所需的保障条件的基础上，提出了三种非营利性农村基础设施融资创新途径。

（二）技术路线

本书的技术路线如图1.1所示。

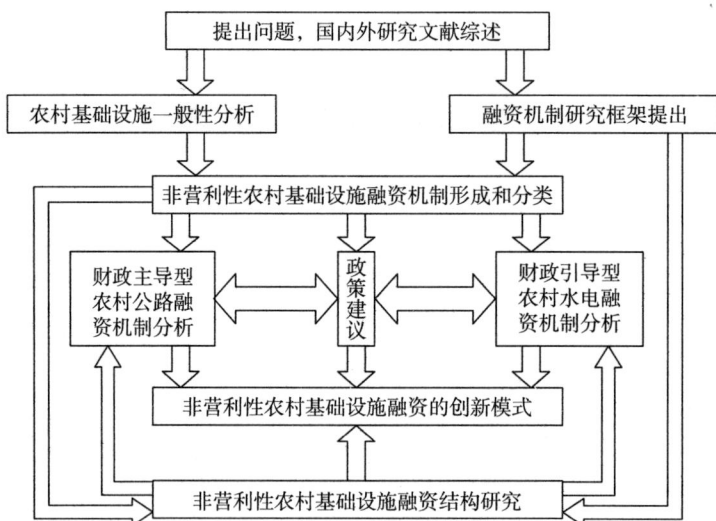

图1.1　本书的技术路线

四、主要内容和研究方法

（一）主要内容

1. 分析农村基础设施分类、作用和融资需求

从公共物品理论和外部性理论出发，结合基础设施的特点阐述了农村基础设施的内容和经济学属性并进行了系统分类，按照不同分类标准把农村基础设施分为八类；之后运用协整理论等计量经济学知识对农村基础设施投资及农村水电建设投资与农村经济增长、农村非农经济增长、农民收入增长的关系作了实证分析；从实践调查上分析了农村基础设施对农村物质文明、精神文明和生态文明建设的影响与作用；对现阶段农村基础设施的融资需求作了初步分析。

2. 探讨农村基础设施的国际实践

选取美国、日本、韩国三国，从融资制度和政策、农村金融体系和金融支持及融资渠道三个方面对三国农村建设和基础设施建设的融资问题进行阐述和总结，还对农协在日本农村振兴运动和韩国新村运动中的作用进行了分析，提炼三条成功经验并融合到当前我国农村基础设施融资实际中进行分析。

3. 研究非营利性农村基础设施的融资机制形成与分类

从融资的概念入手，结合其他学者的研究成果提出融资机制的定义；基于系统论的自组织理论阐述了融资机制的形成过程和分析框架，提出把融资机制划分成内生融资机制和外部融资平台两部分，并界定了非营利性农村基础设施融资机制的研究范围；在融资机制研究框架下根据融资主体的分类把非营利性农村基础设施内生融资机制分成三种：财政主导型融资

机制、财政补助型融资机制和财政引导型融资机制，分析了这三类内生融资机制的形成原理和关系，再度结合自组织理论提出了非营利性农村基础设施如何建立内生融资机制的几点思考；从农村金融体系和金融支持角度出发，对农村基础设施提出了搭建"亲农型"融资平台的有关建议。

4. 研究非营利性农村基础设施的融资结构

从融资结构概念出发，在综述各种融资结构理论的基础上对农村基础设施的资金来源和构成进行了分析；结合非合作博弈和合作博弈理论对一类需要政府补助并且可市场化运作的非营利性基础设施项目建设的融资结构进行了研究，从资本结构理论入手分析项目的债务价值和投资者价值，并考察了政府与投资者的完全信息动态博弈过程以及投资者和银行的合作博弈过程，建立了多目标优化模型并给出了求解步骤。

5. 研究财政主导型的农村公路建设融资机制

农村公路建设的融资机制是典型的财政主导型，分析了农村公路的特点、性质和融资需求，根据各级政府事权划分原则确定了农村公路融资主体的分类标准和具体内容，并分析了各级政府在农村公路融资中的职责和角色，分析了农村公路的资金来源渠道和结构；运用市场机制融资的条件探讨了农村公路市场化融资方式的可行途径；对两种农村公路市场化融资方式进行定量研究，运用博弈论的双方叫价拍卖原理研究了农村公路冠名权的市场化运作方式，此外，还运用实物期权理论建立了农村公路路边土地开发权定价模型并给出了一个实证算例。

6. 研究财政引导型的农村水电融资机制

从分析农村水电准公共品性质和农村水电的财政引导型融资机制的理论和政策依据入手，分析了不同类型农村水电项目的融资主体，以及从政策层面分析了财政对农村水电项目的具体引导方式，分析了农村水电项目的资金来源和构成，之后对 PPP 融资模式在农村水电项目中的运用做了分析，结合第五章的研究成果对农村小水电代燃料工程的融资结构进行了实证分析。

7. 探讨新型非营利性农村基础设施融资模式的可行路径

从明确产权、立法保障、完善农村金融和服务型政府四个方面构建非营利性农村基础设施融资创新途径的保障措施，在此基础上提出三种新型非营利性农村基础设施融资可行途径：组合 BOT 融资模式、组建农村建设投资公司、以农村建设公司为依托发行企业集合债券。

（二）研究方法

1. 计量经济学协整理论的应用

运用计量经济学中的协整理论和误差修正模型等知识对农村基础设施投资及农村水电建设投资与农村经济增长、农村非农经济增长、农民收入增长之间的长期均衡关系和短期波动进行分析，并应用格兰杰因果检验方法对变量之间的因果关系进行经验性研究。

2. 系统科学和自组织理论的应用

基于系统论思想和自组织理论提出融资机制的研究框架，并用于非营利性农村基础设施融资问题的研究，同时把自组织理论贯穿于非营利性农村基础设施融资机制的形成过程和不同类型融资机制之间关系的分析，提出非营利性基础设施融资创新途径。

3. 博弈论和多目标优化方法的应用

运用博弈论的双方叫价拍卖原理研究了农村公路冠名权的市场化运作方式；结合非合作博弈和合作博弈理论对一类需要政府补助并且可市场化运作的非营利性基础设施项目建设的融资结构进行了研究，建立了多目标优化模型，并利用 Matlab 软件对模型进行仿真求解。通过对各融资主体在融资过程中的博弈分析，建立农村基础设施各融资方的价值函数，并运用博弈论的有关方法，以及效用理论、优化理论等工具求出不同类型农村基础设施的最佳融资结构。运用博弈论的双方叫价拍卖原理研究了农村公路冠名权的市场化运作方式，此外还运用实物期权理论建立了农村公路路边土地开发权定价模型。

4. 期权理论和方法的应用

根据实物期权理论分析了农村公路路边土地开发权特点，运用 Black - Scholes 期权定价方法，建立了农村公路路边土地开发权定价模型，并再度利用 Matlab 软件对模型进行仿真求解。

5. 实证分析与规范分析相结合，问卷调查与理论研究相结合，定性与定量相结合，演绎和归纳评价相结合

在运用公共物品理论和外部性理论分析农村基础设施性质和内容的基础上，实证分析了农村基础设施的作用和影响，并从问卷调查角度分析农村基础设施建设对农村社会进步的贡献；在介绍归纳发达国家较成功的农村基础设施融资模式的同时，对这些模式的利弊及在中国运用的可行性作了评价；在演绎非营利性农村基础设施融资机制的形成原理和不同类别特定非营利性农村基础设施融资机制的存在方式之后，对它们的市场化运作前景和创新融资模式做了归纳评价和预测；在定性分析非营利性农村基础设施融资中的政府作用后，利用博弈论等方法定量研究了一类特殊非营利性农村基础设施的融资结构问题；在定性分析非营利性农村基础设施市场化融资途径后，运用博弈论和期权理论等方法定量研究了农村公路市场化运作的几种融资模式。

第二章
农村基础设施理论要点和融资需求分析

一、公共物品理论和外部性理论

（一）公共物品概念

关于公共物品，布坎南明确指出，公共物品包括纯公共物品和准公共物品。

1. 纯公共物品概念

公共物品的概念最早由休谟提出，而萨缪尔森首次给出了公共物品的明确定义并将公共物品研究从实证理论发展成规范理论，萨缪尔森指出："来自公共物品的效益牵涉到对一个人以上的不可分割的外部消费效果。相比之下，如果一种物品能够加以分割，因而每一部分能够分别按竞争价格卖给不同的个人，而且对其他人没有产生外部效果的话，那么，这种物品就是私人物品。"之后萨缪尔森将公共物品定义为"每个人对这种物品的消费，都不会导致其他人对这种物品消费的减少"，并归纳了公共物品在消费中的两个本质特征：一是非排他性，二是非竞争性。这一描述和归纳成为经济学关于纯公共物品的经典定义。

20 世纪 50 年代以来，围绕萨缪尔森的理论，经济学家展开了持久的讨论，公共物品理论不断丰富。斯蒂格利茨对前人的理论进行了简明的总结，他指出："公共物品是这样一种物品，在增加一个人对它分享时并不导致成本的增长（它们的消费是非竞争性的），而排除任何人对它的分享都要花费巨大的成本（它们是非排他性的）。"

2. 准公共物品概念

由于在现实中还存在许多"萨缪尔森归纳"不能完全包容的特殊公共消费，后来的公共选择学派代表人物布坎南又对其作了重要修补。他提出了准公共物品（又称非纯粹公共物品或混合公共物品）理论，认为这类准公共物品或者只具有非排他性，或者只具有非竞争性，而不能同时满足萨缪尔森所提出的两个条件。他指出："根据我们的目的，任何集团或社团因为任何原因决定通过集体组织提供的商品或服务，都将定义为公共商品或服务。这一范围很广的范畴可以包括萨缪尔森和其他经济学家已经确定的'纯集体'商品，但也可以包括'公共性'程度从 0% 到 100% 的其他一些商品或服务。"奥斯特罗姆夫妇沿着布坎南的思路对物品特性的相对意义做了有实证依据的判断："任何消费性的物品其量和质几乎都不是完全不可分的。在一定的供给界限之内，一个人使用一个物品会部分地减少其他人使用和享受该物品。使用每增加一个单位，都会妨碍特定一群使用者中其他人对该物品的使用。消费的排他性和共用性只是程度上的差异，而不存在绝对排他或者彻底共用的东西。"

此外，根据服务范围的大小，可以将公共物品分为全国性公共物品、地方性公共物品和社区性公共物品。一般来说，全国性公共物品主要由中央政府来组织提供，地方性公共物品主要由地方政府组织提供，社区性公共物品则主要由所在社区组织提供。

（二）公共物品性质及分类

公共物品包括非排他性、非竞争性两个基本特征。

1. 非排他性

非排他性是指任何使用者都不能因为自己的消费而排除他人对该物品的消费，或者由于技术处置的排他成本过高而导致经济上不可行。非排他性使得公共物品能够免费使用，很难或者不可能对使用者收费。公共物品的这种性质，使得私人市场缺乏动力，不能有效地提供商品和服务。

2. 非竞争性

非竞争性是指消费者的增加不引起生产成本的增加，即每个消费者引起的社会边际成本为零。甲对该物品的消费，不会减少或影响乙对同一物品的消费。

根据排他性和竞争性的有无，可以把物品分为四种：第一种是纯公共物品，它同时兼有非排他性和非竞争性的特征；第二种是具有排他性但没有竞争性的可收费物品，可以通过一定技术使某些人使用，但使用并不影响他人的使用；第三种与此相反，有竞争性但无排他性被称为共用资源物品，设定边界十分困难或者成本过高，但是一人的使用影响他人的使用；第四种是既有排他性又有竞争性的纯私人物品，如图 2.1 所示。在这四种物品中，可收费物品和共用资源物品统称为准公共物品。

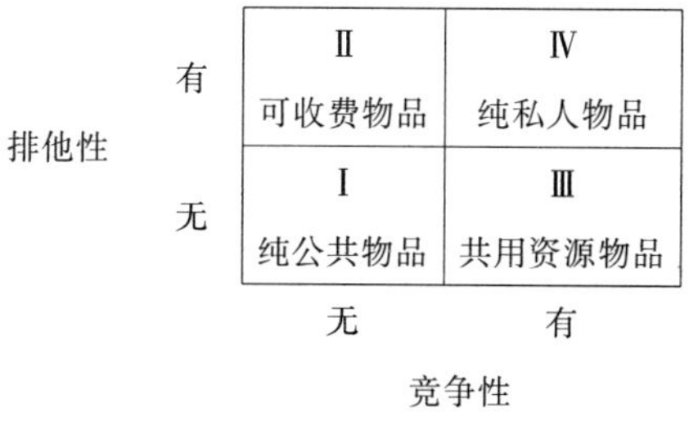

		竞争性	
		无	有
排他性	有	II 可收费物品	IV 纯私人物品
	无	I 纯公共物品	III 共用资源物品

图 2.1　物品的分类

非竞争性和非排他性导致公共物品消费上的"搭便车"现象，对私人企业的利润吸引力不足。但公共物品的非排他性和非竞争性是随社会发展动态变化的，排他性技术的发展可以使原来意义上的纯公共物品变为可收费物品。反之，技术的发展也能使某些物品具有更多公共物品的特点；就非竞争性而言，公共物品的消费存在一个"拥挤点"，当公共物品的使用人数超过这一点后，每增加一个消费者就会对其他消费者造成影响，从而这些公共物品的消费就具有了可竞争性，从而成为准公共物品。同时实践也证明，在纯公共物品和其他各种物品之间并不存在鸿沟（汪慧玲，2007；丘健雄和张晓慧，2007）。

（三）外部性理论

1. 外部性概念

外部性是指一个团体家庭或厂商的行为对另一个团体的效用可能性曲线或生产可能性曲线产生的一定影响，而产生这类影响的行为主体又没有负相应的责任或没有获得应有的报酬。根据产生的后果对于承受者而言是否有益，将外部性分为外部经济性（正的外部经济性）和外部不经济性（负的外部经济性），若有益，则称为外部经济性，反之，则称为外部不经济性。

2. 外部性理论发展和演进

外部性理论的发展经历了马歇尔的外部经济、庇古的庇古税和科斯的科斯定理三个阶段。这三个阶段被称为外部性理论发展进程中的三块里程碑。一般认为，外部性的概念是马歇尔首次提出的。马歇尔在分析个别厂商和行业经济运行时首创了外部经济和内部经济这一对概念。他把企业内分工而带来的效率提高称作是内部经济，而把企业间分工而导致的效率提高称作是外部经济。

作为马歇尔的得意门徒、福利经济学创始人庇古首先提出对污染征收税或费的想法，用灯塔、交通、污染等例子来说明经济活动中经常存在的对第三者的经济影响，即外部性，并提出了私人边际成本、社会边际成本、边际私人纯产值和边际社会纯产值等概念，形成了静态技术外部性的基本理论。庇古认为，在现实世界中，私人边际成本和私人边际收益并非任何时候都等于社会边际成本和社会边际收益，而新古典经济学中的完全依靠市场机制可以形成资源的最优配置从而实现帕累托最优是不可能的。因此，要依靠政府征税或补贴来解决经济活动中广泛存在的外部性问题。

新制度经济学的奠基人科斯重新研究了交易成本为零时合约行为的特征，批评了庇古关于"外部性"问题的补偿原则（政府干预），并论证了在产权明确的前提下，市场交易即使在出现社会成本（即外部性）的场合也同样有效，即科斯定理：如果交易费用为零，无论权利如何界定，都可以通过市场交易和自愿协商达到资源的最优配置；如果交易费用不为零，制度安排与选择是重要的。这就是说，解决外部性问题可能可以用市场交易形式即自愿协商替代庇古税手段。

国内关于外部性理论的代表性人物是著名的新制度经济学家张五常和新兴古典经济学家杨小凯。张五常主张以合约理论取代外部性理论，指出："不管合约外效应的总值多大，只要在私人极大化条件下边际合约外效应的边际值为零，就能满足帕累托条件。因而，合约外效应的存在就本身来说，并不表示资源的错误配置，因此，私人成本和社会成本之间的背离，除非被认为与采取行动的边际明确有关，否则并不能说明需要政府采取矫正性行动。"以杨小凯为代表的新兴古典经济学家则把所有经济问题的本质都看作是交易费用问题，在杨小凯等的产权经济模型中就内生了外部效果。可以看出，虽然他们对外部性理论持批判态度，但都难以彻底否定外部性理论。

二、农村基础设施的分类和经济学属性

（一）基础设施概念

基础设施（Infrastructure）一直是一个涵盖很多活动的术语，也是一直备受关注的话题。自20世纪40年代起，发展经济学家就基础设施提出了一系列富有价值的理论观点。较有影响的是平衡增长理论先驱罗丹首先提出了基础设施的"社会先行资本"，认为社会先行资本包括电力、运输、通信等所有基础工业，这些基础工业的发展必须先行于那些收益来得快的直接生产投资，而且它们构成作为整个国民经济的分摊成本的基础设施框架。乔德赫里深化了罗丹的基础设施概念，认为按照狭义的观点，基础设施是指公用事业"硬件"，如运输和通信、电力生产和供应、供水排污等城市基础设施，以及农业及其相关活动的发展中的灌溉系统和其他管水工程等农业基础设施。从广义上说，教育、科学研究、环境和公共卫生以及司法行政管理系统，都应算作基础设施，它们都包含有经济活动功能。赫希曼提出了社会间接资本和直接生产活动的划分，认为社会间接资本是指那些进行一次、二次及三次产业活动所不可缺少的基本服务，包括从法律、秩序以及教育、公共卫生到运输、通信、动力、供水，以及农业间接资本如灌溉、排水系统等所有的公共服务。但社会间接资本的核心可以严格限于交通和动力。

世界银行对基础设施的定义："永久性的成套的工程构筑、设备、设施和它们所提供的为所有企业生产和居民生活都共同需要的服务。"这里所指的基础设施，主要是指经济基础设施。这些基础设施包括：①公共设施：电力、电信、自来水、卫生设备和排污，固体废弃物的收集和处理，管道煤气；②公共工程：公路、大坝和排灌渠道等水利设施；③其他交通部门：铁路、城市交通，港口和航道，机场。其次是社会基础设施，通常包括文教、医疗保健等。

国内学者对基础设施的理论研究在不断深化。杨治指出，社会经济的发展除需要进行直接的生产性投资外，还需要进行间接的社会性投资，社会性资本是社会性的间接资本。说它是社会性的，是因为社会性资本的投资是由国家、地方政府或公共事业单位进行的公共性的投资；说它是间接性的，是由于它间接地作用于生产性资本的生产活动，社会性资本投资形成的资产也就是基础设施。魏礼群从性质和范围两个方面对基础设施做了简明的定义，指出基础设施是国民经济的重要组成部分，是为社会生产和人民生活提供基础产品和服务的，是一切经济和社会活动的载体，主要包括交通运输、通信、水利和城市供排水、供气、供电等公用设施。冯兰瑞则认为英文中的 infrastructure 一词是基础结构或基础设施的意思，基础结构有广义与狭义之分，狭义的基础结构是指交通运输、通信系统、能源等基础设施，广义的基础结构还包括一些提供无形产品的部门，如教育、文化、科学、卫生等（刘伦武，2003；王小娟，2007）。

（二）农村基础设施的分类

根据上述基础设施的定义，可以认为，农村基础设施是指在农业生产、农民生活以及农村发展过程中所必须投入的物质与社会条件的总称。并且根据不同的标准，农村基础设施可有不同的分类及内容，如图 2.2 所示。

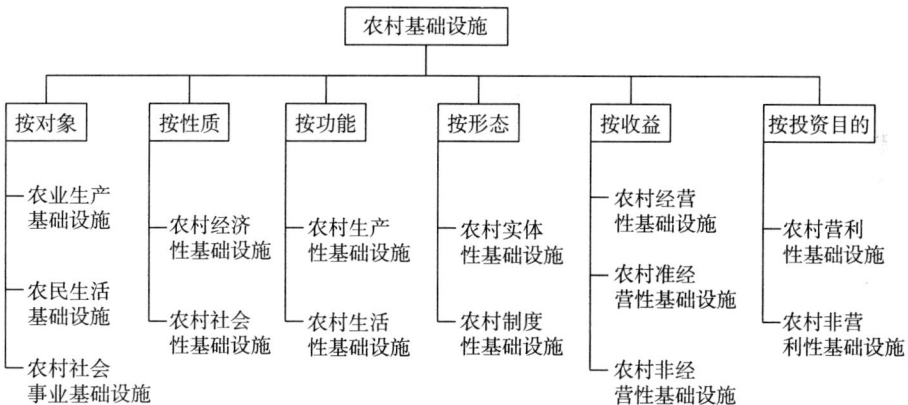

图 2.2　农村基础设施分类

1. 根据服务对象的不同，农村基础设施可分为农业生产基础设施、农民生活基础设施以及农村社会事业基础设施三类

（1）农业生产基础设施主要包括农田水利建设，如防洪、防涝、引

水、灌溉等设施建设；农产品流通重点设施建设，商品粮棉生产基地，用材林生产基地和防护林建设；农业教育、科研、技术推广和气象基础设施等（彭代彦，2002）。

（2）农民生活基础设施主要包括宿舍、院落、厨房、厕所、上下水、电灯电话、燃气、供暖等。

（3）农村社会事业基础设施主要包括村屯道路、电力通信设施、自来水供应系统、沼气秸秆燃气供应系统、文化室、卫生所、村部及村民会馆、公园、广场、超市卖点、池塘、水渠、化粪池、垃圾处理场等。

2. 根据性质的不同，农村基础设施可分为经济性基础设施和社会性基础设施

（1）经济性基础设施主要是指直接作用于农村经济发展，与农业生产过程紧密相连的设施，可以为多个农村经济部门和生产者提供服务的公共工程，包括生产用的交通运输设施、能源供给设施、水利设施、物资供应设施、邮电通信设施等。

（2）社会性基础设施主要表现为间接作用于农业生产的公共设施，包括农村综合教育方面的基础设施、农村医疗卫生方面的基础设施、农业科研方面的基础设施、农业推广方面的基础设施、农村政策及法规方面的基础设施和农业信息方面的基础设施。

3. 根据服务功能的不同，农村基础设施可分为农村生产性基础设施和农村生活性基础设施

（1）农村生产性基础设施是为农业生产提供服务的公共工程，包括供应生产资料的产前环节，生产农业初级产品的农业产中环节以及产后环节的基础设施。具体表现为生产资料的基础设施，如农田、畜禽舍、鱼池等；生产条件性的基础设施，如农田排灌系统、鱼池给排水系统等；生产工具性的基础设施，如大型农田耕作机械、畜牧机械等；加速农产品流通的农业产后环节的基础设施，如仓储运输设施、农产品加工设施等。

（2）农村生活性基础设施是指为农村居民生活提供服务的公共事业和公共设施，主要包括教育、卫生、自来水、垃圾与污水处理等。

4. 根据存在形态的不同，农村基础设施可分为农村实体性基础设施和农村制度性基础设施

（1）农村实体性基础设施是具体存在的农村工程设施，如农村道路运输设施、农村水电气暖工程、农业水利设施、农村环境保护等。

（2）农村制度性基础设施是对维持农村正常生产和生活进行的规范和保证，如农村扶贫政策、农村教育制度、农业科技、农村医疗保障制度等。

5. 根据资产收益的不同，农村基础设施可分为经营性基础设施、准经营性基础设施和非经营性基础设施

（1）经营性基础设施是指可以向使用者收费，通过价格形式予以补偿，未来能有稳定现金流的工程和设施。包括集镇天然气供应、非义务教育学校、乡镇经营性医院、旅游景点、收费道路等。

（2）准经营性基础设施是向使用者收取的费用只能弥补一部分成本，未来的现金流不足以补偿所有投入的设施项目，如小型水库、泵站、代燃料水电站、污水处理工程、垃圾处理工程等基础设施项目建设和经营管理。

（3）非经营性基础设施是无法向使用者收费，或者将拒绝付费者排除在外的做法在经济上不可行，或者无须向使用者收费的设施，包括一般农村道路，承担着排涝、灌溉的电力排灌站等。

6. 根据投资目的的不同，农村基础设施可分为营利性基础设施和非营利性基础设施

首先有必要区分几个概念，即"营利"、"赢利"与"盈利"的区别。从《现代汉语词典》中可以查出，"盈利"同"赢利"是指获得利润或者指利润，是一种静态的表示。而"营"的意思是谋求，"营利"相应的是指谋求利润（李炜和吴永高，2005）。2001年颁布的国土资源部令第9号《划拨用地目录》对营利性基础设施和非营利性基础设施项目规定的用地政策中，就详细地界定了营利性基础设施和非营利性基础设施类别。

于是可以得出，营利性农村基础设施就是指以谋求利润为目的的农村

设施或公共服务，按照"2001 国土资源部令第 9 号"的意思简单地说，营利性农村基础设施就是以营利为目的的农村基础设施，如集镇天然气供应、非义务教育学校、乡镇经营性医院等。因此，营利性农村基础设施必是经营性农村基础设施。

非营利性是相对营利性而言的，非营利性并不是经济学意义上的无利润的含义，更不是不讲经营之意，而是指建设经营不是为了获取利润，而是为了其他社会利益与功效等。因此非营利性农村基础设施是指不以谋求利润或不以营利为目的的具有一定公益性质的农村设施或公共服务，既包括准经营性农村基础设施，又包括非经营性农村基础设施。由此可见，非营利性农村基础设施不是指不盈利或没有盈利能力，其建设的出发点是为了农村社会整体福利的提高，当然部分非营利性农村基础设施具有的一定经营性或利润就不难理解了，就如公立医院和公立高等教育学校。

（三）非营利性农村基础设施经济学属性

根据公共物品理论和外部性理论，可以总结出非营利性农村基础设施的几点经济学性质。

1. 非营利性农村基础设施具有公共物品属性

大多数非营利性农村基础设施都属于准公共品而不是纯公共品，它们或者具有非排他性但不具备非竞争性，或者具有非竞争性但不具备非排他性（贾康和孙洁，2006），如农田水利灌溉、农村文化设施、农村小水电等。还有小部分非营利性农村基础设施较接近于纯公共品，如农村公路、农村环境保护、农村社会治安等就可能同时具有非排他性和非竞争性，是一定意义上的纯公共品，很难对其收费。

2. 非营利性农村基础设施具有正外部性

例如，农村义务教育、农村文化设施建设、农村公路、跨区域的农业水利灌溉、农村水电、农业信息服务和技术推广、农田防护林工程等，这些非营利性农村基础设施的供给可以降低农村商品生产和交易成本，改善农村的生产生活环境，提高农村经济活动的经济效率，增加农民收入，促进农村发展，不但使项目地农民受益，还使项目地周边地区居民受益。外部性的存在导致非营利性农村基础设施的市场供给无效。为了矫正外部性，政府需要适时运用税收、财政补助等手段保障非营利性农村基础设施的有效供给。

3. 非营利性农村基础设施是地方性或社区性公共品

由于农村处于中国行政区划的最底层，非营利性农村基础设施的受益覆盖范围主要局限在地方或农村社区区域内，受益对象主要是设施所在地农村居民，对城镇的效益溢出效应不明显，因此非营利性农村基础设施是地方性或社区性公共品。只有小部分接近全国性公共品，如大型骨干水利工程、农业基础科学研究、气象、全国性的水土保持工程以及全国性的农业病虫害防治等。而地方性公共品决定了非营利性农村基础设施供给中地方政府的重要性和作用。

4. 非营利性农村基础设施具有较弱的可经营性

一般来说，随着使用者的增加，基础设施的边际成本会不断降低。但非营利性农村基础设施使用者较少且分散、使用效率也较低，使得非营利性农村基础设施的运营不能产生足够的现金流量和投资回报能力，其可经营性较弱，非营利性农村基础设施的投资是非营利的（肖海翔，2007）。私人参与非营利性农村基础设施的投资建设积极性不高，特别是在经济欠发达的农村地区，若没有政府财政支持就很难在其建成后以向消费者收费形式完全收回投资。

（四）研究对象：非营利性农村基础设施

非营利性农村基础设施就是本书研究对象，根据非营利性农村基础设施的概念和经济学属性界定，大型农田水利设施、防洪设施、义务教育校舍、乡村卫生院、乡村文化站、广场绿地、农民文化健身运动设施、农业技术推广设施、水电农村电气化建设项目、代燃料水电站、污水处理工程、垃圾处理工程、一般农村公路、承担着排涝和灌溉的电力排灌站等均属于非营利性农村基础设施。由此可见，大部分农村基础设施均属非营利性农村基础设施。

而且需要说明的是，本书在对非营利性农村基础设施综合研究的基础上，还选择具有代表意义的农村公路和农村小水电作个例研究。其中农村公路的非营利性自不必说；而农村水电由于其显著的社会效益和生态效益，特别是农村水电电气化建设项目和农村小水电代燃料工程对促进当地经济发展、农民增收和生态环境保护具有突出的贡献，正外部性突出。同时，农村水电相对一般火电项目而言，具有较弱的经营性，是需要政府扶持的行业，因此农村水电符合非营利性农村基础设施的几个经济学属性，作为本书的具体个案研究对象。

三、农村基础设施与农村经济发展的
协整关系实证分析

关于农村基础设施对中国"三农"问题的影响，研究较多的是农业基本建设项目实施过程中的资金和财务管理，以及农业基本建设对提高农业综合生产能力的地位和贡献。许金博（2006）对农业基本建设项目的土建工程、田间工程、仪器设备的会计核算做了概述。于爱芝和李崇光（2000）分时段统计分析了财政农业基本建设投资的波动性及其与农业生产波动的关联性。徐义平（2000）对农田水利基本建设与农业产业结构调整做了研究，并分析了农田水利设施及农田水利建设与农业产业结构调整要求的差距。方芳等（2004）运用皮尔逊相关检验对我国农业基础设施投资与农业生产之间关系做了研究，发现我国农业基础设施存在总量不足、结构不合理的现象，指出在加强政府投资的基础上，应开发新的农业基础设施融资手段和方法。可见对于农业基本建设投资与农业生产和农民收入之间的关系，国内学者进行了大量的定性论述和一般的统计分析，但协整和因果分析方面规范的实证研究较少。

（一）协整理论

经典的经济计量学假设随机误差项零均值和相同方差，随机误差项在不同样本点之间是独立的，不存在序列相关，随机误差项与解释变量之间不相关，随机误差项服从零均值和同方差的正态分布。但在实际的社会经济现象中，大部分整体经济时间序列都有一个随机趋势，这些时间序列是非平稳性的，很难由变量之间的回归关系来推断经济计量模型以及变量之间是否存在因果关系，即使得到的模型也是"伪回归"的，不能反映实际情况，用来预测决策会产生很大的失真。而恩格尔（Engle）和格兰杰（Granger）提出的协整理论和误差修正模型为在两个或多个非平稳变量间寻找长期均衡关系，以及用存在协整关系的非平稳变量建立经济计量模型奠定了理论基础（周爱民，2006），协整理论主要包括以下内容。

1. 单位根检验（Unit Root Test）

检验变量是否稳定的过程称为单位根检验。普遍采用的单位根检验方法是 ADF 检验（Augmented Dickey – Fuller Test），该检验法的基本原理是通过 n 次差分的办法将非平稳序列转化为平稳序列，具体方法是估计回归方程式：

$$\Delta X_t = \alpha_0 + \alpha_1 t + \alpha_2 X_{t-1} + \sum_{i=1}^{k} \beta_{t-i} \Delta X_{t-i} + \mu_t \qquad (2.1)$$

如果 α_2 的 ADF 值大于临界值，说明 $\{X_t\}$ 是 I（0），即它是平稳序列。否则存在单位根，即它是非平稳序列，需要进一步检验。

2. 协整检验（Cointegration Test）

变量序列之间的协整关系是由 Engle 和 Granger 首先提出的。Johansen 和 Juselius 提出了一种用极大似然法进行检验的方法，通常称为 Johansen 检验。它可用于检验多个变量，同时求出它们之间的若干种协整关系，这也是本书采用的方法之一。这一检验的基本内容是如果两个变量都是单整变量，只有当它们的单整阶数相同时才可能协整；两个以上变量如果具有不同的单整阶数，有可能经过线性组合构成低阶单整变量。协整的意义在于它揭示了变量之间是否存在一种长期稳定的均衡关系。满足协整的经济变量之间不能相互分离太远，一次冲击只能使它们在短时间内偏离均衡位置，在长期中会自动恢复到均衡位置。

3. 格兰杰因果关系检验（Granger Test of Causality）

协整检验结果说明变量之间是否存在长期的均衡关系，但是这种关系是否构成因果关系还需要进一步验证。Granger 指出：如果变量之间是协整的，那么至少存在一个方向上的格兰杰原因。

格兰杰因果关系检验的基本原理是：在做 Y 对其他变量（包括自身的过去值）的回归时，如果把 X 的滞后值包括进来能显著地改进对 Y 的预测，就说 X 是 Y 的（格兰杰）原因；类似地，定义 Y 是 X 的（格兰杰）原因。为此需要构造：

无条件限制模型：

$$Y_t = \alpha + \sum_{i=1}^{m} \alpha_i \Delta Y_{t-i} + \sum_{j=1}^{k} \beta_j \Delta X_{t-j} + \mu_t \qquad (2.2)$$

有条件限制模型：

$$Y_t = \alpha + \sum_{i=1}^{m} \alpha_i \Delta Y_{t-i} + \mu_t \qquad (2.3)$$

若 F 检验值大于临界值，则拒绝原假设，说明 X 的变化是 Y 变化的原因。

4. 误差修正模型（Error Correction Model）

误差修正模型简记为 ECM。传统的经济模型通常表述的是变量之间的一种长期均衡关系，误差修正模型建立短期的动态模型以弥补长期静态模型的不足，它既能反映不同时间序列间的长期均衡关系，又能反映短期偏离向长期均衡修正的机制。

Engle 和 Granger 还提出 Grange 表述定理(Granger Representation Theorem)：如果变量 X 与 Y 是协整的，则它们间的短期非均衡关系总能由一个误差修正模型表述：

$$\Delta Y_t = \text{lagged}(\Delta Y, \ \Delta X) - \lambda \mu_{t-1} + \varepsilon_t, \ 0 < \lambda < 1 \qquad (2.4)$$

式中，μ_{t-1} 是非均衡误差项或者长期均衡偏差项，λ 是短期调整参数。

（二）农业基础建设投资对农业经济贡献的协整性分析

1. 模型选择、数据说明和处理

要判断农业基本建设投资与第一产业经济增长和农民收入是否存在一种长期的均衡关系，并确定一个变量的变化是否是另一个变量变化的原因，在经济学上一般用协整检验和格兰杰因果关系检验，下面的分析均运用 EViews 软件进行。

为此，选取四个变量以考察它们之间的关系，这四个变量分别是农业基本建设投资额（ACI）、第一产业总产值（GDP1）、农民人均纯收入（FAI）和乡镇企业增加值（VCA），其中农业基本建设投资额（ACI）和第一产业总产值（GDP1）、农民人均纯收入（FAI）的数据来源于《中国统计年鉴》（2006），乡镇企业增加值（VCA）数据来源于历年《中国乡镇企业年鉴》，样本区间为 1981～2005 年，为保证统计口径的一致性，利用消费者物价指数以 1981 年为基年对各年的数据进行了统一调整。

为降低异方差的影响，需对数据 ACI、GDP1、FAI、VCA 作对数处理，处理后的数据分别记为 LACI、LGDP1、LFAI、LVCA，图 2.3 是 LACI、LGDP1、LFAI、LVCA 的图形。从中可以看出：各变量明显表现为不平稳，但似乎具有显著的时间趋势。对各变量作一阶差分，得到图 2.4，从中可以看出：各变量的一阶差分仍然表现出明显的非平稳性。再对各变量作二阶差分，得到图 2.5，从中可以看到，各变量经过二阶差分后均表现出平稳性的特征。

由于主要考察农业基本建设投资对农业经济增长和农业基本建设投资对农民收入的影响关系，而对农业经济增长（GDP1）和农民收入（FAI）都可能有重要影响的经济因素还包括乡镇企业增加值（VCA），故为估计准确起见，建立两组 VAR 模型系统，分别是系统 1（LGDP1、LACI、LVCA）和系统 2（LFAI、LACI、LVCA）。

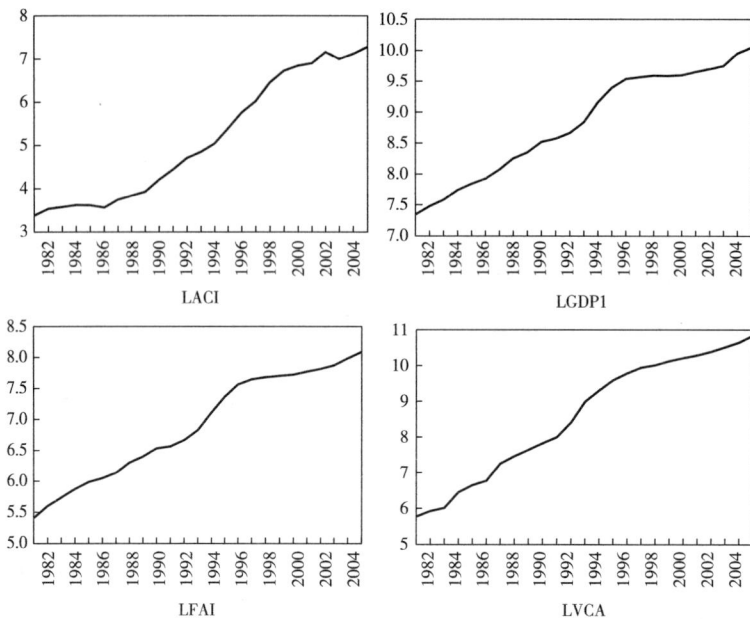

图 2.3　LACI、LGDP1、LFAI、LVCA 的图形

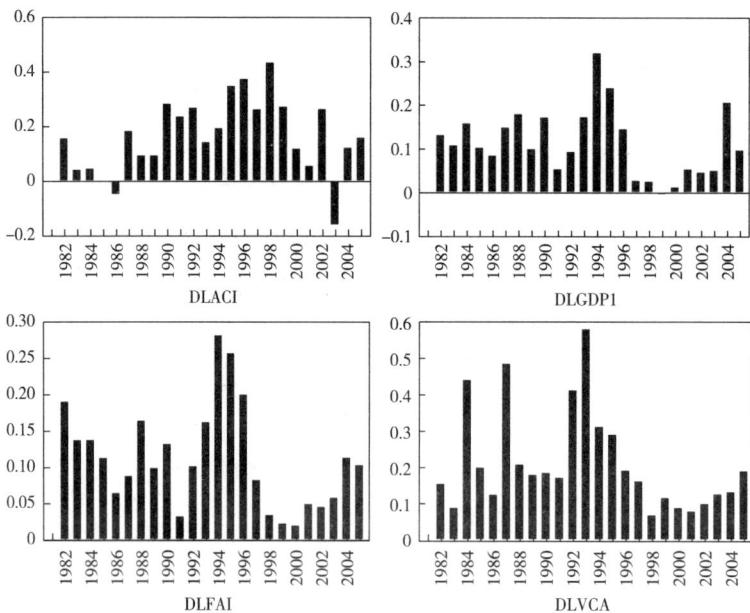

图 2.4　LACI、LGDP1、LFAI、LVCA 的一阶差分图形

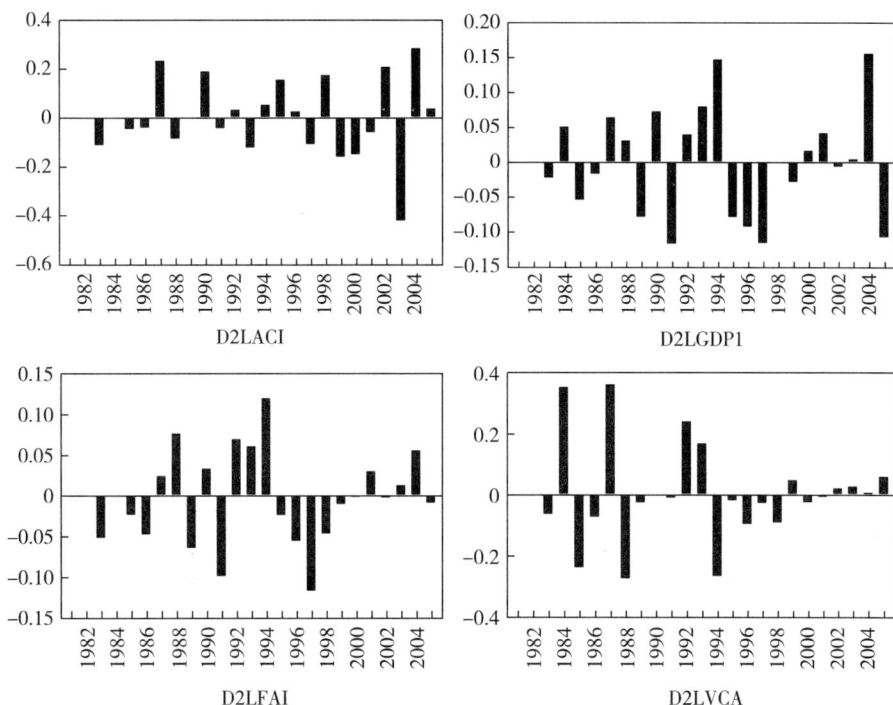

图 2.5 LACI、LGDP1、LFAI、LVCA 的二阶差分图形

2. 各变量的单整性分析

检验变量间是否具有长期协整关系之前，需要检验数据的平稳性。平稳性的常用检验方法是单位根检验法，单位根检验还能确定各个非平稳变量的单整阶数，本书对变量 LACI、LGDP1、LFAI、LVCA 进行单位根检验使用 ADF 检验法，在 ADF 检验中选取标准主要采用：保证残差项不相关的前提下，同时采用 AIC 准则与 SC 准则，作为最佳时滞的标准，在二者值同时为最小时的滞后长度即为最佳长度（见表 2.1）。

表 2.1 变量的单位根检验

变量	ADF 值	检验类型	临界值			AIC 值	结论
			1%	5%	10%		
LACI	−3.193111	(c, t, 1)	−4.4691	−3.6454	−3.2602	−1.265595	非平稳
LACI 一阶差分	−1.985746	(c, n, 1)	−3.7667	−3.0038	−2.6417	−1.026311	非平稳

变量	ADF 值	检验类型	临界值			AIC 值	结论
			1%	5%	10%		
LACI 二阶差分	-5.045493	(n, n, 1)	-2.6819	-1.9583	-1.6242	-1.001849	平稳
LGDP1	-1.956450	(c, t, 1)	-4.4167	-3.6219	-3.2474	-2.439463	非平稳
LGDP1 一阶差分	-2.454354	(c, n, 1)	-3.7667	-3.0038	-2.6417	-2.284896	非平稳
LGDP1 二阶差分	-3.446163	(n, n, 1)	-2.6819	-1.9583	-1.6242	-2.067195	平稳
LFAI	-2.693328	(c, t, 1)	-4.4167	-3.6219	-3.2474	-3.087018	非平稳
LFAI 一阶差分	-2.427724	(c, n, 2)	-3.7667	-3.0038	-2.6417	-2.893583	非平稳
LFAI 二阶差分	-3.782825	(n, n, 1)	-2.6889	-1.9592	-1.6246	-2.812971	平稳
LVCA	-1.681023	(c, t, 1)	-4.4691	-3.6454	-3.2602	-1.105960	非平稳
LVCA 一阶差分	-2.074334	(c, n, 3)	-3.8067	-3.0199	-2.6502	-1.107350	非平稳
LVCA 二阶差分	-3.095191	(n, n, 1)	-2.7057	-1.9614	-1.6257	-1.198057	平稳

注：c、t、k 是检验形式，分别代表所设定的检验方程含有截距、时间趋势及滞后阶数，n 指不含 c 或 t；滞后阶数 k 由 AIC 与 SC 最小的原则确定。

检验结果表明各个变量及一阶差分均不是平稳的，而它们的二阶差分则是平稳的，因此各个变量均表现为二阶单整 I（2）系列。

3. 协整性分析

（1）VAR 模型滞后期数的确定。系统 1（LGDP1、LACI、LVCA）及系统 2（LFAI、LACI、LVCA）的滞后一期、滞后二期和滞后三期 VAR 模型的 LR、AIC、SC 统计量如表 2.2 所示。

表 2.2　确定 VAR 模型滞后期的各统计量的值

系统	统计量	VAR（1）	VAR（2）	VAR（3）
系统 1（LGDP1、LACI、LVCA）	LR 统计量	81.83138	82.54417	100.3179
	AIC 统计量	-5.550555	-5.049470	-6.125513
	SC 统计量	-4.661907	-3.710463	-4.334904
系统 2（LFAI、LACI、LVCA）	LR 统计量	86.87822	91.55788	105.5230
	AIC 统计量	-5.989411	-5.868898	-6.621234
	SC 统计量	-5.100763	-4.529891	-4.830624

1）对系统 1（LGDP1、LACI、LVCA）。根据 LR 统计量确定 VAR 模型的滞后期，经计算有 $LR_1 = -2(logL(1) - logL(2)) = 1.42558 < \chi^2_{0.05}(3^2) = 16.9$，由此确定滞后期数 k = 1。

根据 AIC 统计量确定滞后期，应该有 k = 3。

根据 SC 统计量确定滞后期，应该有 k = 1。

所以，确定变量 LGDP1、LACI、LVCA 的 VAR 模型滞后期数为 1。

2）对系统 2（LFAI、LACI、LVCA）。根据 LR 统计量确定 VAR 模型的滞后期，经计算有 $LR_1 = -2(logL(1) - logL(2)) = 9.35932 < \chi^2_{0.05}(3^2) = 16.9$，由此确定滞后期数 k = 1。

根据 AIC 统计量确定滞后期，应该有 k = 3。

根据 SC 统计量确定滞后期，应该有 k = 1。

所以，确定变量 LFAI、LACI、LVCA 的 VAR 模型滞后期数为 1。

（2）确定协整关系个数。由于已检验各变量均为 I（2）过程，下面对系统 1（LGDP1、LACI、LVCA）和系统 2（LFAI、LACI、LVCA）进行协整分析。协整关系检验主要有 Engle 和 Granger 的 EG 两步法和 Johansen 的极大似然估计检验法两种方法，本书采用 Johansen 的极大似然估计检验法（见表 2.3）。

表 2.3　协整关系的 Johansen 检验

系统	原假设	特征值	似然比统计量	5%临界值	1%临界值	结论
系统 1（LGDP1、LACI、LVCA）	无	0.591839	36.70217	29.68	35.65	拒绝原假设**
	最多 1 个	0.444607	16.09200	15.41	20.04	拒绝原假设*
	最多 2 个	0.105575	2.566194	3.76	6.65	接受原假设
系统 2（LFAI、LACI、LVCA）	无	0.620473	42.31649	29.68	35.65	拒绝原假设**
	最多 1 个	0.470763	20.03342	15.41	20.04	拒绝原假设*
	最多 2 个	0.209191	5.398085	3.76	6.65	拒绝原假设*

注：检验中滞后阶数的选取是基于上文的 VAR 模型滞后阶数确定的；＊、＊＊分别表示在 5%、1% 水平下显著。

协整检验结果显示：变量 LGDP1、LACI、LVCA 之间在 1% 显著水平下存在 1 个协整方程，在 5% 显著水平下存在 2 个协整方程；变量 LFAI、LACI、LVCA 在 5% 显著水平下存在 3 个协整方程。并且两系统的协整关系式如下：

$$LGDP1 = 4.958088 + 0.179894(-2.39472)LACI + 0.343301$$
$$(-5.50242)LVCA \tag{2.5}$$

$$LFAI = 2.828492 + 0.124293(-6.13244)LACI + 0.399661$$
$$(-24.1388)LVCA \tag{2.6}$$

协整检验结果表明，农业基本建设投资与农业总产值、农民收入之间存在着长期的正向均衡关系。由于方程中各变量为对数化处理后变量，因此各变量前的系数即为各自的产出弹性。从方程可以判断，农业基本建设投资每增加 1%，农业总产值就会增加 0.17%，农民收入就会增加 0.12%。

4. 建立向量误差修正模型（VECM）

协整关系式只能说明各个变量之间的长期关系和趋势，为了反映各变量之间的短期关系，还必须建立向量误差修正模型。Engle 与 Granger 提出了著名的 Grange 表述定理（Granger Representation Theorem）：如果变量 X 与 Y 是协整的，则它们间的短期非均衡关系总能由一个误差修正模型表述。由于两系统均存在协整关系，下面进一步建立两系统的向量误差修正模型（见表 2.4）。

表 2.4　向量误差修正模型

系统 1 (LGDP1、LACI、LVCA)				系统 2 (LFAI、LACI、LVCA)			
回归函数	(1)	(2)	(3)	回归函数	(4)	(5)	(6)
解释变量	D(LGDP1)	D(LACI)	D(LVCA)	解释变量	D(LFAI)	D(LACI)	D(LVCA)
CointEq1	-0.0225	1.2872	0.2793	CointEq1	-0.2345	1.0229	0.0529
	(-3.146)	(4.213)	(0.640)		(-2.005)	(2.718)	(0.115)
D (LGDP1 (-1))	0.2783	-0.3762	-0.1199	D (LFAI (-1))	0.5504	0.0898	-0.0656
	(1.488)	(-1.012)	(-0.226)		(4.213)	(0.213)	(-0.128)

续表

系统 1（LGDP1、LACI、LVCA）				系统 2（LFAI、LACI、LVCA）			
回归函数	(1)	(2)	(3)	回归函数	(4)	(5)	(6)
解释变量	D（LGDP1）	D（LACI）	D（LVCA）	解释变量	D（LFAI）	D（LACI）	D（LVCA）
D（LACI（-1））	-0.2402	-0.0662	-0.2184	D（LACI（-1））	-0.0628	0.1983	-0.1284
	（-1.614）	（-0.362）	（-0.838）		（-1.075）	（1.055）	（-0.561）
D（LVCA（-1））	0.2971	0.1411	0.3799	D（LVCA（-1））	0.2154	0.1170	0.3602
	（3.155）	（0.754）	（1.422）		（3.239）	（0.546）	（1.383）
R²	0.66	0.59	0.14	R²	0.77	0.42	0.12
S. E.	0.05	0.10	0.14	S. E.	0.03	0.11	0.14

注：括号内的数值是相应系数的 t 统计量的值。

表 2.4 中的回归函数（1）、（2）、（3）是变量 LGDP1、LACI 和 LVCA 的误差修正模型，回归函数（4）、（5）、（6）是变量 LFAI、LACI 和 LV-CA 的误差修正模型，同时反映各变量之间的长期关系和短期关系，其中回归函数（2）、（3）、（5）、（6）的误差修正项的系数为正，不符合反向修正机制。回归函数（1）、（4）的误差修正项的系数为负，符合反向修正机制，且它们的多数系数都通过了显著性检验，这说明第一产业总产值和农民纯收入受前两年非均衡误差的反向影响。如果前两年的增长率超过（或低于）均衡的增长率，则当年第一产业总产值和农民纯收入的增长率会下降（或上升），趋近均衡水平，且调整速度分别为 2% 和 23%。

回归函数（1）说明在短期内第一产业总产值的波动受农业基本建设投资的影响为负，但显著性不是很强，而受乡镇企业增加值的影响则显著为正；回归函数（4）说明农民收入的波动尽管受农业基本建设投资的影响为负，但不甚显著，而受乡镇企业增加值的影响则显著为正，同时当期农民收入的波动还受其自身滞后一期波动的影响，且显著为正。综合而言，农业基本建设投资在短期内会阻碍农业产值和农民收入的增长，但并不明显。

5. 各变量的因果关系分析

为进一步验证各变量之间的关系，对两系统中的每两个变量分别进行格兰杰因果关系检验。

表 2.5　Granger 因果关系检验的 P 值

系统 1（LGDP1、LACI、LVCA）			系统 2（LFAI、LACI、LVCA）			
非 Granger 因果	LGDP1	LACI	LVCA	非 Granger 因果	LFAI	LACI	LVCA
LGDP1	—	0.00020	0.72180	LFAI	—	0.00051	0.12102
LACI	0.17272	—	0.10185	LACI	0.31286	—	0.10185
LVCA	0.00337	0.00095	—	LVCA	1.3E－05	0.00095	—

注：表中数值为原假设（非 Granger 因果关系）的伴随概率 P。

格兰杰因果关系检验结果显示，第一产业总产值和农民收入是农业基本建设投资的格兰杰原因，第一产业总产值和农民收入的变动短期内会对农业基本建设投资产生影响；反之则不是，即农业基本建设投资在短期内并不构成第一产业总产值和农民收入的格兰杰原因，说明农业基本建设投资对第一产业总产值和农民收入的短期促进作用较弱，它们之间更多的是一种长期关系，这与现实情况较吻合。乡镇企业增加值是第一产业总产值、农民收入和农业基本建设投资的格兰杰原因，反之则不是，乡镇企业增加值短期内会对第一产业总产值、农民收入和农业基本建设投资产生影响，而第一产业总产值、农民收入和农业基本建设投资短期内不会对乡镇企业增加值产生影响。

6. 结论及建议

基于协整理论和 VECM 分析了农业基本建设投资与第一产业总产值和农民收入之间的协整关系以及格兰杰因果关系。平稳性检验显示，农业基本建设投资、第一产业总产值、农民收入和乡镇企业增加值都是非平稳的二阶单整，利用协整检验方法分析构建的 2 组 VAR 系统，发现农业基本建设投资、乡镇企业增加值都与第一产业总产值、农民收入等变量构成了长期的均衡关系。由于协整关系的存在，建立了 2 组具有误差修正项的 VECM 系统，并进行了各变量短期波动分析以及格兰杰因果关系检验，检验结果表明，第一产业总产值和农民收入是农业基本建设投资的格兰杰原因，乡镇企业增加值是第一产业总产值、农民收入和农业基本建设投资的格兰杰原因，而农业基本建设投资短期内反方向促进第一产业总产值和农民收入的增长并没有得到明确验证。主要结论是：农业基本建设投资与第一产业总产值、农民收入等变量构成了长期的均衡关系；在农业基本建设投资与第一产业总产值和农民收入的相互作用中，第一产业总产值和农民收入的增长虽然在促进农业基本建设投资增长短期内居于主导地位，但农业基本建设投资也能够通过投资乘数和延迟效应对第一产业总产值和农民收入的增长发挥长效的促进作用。

因此，对农业基本设施必须采取适度超前投资建设，保持较大的投资规模。特别是对农田水利建设、江河治理、灌区和一些节水设施、林业和生态环境等严重滞后于现代农业发展的基本存量设施更应加大投资力度，迅速提升层次和水平，使其与第一产业增长的需要相协调。方能突破农业和农村经济发展的"瓶颈"，从源头上促进我国农业产业结构升级，凸显农业在我国的基础地位，为第一产业经济增长和农民增收提供长远保障和动力支撑，进一步推动我国国民经济持续、快速、健康发展。

（三）农村水电建设投资对农业经济贡献的协整分析

对于农村水电建设投资与农民增收和乡镇企业经济之间的关系，国内学者进行了大量的定性论述，但还没有看到协整和因果分析方面规范的实证研究。下面从实证角度分析农村水电建设投资与农民增收和乡镇企业经济的长期均衡关系。

1. 模型、数据说明和处理

要判断农村水电建设投资与农民收入和乡镇企业经济是否存在一种长期的均衡关系，并确定一个变量的变化是否是另一个变量变化的原因，在经济学上一般用协整检验和格兰杰因果关系检验。

为此，选取三个变量以考察它们之间的关系，这三个变量分别是农村水电建设完成投资额（HI）、农民人均纯收入（FI）和乡镇企业增加值（VA），其中农村水电建设完成投资额（HI）和农民人均纯收入（FI）的数据来源于《中国统计年鉴》（2006），乡镇企业增加值（VA）数据来源于历年《中国乡镇企业年鉴》，样本区间为 1990～2005 年，为保持统计口径的一致性，利用消费者物价指数以 1990 年为基年对各年的数据进行了统一调整。

为降低异方差的影响，需对以上数据 HI、FI、VA 作对数处理，处理后的数据分别记为 LHI、LFI、LVA，图 2.6 是 LHI、LFI、LVA 的图形。从中可以看出：各变量明显表现为不平稳，但似乎具有显著的时间趋势。然后对各变量作一阶差分，得到图 2.7，从中可以看出：各变量的一阶差分仍然表现出明显的非平稳性。再对各变量作二阶差分，得到图 2.8，从中可以看出，各个变量经过二阶差分后均表现出平稳性的特征。

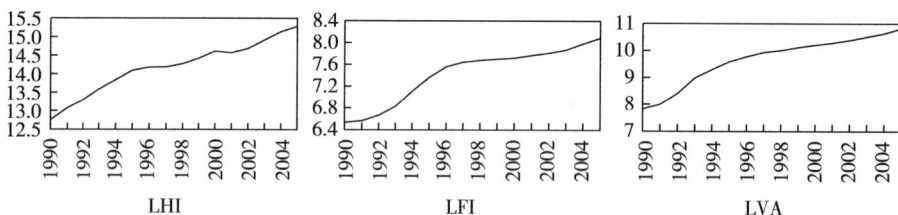

图 2.6　LHI、LFI、LVA 的时序图

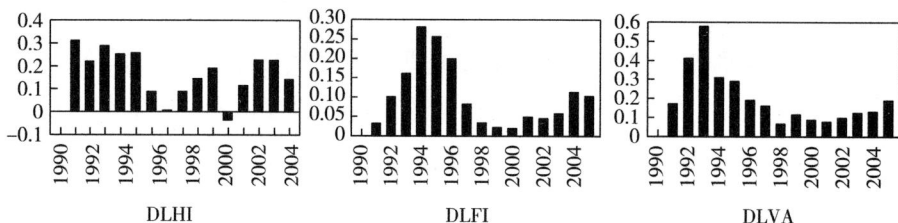

图 2.7　LHI、LFI、LVA 的一阶差分时序图

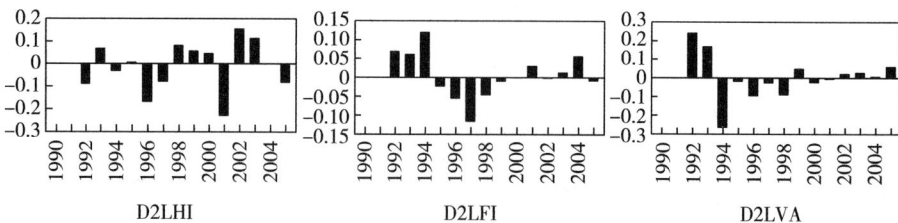

图 2.8　LHI、LFI、LVA 的二阶差分时序图

2. 协整性分析

（1）单位根检验。对变量 LHI、LFI、LVA 进行单位根检验使用 ADF 检验法，在 ADF 检验中选取标准主要采用：保证残差项不相关的前提下，同时采用 AIC 准则与 SC 准则，作为最佳时滞的标准，在二者值同时为最小时的滞后长度即为最佳长度（见表 2.6）。

表 2.6　变量的单位根检验

变量	ADF 值	检验类型	临界值			AIC 值	结论
			1%	5%	10%		
LHI	− 3.128684	（c，t，2）	− 4.8870	− 3.8288	− 3.3588	− 2.109746	非平稳
LHI 一阶差分	− 2.149422	（c，n，1）	− 4.0681	− 3.1222	− 2.7042	− 1.563439	非平稳
LHI 二阶差分	− 3.367485	（n，n，1）	− 2.7989	− 1.9725	− 1.6307	− 1.376471	平稳
LFI	− 2.838464	（c，t，2）	− 4.8870	− 3.8288	− 3.3588	− 3.796222	非平稳
LFI 一阶差分	− 2.719593	（c，n，3）	− 4.2207	− 3.1801	− 2.7349	− 4.002167	非平稳
LFI 二阶差分	− 4.079833	（n，n，2）	− 2.8270	− 1.9755	− 1.6321	− 3.378827	平稳
LVA	− 1.511808	（c，t，4）	− 5.1152	− 3.9271	− 3.4104	− 4.400165	非平稳
LVA 一阶差分	− 1.598545	（c，n，3）	− 4.2207	− 3.1801	− 2.7349	− 3.367040	非平稳
LVA 二阶差分	− 2.754355	（n，n，4）	− 2.9075	− 1.9835	− 1.6357	− 3.683305	平稳

注：c、t、k 是检验形式，分别代表所设定的检验方程含有截距、时间趋势及滞后阶数，n 指不含 c 或 t，滞后阶数 k 由 AIC 与 SC 最小的原则确定。

检验结果表明各个变量及一阶差分均不是平稳的，而它们的二阶差分则是平稳的，因此各个变量均表现为二阶单整 I（2）系列。

（2）协整分析。由于已检验各变量均为 I（2）过程，下面采用 Johansen 的极大似然估计法对变量 LHI、LFI、LVA 进行协整分析（见表 2.7）。

表 2.7　协整关系的 Johansen 检验

系统	滞后区间	特征值	似然比统计量	临界值		结论
				5%	1%	
LFI，LHI	（1，2）	0.775300	20.50274	15.41	20.04	存在协整关系*
		0.080700	1.093851	3.76	6.65	有一个协整关系*

续表

系统	滞后区间	特征值	似然比统计量	临界值		结论
				5%	1%	
LVA, LHI	(1, 2)	0.979661	51.96306	15.41	20.04	存在协整关系*
		0.096934	1.325482	3.76	6.65	有一个协整关系*

注：滞后区间是在最优滞后阶数的基础上确定的；最优滞后阶数的选取是基于无约束的 VAR 模型的残差分析来确定的，即根据 AIC 与 SC 最小的定阶准则确定；* 表示在 1% 水平下显著。

协整分析结果表明，农村水电建设完成投资额与农民人均纯收入、乡镇企业增加值之间均存在协整关系，并且协整方程如下：

$$LFI = -0.964934 + 0.593364LHI$$

$$LVA = -4.01131 + 0.970403LHI$$

从协整方程系数可以看出，农村水电建设完成投资额与农民人均纯收入、乡镇企业增加值之间存在长期的可持续的正向关系，增加农村水电建设投资能够使农民增收，并能有效提高乡镇企业产值，并且农民人均纯收入对农村水电建设完成投资额的弹性是 0.59，乡镇企业增加值对农村水电建设完成投资额的弹性是 0.97。

3. 格兰杰因果关系分析

协整分析表明，农村水电建设完成投资额与农民人均纯收入、乡镇企业增加值之间存在长期的均衡关系，但是这种均衡关系是否构成因果关系及因果关系的方向如何，尚需要进一步验证（见表 2.8）。

表 2.8　相关变量之间的格兰杰因果关系检验结果

原假设	滞后阶数	样本数	F 统计量	P 值	结论
LHI 不是 LFI 的 Granger 原因	2	14	9.32054	0.00641	拒绝
LFI 不是 LHI 的 Granger 原因			0.98341	0.41089	接受
LHI 不是 LVA 的 Granger 原因	2	14	6.59723	0.01722	拒绝
LVA 不是 LHI 的 Granger 原因			0.24055	0.79109	接受

注：滞后阶数与协整分析中利用 AIC 与 SC 准则确定的滞后阶数一致。

格兰杰因果关系检验结果显示，农村水电建设投资是农民增收和乡镇企业经济增长的格兰杰原因，农村水电建设投资会对农民收入产生显著影响，同时对乡镇企业经济增长也会有显著影响，而农民收入和乡镇企业增加值不会对农村水电建设投资产生影响。因此农村水电建设投资与农民收入、乡镇企业增长之间只有单向因果关系，并不存在互为因果的反馈性联系，即农村水电建设投资是农民收入和乡镇企业增加值的格兰杰原因，反之则不成立。

4. 结论

平稳性检验显示，农村水电建设投资、农民人均纯收入和乡镇企业增加值都是非平稳的二阶单整。利用协整检验方法发现，农村水电建设投资与农民人均纯收入、乡镇企业增加值等变量都构成了长期的均衡关系。由于协整关系的存在，进行了格兰杰因果关系检验，检验结果表明，农村水电建设投资是农民收入和乡镇企业增加值的格兰杰原因，而农民收入和乡镇企业经济反方向促进农村水电建设投资并没有得到明确验证。因此，在农村水电建设投资与农民收入、乡镇企业增加值的相互作用中，农村水电建设投资促进农民增收及乡镇企业经济增长居于主导地位，从而验证了国家扶持农村小水电促进贫困地区脱贫致富和经济发展的富民政策，必须拓宽农村水电融资渠道，建立起一种合理有效的农村水电投融资体系。

四、农村基础设施对农村社会文明进步的贡献调查

农村基础设施对推动农村社会的物质、精神文化、生活环境等方面不断进步起着举足轻重的作用，本节通过问卷调查方式进一步剖析农村基础设施对农村社会进步的贡献。

（一）样本情况及说明

本次调研涉及江西、安徽、广西、河南、湖北、湖南、辽宁、山东、山西、陕西、四川、浙江 12 个省，通过组织学生 70 余名并发动亲朋好友 8 人在 2007 年寒假期间对自己的家乡进行问卷调查，给每人 5 份问卷，共计发放问卷 420 份。要求一村最多调查 2 份，问卷回收 303 份，有效问卷 292 份，有效问卷回收率 96%。由于适逢春节，农村中各年龄层次的人几乎都在家，而本调查对象主要是农村中青年，在所有受访对象中，其中男性占 74%、女性占 26%，在家务农者占 40%、主要从事养殖业的占 7%、经商的占 12%、以手艺为生的占 11%、外出务工人员占 16%。同时春节期间走亲访友的现象非常普遍，所以本问卷所设计的问题大部分可由群体回答，限制一个村最多调查两份，调查方式采用一对一或一对多的访谈式问卷。具体问卷见附录。

（二）调查问题及结论

1. 农村基础设施现状

结论：基本生活设施较完备，大众业余生活设施非常欠缺，生态环境设施有所改善，现阶段农村基础设施建设还处于物质文明设施的完善阶段，其他社会范畴的农村基础设施建设尚处于起步阶段。

这里所指的基本生活设施包括村道、自来水、有线电视、医院诊所、幼儿园、小学等；大众生活设施包括阅览室、休闲室、宽带、培训站、健身器材、运动场等；生态环境设施包括沼气、排污管道、垃圾固定倾倒点、卫生厕所等。问卷统计结果显示基本生活设施的农村覆盖面达 60% ~ 85%；大众生活设施的农村覆盖面只有 15% ~ 35%，覆盖面窄；生态环境设施的农村覆盖面已达 30% ~ 55%，取得了一定的进步（见表 2.9）。

根据社会进步中文明的分类，基本生活设施可视为物质文明方面的设施，大众业余生活设施则属于精神文明和生活方式文明范畴的设施，而生态环境设施就是具有生态文明性质的设施。由此可见，现阶段农村基础设施建设还处于物质文明设施的完善阶段，而其他文明性质的农村基础设施建设则处于刚起步阶段，尤其是涉及农村精神文明和生活方式文明的大众业余生活设施非常缺乏。

表 2.9　农村基础设施现状　　　　　　　单位：%

基本生活设施	硬化村道	自来水	有线电视	医院诊所	幼儿园	小学
覆盖面	59	68	80	82	73	83
大众生活设施	阅览室	休闲室	宽带	培训站	健身器材	运动场
覆盖面	18	22	30	16	20	37
生态环境设施	沼气	排污管道		垃圾固定倾倒点	卫生厕所	
覆盖面	30	31		44	54	

2. 农村精神文化生活现状

结论：农村所提供的精神文明活动无法满足农民的精神文化生活需求，导致农民精神文化生活极度贫乏，农村的精神文明建设进程缓慢。

虽然大部分农民喜欢业余时打扑克麻将，但仍有40%左右的农民希望参加一些技术培训，也有约15%的少部分农民希望参加一些文艺体育活动（见图2.9）。但目前农民空闲时一般只能看电视、打牌或做家务，只有20%不到的少数农民会看看书报杂志、锻炼身体或参加集体娱乐活动，而去参加学习培训的农民少之又少，只占3%左右（见图2.10）。对这些数据进行比较可以发现，农民的精神文化生活现状与他们所希望和向往的状态之间存在着差距，说明农村精神文明创建活动的供给少于需求。

调查及统计结果进一步显示，有43%的调查村从未组织过任何如文化名人和技术专家进村、技术培训、体育比赛和集体性文艺娱乐之类的活动，只有24%的受访村曾组织过农业技术培训、19%的受访村组织过文娱活动、10%的受访村组织过全民体育比赛。此外只有40%的受访村免费组织过农民技能培训，免费技能培训的项目依次有种养加工技术、手工艺

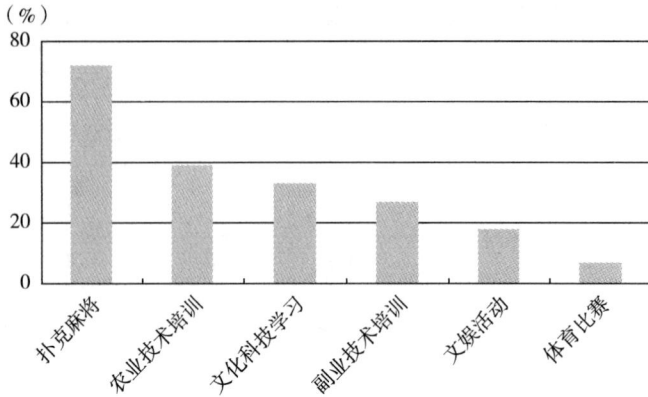

图 2.9　农民业余活动需求

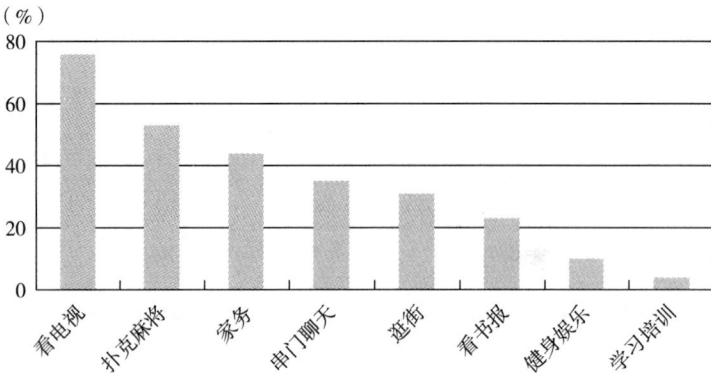

图 2.10　农民业余生活方式

技术和电子机械技术。这进一步说明农村精神文明建设现状较为低落，缺乏提供精神文化产品的动力和积极性，导致现有农村的精神文明产品供给不足，无法满足农民日益增长的精神文化生活需求。

　　根据初步统计结果可以发现，正是因为农村精神文明方面的基础设施建设跟不上，使农村缺乏精神文明创建的载体，一方面影响了农村提供精神文化产品的积极性，另一方面降低了农民开展健康、文明、向上的业余生活的热情，从而延缓了农村精神文明建设进程，不利于农民树立积极健康的精神文化生活理念。因此，农村精神文明方面的基础设施建设水平与农村的精神文明建设进程之间呈正相关关系，换言之，农村精神文明建设进程对精神文明方面基础设施建设水平有着较高的依存度。

3. 农村卫生环境建设现状

结论：农村卫生环境没有太大变化，农民的不良卫生习惯仍然存在，农村的人居环境有待进一步改善。

调查统计数据显示，71%的受访者认为，所在村环境卫生条件近些年来没有什么变化，只有14%的受访村环境卫生很整洁，而15%的受访村环境卫生较脏乱（见图2.11）。同时农村中还存在着柴草乱堆、粪土乱堆、垃圾乱倒、污水乱泼、禽畜乱放等不良的卫生习惯（见图2.12），这势必影响农村整体卫生环境状况。根据前述分析可知，当前具备环境卫生基本设施的农村只占30% ~ 40%，因此，若要提高农村的卫生水平，使农村的环境卫生水平再上一个台阶，改变"脏、乱、差"的农村面貌，改善农村的人居环境，必须要继续加强农村环境卫生设施建设，通过卫生设施的投入引导农民自觉维护农村的环境和卫生，约束村民不良的行为习惯，并从生态文明的角度加大宣传，倡导健康卫生的行为方式，方能推动农村的生态文明建设以及提高农民的生存质量。

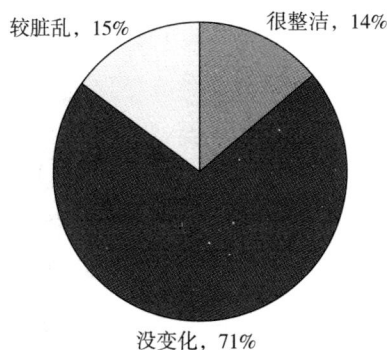

较脏乱，15%　很整洁，14%

没变化，71%

图 2.11　农村总体环境卫生状况

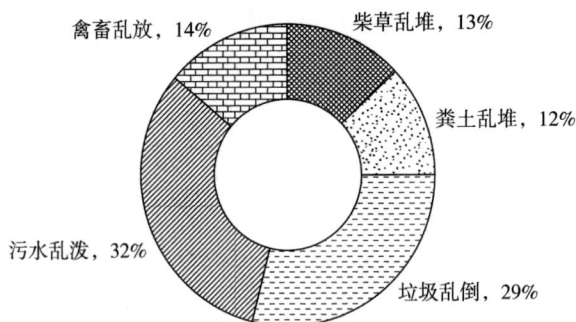

图 2.12　农村不良卫生习惯

4. 农村整体社会进步状况

结论：农村的物质文明取得较大进步，农民的生活水平获得较大提高；农村的精神文明发展滞后，但农民的素质提高较快。

对受访对象近 5 年所在村子和村民的总体评价结果进行统计，发现：

（1）有 70% 以上的受访对象认为出行、就医更加方便；58% 的受访者认为现在农村及农民与外界交流合作的机会增多了；更有 39% 的人感觉当地农村与所在地县城的差距缩小了，而只有 19% 的人觉得城乡差距反而扩大了；但同时有 66% 的受访者感觉当地农村的留村劳动力减少了（见表2.10）。这些数据显示，农村的经济发展还是较快的，农村的物质文明取得了较大进步，城乡差距发生了一些变化，但农村的吸引力不强，因为农村大部分劳动力都不在农村，而留村青壮年比例的变化可以佐证农村吸引力的强弱，如果留村青壮年增加了说明返乡创业的农民增加，进而说明农村的吸引力增强了，但只有 11% 的受访对象认为留在本村的青壮年有所增加。

（2）可喜的是，有 86% 的受访对象评价现在农村的生活水平比以前有明显提高，72% 的人感觉致富的农民增多了，77% 的受访者认为农民的收入渠道增多了（见表 2.10）。可见，农民的生活水平确实比前几年提高了，农民的致富渠道也更为宽广。

表 2.10 农村物质文明进步评价结果   单位：%

指标	出行、就医	对外交流	城乡差距	留村壮年	生活水平	收入渠道	致富农民
标准	更方便	更多	缩小	增多	提高	增多	增多
评价	70	58	39	11	86	77	72

（3）相比农村的物质文明进展，农村的精神文明进步就相对滞后了，积极向上的生活方式倡导和推广得不够，大部分农民没有养成利用业余时间看书读报或学习培训等健康良好的生活方式，分别只有 29% 的受访对象认为村民闲余会看书读报或学习培训，并且赌博现象在农村仍很盛行，只有 27% 的受访者感觉本村赌博现象减少了，而有 34% 的受访对象认为所在村的赌博现象更普遍了，但总体而言，农村整体精神文明程度还是有一些良好势头，56% 的受访者认为农村的封建迷信活动减少了，57% 的人觉得当地打架斗殴事件有所减少，45% 的受访对象认为农村社会风气相比前几年更好，只有 9% 的人评价更差（见表 2.11）。

表 2.11 农村精神文明进步评价结果   单位：%

指标	看书读报	时事政策	学习培训	迷信活动	打架斗殴	赌博现象	社会风气
标准	更普遍	更关心	更积极	减少	减少	减少	更好
评价	29	49	29	56	57	27	45

（4）虽然农村的精神文明建设慢于物质文明建设，但随着物质文明的进步，农民的素质还是有明显提高，似乎快于农村的精神文明建设速度。有 72% 的受访对象认为当地农民的能力水平比前几年提高不少，更多的村民掌握和从事更具技术含量的工作，而且受当地致富能人和优秀外出务工人员的影响，农民学文化学技术的热情更高（见表 2.12）。此外，有 65% 的受访者认为现在农民的形象意识提高了，比以前更在乎自身形象的展示，47% 的人感觉农民的言行举止更文明、更城市化，许多农民在穿着、谈吐、举止方面已看不出"姓农"，城乡一体化在农民身上似乎得到了一些诠释。总体而言，绝大部分农民（73%）非常感激国家的"三农"政

策，尤其对社会主义新农村建设更充满渴望，对未来生活满怀信心，而只有 3% 的受访对象对未来比较迷茫。

表 2.12　农民素质评价结果　　　　　　　　　　　　单位：%

指标	言行举止	形象意识	能力水平
标准	更文明	增强	提高
评价	47	65	72

5. 农民希望的基础设施改造项目

前三项依次是农村的环境卫生设施、文化健身设施和村道硬化改造。

根据调查结果，农民对环境卫生设施的需求最强烈，有 58% 的农民希望本村干净整洁，迫切要求所在村的环境卫生尽快得到改善，增加卫生公共厕所和垃圾处理设施，铺设排污管道，洁净农村的沟塘水渠，还原农村的清秀面貌。随着农民的物质生活水平日渐丰富以及农村老年人逐渐增多，文化健身设施也成为农民的强烈需求，有 48% 的受访对象感觉农村的业余生活不太丰富，希望像城市一样建一些文化休闲室，添一些健身器材，在农村也能过上城市人的生活（见图 2.13）。此外，虽然大部分乡镇都通了水泥路，但许多村与村之间和村子内部并没有水泥路，大多仍然是

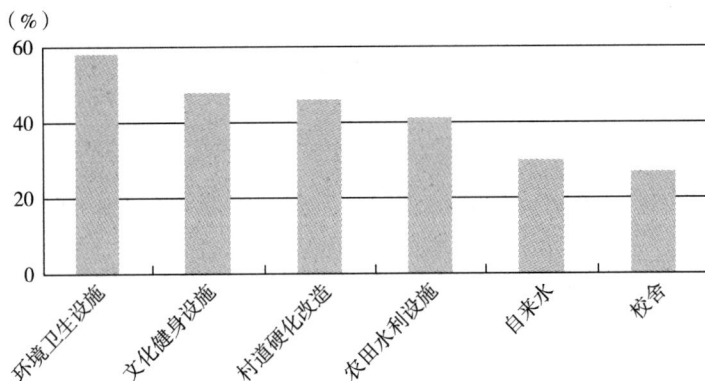

图 2.13　农民对基础设施的需求排序

土路或沙石路，不但"晴天一身土，雨天一身泥"，而且给农民的生产和运输带来了很多不便，因此，有46%的农民希望本村早点铺上水泥路。

调查结果显示，约有74%的农民还是非常乐意去义务投工投劳地兴修本乡村的基础设施，而且盼望政府能组织他们多参与一些这样的公益事业，但也有19%的农民表示要劳有所得，必须给一定的劳动补贴才会参加修建。

五、农村基础设施建设现状及融资需求

（一）农村基础设施建设现状

中国是一个农业大国，截止到第六次人口普查，农村人口占全国人口的50.32%，10年中国城市化进程使农村人口占比足足降低了20%。全国共有69余万个行政村，39945个乡镇。至2008年，全国仍有4万个行政村不通公路，1.3万个村庄没有通电，4万个村子没有电话，300多个乡镇没有卫生院，1.5亿农户需要解决燃料问题，60%以上的县没有标准的污水处理场，一半的行政村没有通自来水，60%以上的农户还没有用上卫生厕所，农业主灌区骨干建筑物的完好率不足40%。全国开展新型农村合作医疗试点的县（市、区）占全国的48.9%，仍有55%的农业人口是无保障的自费医疗群体。农村初中文化程度以上的农民只有不到四成，远低于城市65.4%的水平；农村中学生是城市中学生的4倍，而享受的国家中学教育经费仅占38%。而至2019年初，中国99.98%的行政村都有公路连通，无电地区全部通电，超过96%的行政村实现光纤宽带覆盖，只有46个乡镇没有卫生院，几乎所有县城都建有污水处理厂，农村卫生厕所普及率达85%，农村合作医疗在全国得到100%普及，农民就医得到了保障。

在农村 4.8 亿劳动力中，初中及以上文化程度的已达 60%。城镇化进程、新农村建设、城乡融合、脱贫攻坚等持续近二十年的支农惠农政策，使农村发展日新月异，农村基础设施的欠账得到基本缓解，村容村貌焕然一新，高素质农民和职业农民队伍不断壮大。

从各个地区来看，根据《中国农业统计年鉴》（2007）的数据，欠发达地区的江西省共有 17233 个行政村，其中只有 22% 的村子通了自来水，自来水受益村数为 3841 个，通汽车村数 16944 个，通电话村数 16972 个，尚有 200 余个村子既不通汽车也不通电话。而发达地区的浙江省共有 34515 个行政村，其中 84% 的村子都通了自来水，自来水受益村数为 29055 个，通汽车村数 33152 个，通电话村数 34220 个，仍有 300 个左右的村子既不通汽车也不通电话。作为中国最发达地区的上海共有 1875 个行政村，已完全实现三通，水、路、话全面进村。总而言之，这些数据显示，社会主义新农村建设以及农村基础设施建设任重而道远。

（二）农村基础设施融资需求

国家和政府各类规划和文件多次提出要着力加强农民最急需的生产生活设施建设，加快实施农村饮水安全工程；加强农村公路建设，基本实现全国所有乡镇通油（水泥）路，东中部地区所有具备条件的建制村通油（水泥）路，西部地区具备条件的建制村通公路，健全农村公路管护体系；积极发展农村沼气、秸秆发电、小水电、太阳能、风能等可再生能源，完善农村电网；加强农村信息网络建设，基本实现村村通电话、乡乡能上网；推进农村生活垃圾和污水处理，改善环境卫生和村容村貌；等等。

新农村和农村基础设施建设是一项巨大的系统工程，需要有丰厚可持续的资金支持。从农村基础设施来讲，多以一个村庄共用为主，虽然我国地区差异较大，但经济发展水平和地理位置相近的区域内，农村基础设施建设内容和需求水平差异相对要小，可以分东部、中部和西部三个地区，再对每个地区按村进行估算农村基础设施的融资需求。根据周法兴（2006）的调查测算情况看，要满足一个行政村农村基础设施的基本建设需求一般需要融资 150 万 ~ 200 万元。

1. 东部地区

东部地区农村水、路、气、电以及基础教育、基本医疗设施相对完备，农村已全部通电，大部分农村已通上自来水，需求重点已转向农村环境整治。每个行政村平均需要投资 155.9 万元，构成是：村内道路硬化，72 万元；主要街道排水沟，30 万元；沼气，32.6 万元；改厕，16.3 万元；垃圾池、垃圾箱、垃圾堆积站，1 万元；改造村级卫生室，3 万元；剩余中小学危房改造，1 万元。东部地区的北京、天津、河北、辽宁、上海、江苏、浙江、福建、山东、广东和海南 11 个省（市）共有 246608 个行政村，按每个行政村需要 156 万元的投资，则东部地区农村基础设施建设共需融资 3847 亿元。

2. 中部地区

中部地区农村基础设施建设刚刚起步，建设重点主要是进一步完善水、路、气、电设施，兼顾环境整治。即改路、改水、改厕、改厨、改圈、通路、通电、通水、通沼气、通信息，平均每个行政村需投资 200 万元左右。中部地区包括山西、吉林、黑龙江、安徽、江西、河南、湖北、湖南 8 省，共有 207328 个行政村，按每个行政村需要 200 万元的投资，则东部地区农村基础设施建设共需融资 4147 亿元。

3. 西部地区

西部地区各项基础设施比中部地区更加薄弱，各方面缺口都比较大，相对建设内容更多一些。平均每个行政村需 201.9 万元，构成是：道路建设，56.5 万元；人饮安全和 1 个流量以上渠道节水改造，92 万元；通电和燃气、沼气入户，14 万元；校舍改造和村活动室建设，14 万元；乡镇卫生院、村卫生所，5 万元；广播电视村村通和电话、宽带入户，15 万元；道路排水沟、人畜分离等环境整治，3.8 万元；垃圾集中、污水处理 1.6 万元。西部地区包括四川、重庆、贵州、云南、西藏、陕西、甘肃、青海、宁夏、新疆、广西、内蒙古 12 个省（区、市），共有 186207 个行政村，按每个行政村需要 202 万元的投资，则西部地区农村基础设施建设共需融资 3762 亿元。

对上面三个地区农村基础设施的融资需求加总，可得到全国农村基础设施建设共需 11756 亿元。但由于东部地区的基本生产、生活设施已相对完备，需求重点已转向环境整治；而中西部地区农村基础设施建设还侧重水、路、气、电等基本生产、生活设施和基础教育、基本医疗设施。考虑到中西部部分行政村基础特别薄弱或建设成本较高，以及尚未全面铺开各类建设项目等因素，则全国农村基础设施建设的基本融资需求至少达12000 亿元。如果还考虑病险水库除险加固、大型商品粮基地、大型灌溉截渠改造、中低产田改造、乡镇间公路硬化等农村部分中大型基础设施建设，据有关专家测算，全国农村基础设施建设总的资金缺口约为 2 万亿元。

经过"十一五"和"十二五"对我国"三农"的大力投入，农村基础设施建设取得了辉煌成就。但据中新网报道，"十三五"期间，中国农村基础设施建设的任务仍然十分繁重，根据相关行业部门估算，仅农村公路建设资金需求就超过 1 万亿元，另外道路养护工程、巩固提升农村饮水安全保障、推进农村污水治理、垃圾处理等方面也都存在较大投资缺口，迫切需要创新投融资体制机制，进一步加大建设和管护投入，全面补齐农村基础设施发展短板。

因此，虽然农村基础设施的公共性突出，但要解决这么庞大的农村基础设施融资需求，光靠政府单方面力量投资是远远不够的，而且对资源的优化配置也是不利的，必须建立起分类、高效、合理的政府引导和市场运作有机结合的农村基础设施融资机制。这既有利于提高政府资金效益，也有利于调动社会各界参与农村建设的积极性。

2017 年国务院的《关于创新农村基础设施投融资体制机制的指导意见》提出，要创新政府投资支持方式，加大金融支持力度，建立政府和社会资本合作机制。提出创新农村基础设施投融资体制机制要从四方面着手：健全分级分类投入体制，对农村道路等没有收益的基础设施，建设投入以政府为主；对农村供水、污水垃圾处理等有一定收益的基础设施，建设投入以政府和社会资本为主；对农村供电、电信等以经营性为主的基础设施，建设投入以企业为主；政府对贫困地区和重点区域给予补助。

六、本章小结

首先，从公共物品理论和外部性理论出发，结合基础设施的特点，阐述了农村基础设施的内容和经济学属性并对其进行了系统分类，按照不同分类标准把农村基础设施分为八类。其次，运用协整理论等计量经济学知识对农村基础设施投资与农村第一产业经济增长、农村非农经济增长、农民收入增长的长期均衡关系，以及农村水电建设投资与农村非农经济增长、农民收入增长的均衡关系和因果关系作了实证分析。结果表明，农村基础设施投资与农村农业和非农经济增长和农民收入增长构成长期均衡关系，农村水电与后两者之间不但构成长期均衡关系，而且还存在单向因果关系。同时，从问卷调查上对农村基础设施对农村社会进步的贡献进行了实践检验，发现农村社会进步对基础设施的依存度较高。最后，对现阶段农村基础设施的融资需求做了初步分析。

第三章
农村基础设施融资的国际经验及启示

一、美国农村基础设施融资实践

（一）融资制度方面

1. 注重农业和农村投入立法，完善农村投融资体制

1862 年，美国《莫里哀法》规定拍卖各州一定面积的联邦公有土地来筹集资金促进农村教育的普及。1877 年，美国国会通过《哈奇法》，规定由联邦政府和州政府拨款，建立州农业试验站。1914 年，《史密斯—利弗法》即合作推广法规定由联邦政府拨经费，同时州、县拨款，资助各州、县建立合作推广服务体系。1933 年制定的《农业调整法》专门规定了农业投入。1996 年《美国联邦农业完善和改革法》对农业投入和农业信贷又作出专门规定。关于农业投入和农业信贷方面的法律，还有《农业贷款法》、《农业信贷法》、《中间信贷法》、《农场贷款法》、《农场抵押贷款法》、《取消农场抵押赎回权法》等。同时，1916 年国会通过《联邦农业信贷法》，成立了联邦土地银行；1923 年国会通过《农业信贷法》，成

立了联邦中介信贷银行；1933 年通过《农业信贷法》，成立了合作社银行。这些法律的颁布使美国逐步建立并完善农村投融资体制，以法律形式保障对农场主进行信贷支持，从而使农业和农村运作有章可循、有法可依，避免了行政干预和领导人更换等造成的不规范、不合理现象。除完备的法律体系保证农业发展外，美国政府对农业的服务更多的是把农业的运作融合到其他的相关法律体系中，完善相关农业政策。

2. 通过多方面的农业发展政策，进一步支持农业和农村发展

早在南北战争时期，美国就制定过一系列的农业发展政策，随后不断加以调整。20 世纪的经济危机时期，美国为避免农业的全面崩溃，于 1933 年推行了旨在支持农产品价格和农业收入的农业政策。70 年代，为了避免库存不足引发价格剧烈波动，在 1977 年建立起新的农产品信贷计划——"农场主储备"，以刺激生产。80 年代，通过"混合贷款"和特殊补贴政策来扩大出口，同时对某些农产品实行严格的进口配额限制。90 年代，在世界农产品市场形势变化和欧美农业摩擦的双重影响下，美国政府更加注重制定实施生态农业、科技、信贷支持、信息管理与服务等多方面的农业支持政策。特别是在农业信贷方面，政府对风险大、利润低，私人金融公司不愿意参与的农业支持力度巨大。不但有规模庞大的农贷体系，而且推出出口信贷担保。总之，美国农业政策涉及立法管理、政策指导、农业资源保护、农业信贷、税收优惠、农产品价格补贴和收入支持；限制生产，扩大出口，限制进口等各个方面。政府通过各项农业政策来稳定、保护、发展农业，通过立法、协调等手段来保障政策的有效实施。

（二）金融支持方面

1. 美国农村形成了合作金融为主体、政策金融为保障、商业金融为补充的金融格局

美国现行农村金融格局是伴随美国国民经济特别是农业和农村经济的发展和变革逐步建立和完善的。在 20 世纪以前，美国没有专门的农村金融机构，农业信贷资金几乎全部由商业机构和个人提供。随着农业市场化

程度的迅速提高，农业发展对信贷的需求越来越强烈，美国开始着手改革原有的农村金融体系。以 1916 年创设联邦土地银行为起点，农村金融体制逐步建立。1933 年建立起生产信贷协会，并在 12 个农业信贷区设立了 12 个合作社银行。为了发挥国家对农业发展的扶助作用，政府农贷机构也逐步建立。1933 年成立商品信贷公司，其任务是对农产品进行价格支持或对农业生产给予经济补贴，借以控制生产，稳定农民收入；为发展农村电力事业、发展农村通信、缩小农村和城市的差距，1935 年成立农村电气化管理局；1946 年又成立了专门为贫困农民提供贷款资金的农民家计局；同时，为了促进、帮助农村小企业的发展，维护小企业的利益，在 1953 年又专门成立了针对小企业提供信贷的小企业管理局。为此，在长期的发展过程中，经过不断的探索和改革，美国完善的农村金融格局基本形成。

农村合作金融由联邦土地银行、联邦中介信贷银行、合作银行三大系统构成，是美国实施农业政策的重要金融渠道，但其政策性日益淡薄，股份化日趋明显。联邦土地银行主要负责发放长期抵押贷款；联邦中介信贷银行主要负责向 400 多家地方生产信贷协会提供信贷资金；合作社银行负责向 300 多家供销和服务合作社提供设备和生产贷款。这三类银行服务各有分工，相互合作，构成了庞大的美国农业信贷系统。政策金融由美国农民家计局、商品信贷公司、农村电气化管理局、中小企业管理局构成，提供灾民救济、农产品销售、农村社区发展等长期低利贷款，主要办理具有社会公益性质的农业项目的投资，比如土壤改良、兴修水利、基础设施建设、灾害补贴、小企业发展、农村通信等。商业金融只能作为农村合作金融与农村政策金融的补充。可见，多种金融机构形成了一个分工协作互相配合的农村金融体系，较好地满足了美国农业和农村发展的资本需要，充分体现出了金融在经济发展中的导向和支持作用。

2. 政府的大力支持是美国农村金融体系长期良性运作的保障

美国在农村信贷的发展初期，为了促进信贷事业的发展，政府给予了大量的拨款，如美国联邦土地银行最初的股金主要是政府拨款，占总股金的80%。而政府农贷机构的资金绝大部分来源于财政的拨款或借款，如商品信贷公司，其基金全部由国库拨付，联邦政府除提供资本金外还提供大量的营运基金。在金融机构的营运过程中，国会和政府必须为合作金融和政府农贷机构提供债券的担保、拨付款项弥补商业银行的农贷收益差和政府农贷机构的政策性亏损。同时为了防止商业银行出于以盈利为目的可能将农贷资金转移到其他领域的问题，联邦法律规定对部分银行的农业贷款利率提供利益补贴，并相应修订了农贷利率的有关标准，减缓了农贷资金转移的局面。

此外，合理的组织制度也是美国农村金融运作成功的重要条件。除商业金融机构外，合作金融自成体系，但要接受农业信贷管理局的监督和管理，和联邦储备系统及各联邦储备银行之间没有隶属关系，只是受联邦储备系统的宏观调控。农业信贷系统的全部方针政策由该系统的一个兼职的联邦农业信贷委员会负责制定，1985 年以后则由总统指定的三人董事会，在全国的 12 个农业信贷区各设一个农业信贷委员会，根据联邦农业信贷委员会制定的方针政策，结合本区实际情况制定具体的方针政策，而农业信贷管理局负责具体执行、日常督促和全面协调，政府农贷机构直属于美国农业部，这种组织制度较好地保证了农村资金用于农村和农业，并根据不同阶段农业的不同发展目标，调节农业信贷方向和规模。

3. 发达的金融市场为美国农村金融体系提供了资金源泉

美国金融市场非常发达，作为整个金融体系的重要组成部分，美国农村金融和金融市场的关系越来越密切，首先，发达的商业金融、保险公司已经成为美国农村金融不可缺少的重要组成部分，是整个农贷体系中一支不可忽视的力量；其次，农村信贷资金越来越依赖于金融市场，大量资金来源于金融市场。美国农村合作系统的协会和银行不办理一般的存款和储蓄，农村信贷资金大部分来源于国家在金融市场上出售有价证券，连属于政府农贷机构的农民家计局的信贷资金也主要依赖在金融市场上发行债券进行筹集。

（三）融资渠道方面

1. 形成以政府为主导、社会多方参与的农村建设资金渠道

美国基本形成了由政府、企业和社会团体多元参与并共同生产和提供

产品的农村公共品供给体系。在美国，农村水利灌溉和防洪设施、农村道路桥梁和河道、农村垃圾收集和处理设施、农村下水排污设施、农村贫困人口救济、农业科研和技术推广、农村教育培训、农村社会治安等都属于农村公共产品。

对于农村公共基础设施，凡规模大的由联邦政府和州政府投资兴建，联邦政府向农业地区提供或资助地方发展交通运输、供电和通信事业，资助兴建和维修水利设施，大型的灌溉设施都是由联邦政府和州政府投资兴建的；规模居中的由地方政府投资兴建，建成后都交由公共服务部门管理；规模小的由农场主个人或联合投资兴建并在政府的依法监督下进行经营管理，如小型灌溉设施；规模最小的如公墓维护和路灯提供等则由基层地方政府乡（镇）委员会负责。

对于农村公共服务事业，如低收入农户、妇女和儿童等特定人群所需要的食品救助、营养补贴等，除联邦政府农业部食品和营养局负责执行联邦和州的援助计划外，各地慈善机构也参与免费提供；农业科研、教育培训和技术推广，所需经费由联邦政府、州政府和县政府按一定比例共同提供（少部分由个人捐助），具体实施则由有关院校、科研机构、专业技术服务机构和民间协会在各级政府职能部门的协调下负责，不向农民收费；农村社区所需要的社会治安维护、火灾保护和救护服务由基层地方政府提供，而农场主、批发商、经销商所需要的技术和市场信息可以从政府农业主管部门的信息系统免费获得，他们所需要的贷款和保险等，可以较优惠条件从政府兴办的专门信贷机构或各种合作社及私营机构获得，当然这些合作社、信贷和保险机构都是得到了政府的资助、担保或补贴的。

2. 财政补贴和税收优惠是政府主导供给农村公共品的主要形式

2000年，美国GDP达到99634.67亿美元，其中农业GDP为1594.15亿美元，第一产业约占1.6%。2000年，美国对农业的总体投资达到了900.51亿美元，占农业GDP的56.49%。由于美国的农业人口占全部人口的比例不到2%，如果平均到每个农业人口上，数量是非常高的。而且这种支持和投资力度一般都比较稳定，投资数量、投资方向都由各时期的农业法规定，政府农业部只能在法律规定的范围内执行政策，因此，美国对农业的投资一般不会出现大的波动，而且由于很多项目都是连续几年实施，对各项目的投资既持续又稳定。

美国政府分为联邦、州和地方三级。虽然美国州和地方有独立的财政预算权，但在农业投资上，联邦政府占主导地位。美国几乎所有的补贴以及大量的跨地域、跨流域的农业基本建设工程和环保项目都由联邦政府承担。政府通过财政补贴和投资支持农业基础设施建设和农业现代化所需的农业科研、教育与推广体系，美国大中型农村基础设施都由联邦政府和州政府联合兴建，改善劳动者教育、提高生产效率的农业教育科研等全国性的农村公共服务也由政府财政出资支持。同时还采取了比较灵活的税收优惠，通过政府的减免税，减少了农村的资本流出。

二、日本农村基础设施融资实践

（一）融资制度方面

1. 重视农业法规和政策的制定，以法律规范农村投融资活动

日本立法完备。早在 1950 年，日本就制定了《国土综合开发法》作为地区发展的根本法。1961 年制定的《农业基本法》，明确了农业政策的基本目标，并把农业政策的主要任务定位在改善农业结构上。1962 年修改了《农地法》及《农协法》；1961 年开始实施第一次农业结构改善事业；1963 年创立改善农林渔业经营结构资金通融制度。上述政策的主要目的是在建设法制方面，在农业基础设施的建设以及固定资本的现代化方面，为改善农业结构创造条件。1967 年农水省把农业政策的基本目标规定为：改善农业的基础条件，实现高效率的农业经营，稳定地向国民供给所需要的

农产品。1968 年创设了综合资金制度，1969 年制定了《农振法》，1970年再次修改了《农地法》和《农协法》，并创设了农业人养老金制度。

为了加快建设农村地域环境，1984 年开始了对《农振法》和《土地改良法》的修改。其中《农振法》增加了几方面的内容，如促进农用地的有效综合利用，促进农业从业人员的稳定就业，建设以改善农业结构为目的的生活环境；完善由市町村实施的交换合并制度，为最佳农用开发地、农业现代化设施用地、生活环境设施用地的产生开辟道路。

为规范农村村落及其周边地域土地利用秩序和促进村落的建设，1987年制定了《村落地域建设法》，这是既立足于城市规划制度又立足于农业振兴地域制度的针对村落地域进行建设的立法，满足了当时日本要求有一个能够规范农村村落及其周边土地利用秩序、能够同时促进村落建设和振兴营农的制度要求。

2. 注重以工业带动农村发展的引资政策制定

日本政府为了改善企业发展的外部环境，缩小城乡之间的差距，适时地制定了一系列开发计划与法律，以促进农村工商业的发展。例如，自 20世纪 60 年代以来制定的《新全国综合开发计划》、《农村地区引进工业促进法》、《工业重新配置促进法》、《向农村地区引入工业促进法》、《新事业创新促进法》及《关于促进地方中心小都市地区建设及产业业务设施重新布局的法律》等促使工业由大都市向地方城市和农村转移，确保劳动力充分就业及向农村地区引进工商产业。由此，农村地区形成了招商引资的农外资本和农协、农户的农内资本并存的资本结构。农外资本主要通过建立区域内工业区，形成大都市周边和地方大企业伞下型工业企业，这些中小企业与大企业形成一元的生产组织体系，为工业区周围的农民提供稳定的就业岗位。农内资本来自从事农产品加工、销售等与农村生产、生活有密切联系的工商业。这些不同类型的资本在农村的存在和发展，有力地推动了日本农村工业化。

此外，为了地区的平衡协调发展，日本还制定了许多针对特定地区（亦即经济贫困地区）的制度，如《孤岛振兴法》、《山区振兴法》、《过疏地域对策特别措施法》、《新产业城带建设促进法》、《筑波研究学园都市建设法》、《水资源地区对策特别措施法》、《北海道开发法》等，一起构成了一个完整的地区发展法律体系，在此基础上实施了产业振兴、公共交通通信体系整顿、教育文化设施整顿、生活设施整顿等计划。

（二）金融支持方面

1. 农村金融体系

日本农村金融体系健全形成了当前覆盖全国所有农民的农村金融体系。这种农村金融体系形式有三个级别，即农协、信联（信用社）、农林中央金库（全国级）。农户入股参加农协，农协入股参加"信联"，信农联又入股组成农林中央金库。三级组织之间不存在领导与被领导的关系，都是独立核算、自主经营，但上一级组织负责对下一级组织的管理和服务。

农协是农村金融体系的基层机构，直接吸收农户及其他居民和团体入股组成，信用业务是农协业务活动的组成部分，主要任务是对农户提供存款和贷款服务，农协成员可以优先申请贷款。信农联是农村合作金融体系的中层机构，主要为基层服务调节余缺，指导基层工作。农林中央金库是协调信用业务的最高机构，主要职责是协调全国信农联的资金活动，按照国家法令运营资金，同时负责向下级提供信息咨询，指导信农联的工作，农林中央金库已经成为日本最大的金融机构之一。同时，政府还允许并鼓励商业银行和其他民间金融机构从事农业和农村金融业务。另外，日本政府还在金融体系内专门设有面向落后地区经济发展的开发公库。由此，日本农村形成了以民间合作性质的农协金融系统为主体、以政府主导的农业制度金融为保障、以兼营农业金融业务的商业性金融为补充、商业性金融业务和政策性金融相分离的农业金融体系。

2. 农村金融体系运作

日本金融系统是依附于"农协"的具有独立融资能力的金融子系统，日本的《农业协同组合法》规定了农协从生产到加工、销售，从设施到金融、保险，从医疗到福祉、生活的几乎涵盖了农业和农村生活中每一个方面的事业内容。这使农协成为促进日本农业生产发展，为农村建设化服务的有效载体。它把分散经营的农民与全国统一的市场紧密连接，解决了农民后顾之忧，又使政府农业政策得到有效落实。并且日本政府对农协金融系统给予强力支持，扶持政策不断出台，如规定基层农协的存款利率高于一般金融组织、15 年免分红、对其发放的贷款进行贴息、税收优惠政策等，政府在扶持的同时不干预日常经营，保障农村合作金融业务的顺利开展。

农协的金融系统以独立于商业银行的方式组织农协会员手中的剩余资金开展以农协会员为对象的信贷业务。它包括存款、贷款、票据贴现、债务保证和国内汇兑交易等项内容。资金来源除吸收农协内稻米销售款和人寿保险款外，也面向社会组织资金；贷款有不动产担保贷款、联保贷款（20 人以上的连带责任，无抵押放款），除生产贷款外也发放各类生活贷款。富余资金进行债券投资或发放贷款，以获得高额利润。农协的贷款以组合员的存款为基础，本着为组合员服务、不以追求盈利为目的，贷款主要用于农民的借贷、农协自身经营的周转金以及各项发展事业投资。其对农业和农民的贷款占到贷款总额的 90% 以上，且贷款利息通常低于社会其他银行的 0.1%，一般不需要担保。

（三）融资渠道方面

1. 形成了以政府投入为主导的多元化农村公共品资金渠道

根据基础设施建设项目的规模等级，在中央和地方甚至农户之间按比例共同筹集建设资金，大型农业工程建设直接由政府负责投资，产权属国家，其建设投资主要由国库负担（90% 左右），其次由该地区的都道府县和土地改良区负担。部分范围内的大型工程建设由都道府县负担，或者国库补助和土地改良区负担，产权属都道府县。小型农业工程建设由农民及农村合作组织负责投资，但政府要提供补贴，补贴占全部费用的比率在80% 左右，有些甚至可达 90%（中央财政补贴 50% 左右，都道府县财政和市町村财政分别补贴 25% 和 15%）。对于项目建成后的管理，日本也有相应规定。那些重要的技术性要求高的工程由国家管理，运行管理费由国库负担，其他的仅为形式上的管理；都道府县工程，由都道府县管理，运行管理费由都道府县负担。

2. 中央政府在农村基础设施建设投入中的主导作用

在日本，政府特别重视基础设施所发挥的作用，农业基本建设、农村生活条件的改善、农村的文化建设与振兴、农村科普教育和对农村妇女的生活指导等属于农村公共服务领域的工作由中央政府职能部门负责。20 世纪 70 年代以后，日本在城市化中后期注意到农业、农村发展问题，加大了对农村基础设施的投入。日本中央政府投入大量资金用于农业生产基础设施整治、农村生活环境整治以及农村地区的保护与管理等农业基础设施的改善。

日本对农村投资的方式及渠道较多，中央政府主要是对建设项目进行财政拨款及贷款，地方政府除财政拨款外还可以发行地方债券，用于公共设施的建设。日本政府对农村基本建设投入很大，2003 年日本用于农业的预算为 23667 亿日元，约折合人民币 1690.5 亿元，比我国 2001 年农业预算 1457 亿元高 16%。而当年日本耕地面积为 476 万公顷，农户 298 万户，若预算折摊到耕地和农户，则每亩达 2368 元，每户达 56728 元。其资金的投入特点有：投资增速快，规模大；投资重点突出，结构合理；突出政府的主导作用，又注重投资主体的多元化。

由于日本是实行地方自治的国家，政府机构分中央和地方政府，它们之间没有上下级关系，因此，中央政府为履行职责，除依靠职能部门的附属机构（相当于我国的部属事业单位）和引导各地方政府相同职能部门开展工作外，中央政府主要依靠百分之百农民都加入、百分之百农村都建有农协的工作，支持、指导和监督日本农协在农村提供综合服务。

3. 农协在农村基础设施建设融资方面发挥重要的作用

按照日本的有关法律规定，日本农协的业务范围极为广泛，除经济业务如与农产品生产、加工、储藏、销售有关的一般经济业务，以及合作保险和合作金融等特殊经济业务外，还承担大量的少营利和非营利业务，如组织农业生产技术指导，组织农业水利设施和其他农协成员生产生活所必需的公用基础设施的兴建、运营和管理，兴办农村医疗、卫生、福利和其他以改善农村文化、生活环境为目的的专门公共设施，开展农村教育和文化活动，传播生理卫生知识和指导家政，通过自己的报刊和网络提供技术、生活和国内外市场信息方面的服务，等等。总之，凡是农民生活需要的，农协都提供服务和指导。而中央政府则从财政和税收政策上支持农协事业，如对农协实行少交或免交所得税、营业收益税和营业税的政策，对农协中央联合会的事业费和一些项目给予补贴等，目的在于使农协具有在全国农村开展实际服务工作的经济实力。

三、韩国农村基础设施融资实践

（一）融资制度方面

1. 通过三级立法体制构建了完善的农业农村法律体系

韩国十分重视农村社会发展问题，经过 30 多年的发展，形成了较完善的农业农村法律体系。①国会制定的法律，如《农业基本法》、《农业农村基本法》、《农村振兴法》、《农村现代化法》、《农渔村整顿法》、《农渔村计划法》、《农渔村所得源开发促进法》、《土地改良法》、《农业教育法》、《农渔村电气化促进法》、《农业协同组织法》等 10 多部法律，内容涉及农村社会发展的各个方面。②经总统颁布的法令，主要有《农村现代化促进法施行令》、《农业机械化促进法施行令》、《农地保护利用法施行令》、《粮食管理法施行令》等。③由行政主管部门依照法律和法令制定的施行规则，如《农业机械化促进法施行规则》、《农村现代化促进法施行规则》、《农渔村所得源开发促进法施行规则》、《农渔业灾害对策法施行规则》、《农地保护和利用法施行规则》、《粮食管理法施行规则》等。从而形成了比较完善的农业农村法律体系，确保了农业生产各方面、各环节和新乡村建设各项事业都有法可依。

1970年7月修改的《农业基本法》包括政府为提高农村社会福利和文化，实行了改善农民生活，改善和扩充卫生保健及交通、通信、电气化等文化设施和社会保障等政策。1998年12月修改的《农业农村基本法》包括总则、改善农业结构、农产品供需稳定、农产品流通改善、农产品交易、农产品国际合作、农村地区的开发、收入支援与附则等部分。2003年修改的《农村振兴法》包括目的、定义、机构设置、振兴事业范围、振兴事业实施、振兴基金与附则等部分，政府对于实施振兴事业的地方自治团体、学校、民间团体或者个人，在认为有必要时可在预算范围内支给资助金或补助金。

2. 新时期继续以政策法规加快农村社会和经济发展

1997年制定《环境亲和型农业育成法》，通过立法确立和加强环境亲和型农业的地位、职能和作用，并建立健全相关的组织机构，积极扶持有机农业。可以说，发展环境友好型的有机农业是新时期韩国农林部的首要任务，也是韩国农业的发展方向。2005年韩国农渔业对策委员会组建的环境亲和型政策协议会，正式组织开展系列活动。2003年，韩国政府积极倡导建设具有竞争力和生活和美的农渔村。2005年，韩国农林部、教育与人力资源部等15个部委制定了《城乡均衡发展、富有活力、舒适向往的农村建设》计划，主要内容是：健康保险费支助比例从2004年的30%提高到2006年的50%；农民住宅建设融资从2000万元增加到3000万元，利息从5%阶段性下调到3%；农村、山区、渔村的保健院、所、分所增加到1125个，并改善设施及条件；集中建设农村高中88所，计划外农村大学生录取规模从2004年的3%提高到2006年的4%。农村图书馆增加41处，达到112处。

（二）金融支持方面

1. 农村金融体系

韩国建立了由农协、地方银行、邮局、村金库、信用协同组合构成的完备的农村信贷服务体系。农村金融机构中"村金库"数所占比重大，占农村金融机构总数的 57.3%，经营农村金融业务的农村邮局占 11%。具有宗教色彩的信用协同组合占农村金融机构的 3.6%。农协中央会、基层农协金融机构占农村金融机构总数的 25%，而拥有的资金额高达 73%，成为农村金融业的主体。分布在农村地区的金融机构比城镇多，而人均农村金融资金只有城镇金融的 1/4。

2. 韩国农协

韩国农协成立于 1957 年，1961 年依据《农业协同组合法》，经过农业有关部门的努力，旧农协组合和农业银行合并，成为现在兼营经济事业和金融事业的综合型农协。1999 年又颁布了新的《农业协同组合法》，依照该法规定，农协组织由基层农协和农协中央会两级组成。基层农协包括地区农协、地区牧协、专业农协、专业农协联合会。农协中央会是由地区农协、地区牧协、专业农协及其联合会自愿加入而成立的，各道（相当于我国的省）设分支机构。农协中央会既是全国基层农协的联合组织，又是独立的事业体，农协中央会信用部是全国农村金融中心。

韩国农协在农业生产、加工、流通、技术培训与推广等方面发挥自身的职能和作用，为调配和提供农业开发所需资金，农协开设了中央会的银行业务、信托业务、国际金融以及以农民组合成员为对象的互助金融业务，为经营规模小的农民提供的信用保证业务等。农协中央会与一般银行不同，从非农部门和非组合成员中集聚资金，贷给农业部门及农民，而基层农协则根据互助原则，从协同组合成员中集聚资金，贷给组合成员。在农协金融业中，基层农协的互助金融业发展最快，所占比重最大，在农业金融业中的作用也最大。

农协互助金融业发展迅速，具有三个特点：①凡农协组合成员，都可以加入金融组织借贷使用资金，而非农协组合成员利用资金不得超出每年利用资金总额的 1/3；②互助金融受政府保护比一般银行的储蓄年息高 2%~3%，享受政府的优惠政策；③互助金融的一切业务要通过中央联合组合组织农协中央会的互助金融特别会计开展，道支会和室、郡支部起中介作用。

（三）融资渠道方面

1. 政府的财政投资和融资支援是韩国推进新村运动的后盾

为有效地组织新村运动以及加快农村基础设施建设，韩国政府专门设立了从中央到地方的一整套组织领导体系，在实施中，政府不但为农民提供技术指导、服务和周密设计的建设规划，还在资金与材料上予以大力支持，采取了中央财政和地方财政直接投资的措施，而且投资额也较大。据统计，从建设新乡村运动开始到1980年4月为止的10年间，政府对农村基础设施的财政投资达27521亿韩元。鉴于资金数量有限，政府首先提出设置供电系统和通信设施等20多种旨在改善生产、生活环境的公共产品项目，再由农民依本地实际需要，自主抉择所上项目，目标是改善农民的居住条件，项目的具体实施，通常是由各级政府与村民各负其责合力完成。为解决农业贷款难、农村融资难的问题，政府还设置了农村经济建设的专项资金。

2. 从政府主导投入逐步发展到民间主导投入

在新村运动后期，通过大力促进和建立完善农民合作组织、农村金融组织、农民技术推广教育组织，政府逐步退出直接投资，以惠农贷款、支农资金等方式提供农村公共品，新村运动由初期的政府主导转变为民间主导，由民间团体、企业、大学、科研机关参与完成大部分的支农工作。政府通过对农村金融体制的改革，使农协成为农村唯一的金融机构，并使其获得了较大的发展。同时由中央内务部直接领导和组织实施，建立了全国性组织新村运动中央协议会，同时建立新村运动中央研修院，培养大批新村指导员，激发农民自主建设新农村的积极性、创造性和勤勉、自助、协同精神，设置许多民间团体专项基金。

进入21世纪，韩国政府再次强调农村的自我发展，继续开展各行各业支援农村活动。2004年韩国政府倡导"城乡合作"，动员企业等依自愿原则对村庄进行"一帮一"的具体支援，这种支援包括提供资金和物资甚至帮助农民播种、收割、改良品种；寻找销售渠道，建立加工厂，直接收购农产品等。目前，参与该活动的企业、政府部门和民众团体已经达到6000多家。

四、国际经验及启示

（一）使农业农村投入政策法制化

一个稳定成熟的农村公共品供给体系必须要有持续的发展战略和政策环境支撑，使农业农村政策法律化，为农村公共产品供给提供法律保障。考察国外的农村公共品供给体系时可以发现，任何一国农村公共品供给体系的建立和渐趋成熟，都伴随该国农村公共品投入法律和政策的调整变化。美国和日本农业和农村的投入之所以能够稳定而可靠，主要原因就是美国和日本的农业投入是以法制化作为保证的，它不受时间和外界其他因素的干扰和影响，使美国农业投入稳定又持续，这也是美国农业能够长久保持世界第一的原因之一。而我国对农村的投资还没有建立法制化的管理方法，随意性较强。

当前我国已不再把经济发展速度置于首位，社会的综合协调发展已渐成为各种政治力量和各社会阶层的共同诉求，农村农业的发展在国家目标和政策层面受到前所未有的重视。从党的十六大提出的在 21 世纪头 20 年全面建设小康社会的宏伟目标，到党的十六届四中全会的构建社会主义和谐社会的提出。从党的十六届三中全会的"五个统筹"要求，到 2008 年政府工作报告中再次提出的"城乡一体化"建设任务。从 2003 年农村税费改革开始，到 2008 年连续 5 个关于"三农"的中央一号文件，等等，种种事实表明，我国已进入了"工业支持和反哺农业、城市辐射和带动农村"的发展阶段，为了配合国家发展战略和公共政策的调整，相应的政策措施如通过税收、财政转移支付向农业农村倾斜的国民收入分配政策等也已经开始付诸实施。

要完成社会主义新农村建设的目标和任务，实现城乡一体化和社会主义和谐社会伟大事业，必须持续保证和加大农业农村的投入，而不是重视时加大投入力度，重视程度降低时就不保证基本投入需求，当前，我国除《农业法》中对农业和农村的投入有几条宽泛性的约定外，还没有一部真正涉及保障农业农村投入的法律法规。因此，除必须根据"三农"需要，建立一套从"三农"利益出发、与时俱进、动态的农业农村扶持政策，形成一个涉及金融信贷、生产与销售、税收与补贴等各个方面的旨在扶持农业的完整政策体系，全方位为农民提供适宜的、促进农业发展、农村建设、农民增收的公共政策服务。还必须建立一套可持续、稳定的农业农村投入保障机制，也就是说，必须使农业农村的投入政策法律化，因为政策具有多变性、随意性、形式多样，会随着地区不同、时期不同而作出不同的调整，而法律却有着严格的制定和修改程序，更具有稳定性，能够在全国或特定的大多数地区施行。在农业农村投入法制化方面，美国和日本均走在世界前列，已经建立了一套完备的法制体系，应该对我国下一步的财政支农具有重要的参考价值。总而言之，只有使农业农村投入法制化，方能使农业农村的发展获得源源不断的资金支持。

（二）政府财政必须发挥主导功能

1. 政府财政是农村基础设施建设的主要力量

由于大部分农村基础设施属于公共产品，理应是政府公共财政所覆盖的领域，政府具有不可推卸的责任，理所当然是农村基础设施投入的主体。尽管美国是一个典型的市场经济国家，但为了促进经济发展、增加国民福利，美国政府在农村公共产品供给中的功能处处存在。但我国自分税制改革后，中央政府就把农村公共产品的供给职能下放给了地方政府，而地方政府因财力不足等原因没有尽到职责，迫于生产生活需要的农民只能提供最基本的粗糙的公共产品，填补公共产品供给中政府缺位的动力明显不足，导致长期以来我国农村基础设施严重缺失，类似当年韩国的情况在我国大量存在，并已成为制约农业发展的瓶颈，导致农村社会问题突出，城乡差距日益扩大。目前，我国已具备发起类似韩国新村运动的基本条件，国家拥有支援农村的实力，虽不能完全供给农村所有的公共产品，但无疑是主要力量，完全能够聚集相当的资金，在农村公共产品供给方面予以支持。

因此，政府应承担向农村基础设施提供资金支持的主要责任，调整财政支出结构，确保财政支农资金的比重和数量，专款专用于农村基础设施建设。由于农业的收益比较低，而政府的财政支农不但能增加农村资本，而且能带动集体和个人对农业和农村的投资，提高财政资金的使用效率。所以，应加大财政对农业和农村的支持力度，增加政府投资，特别是要加大对农村基础设施的投资建设力度，改善交通，兴修水利，改善土壤，治理环境。同时政府必须加大对农业科研、教育和农业科技推广的投资，提高劳动生产率和劳动者素质。

2. 政府应担负起建立稳定农村资本的农村金融支持体系的责任

同是市场经济国家，美国的农村公共产品供给体系是典型的由政府、企业和社会团体多元参与并共同生产和提供的，而日本和韩国则是以中央政府为主导、由各级农业合作组织参与实施的农村公共产品供给体系，但它们都是在政府主导或引导下的市场经济环境中运行的。美国的最大特点是，通过政府财税、信贷和价格支持对农业和农村给予有力支持，实行"多予少取"的政策，同时政府对农村信贷给予支持，建立性质多样、协调配合、机构众多的农村信贷体系，使农村资本净流入，稳定了农村资本。而日本和韩国主要是通过政府扶持农协，使农协独立于国家金融体系，并借助农协广泛的农村和农民基础留住农村资本，使农村资本在农村体系内循环，同时政府充分调动社会力量和工商业资本"反哺"农村。而现阶段我国农村资本却大量外流，与这些国家形成鲜明对比的是，虽然我国与这些国家的国情和发展历程不同，但是，它们的这两种农村金融支持体系对我国农村金融支持体系的构建有一定的借鉴意义。因此，我国应进一步改革和完善农村金融体制，分清各种金融机构的职责，建立规模庞大、职责明确、分工协作的农村信贷体系，改革邮政储蓄的现状，实现商业银行、合作银行和政策性银行在农村互助共存，并采用国家扶持、财政补贴等优惠政策引导金融机构多向农村贷款，遏制农村资本流出农村。

（三）运用市场机制引导社会和农民参与农村基础设施建设

日本"农村振兴"和韩国"新村运动"之所以取得成功，关键在于充分调动了农民的积极性。在日本和韩国，把农户连起来的组织就是农业协同组织，协同组织对日韩两国发展农村经济，提高农业、农村和农民地位，以及推进农业现代化和城乡一体化等方面，起到了举足轻重的作用。此外，日韩两国还十分重视城乡互动，政府适时推行优惠政策，将工业引入农村，运用市场机制引导社会力量共同参与农村建设，促进城乡互动和交流，为农民提供就业机会。反观我国，长期以来实行"城乡分治"的二元经济和社会结构，城市和工业成为国家政策和社会利益导向的重点，不惜牺牲农村的利益保城市，这种以城市为重心而忽视农村的社会非均衡发展导致城乡差距越拉越大，社会矛盾日益尖锐，日益制约着经济和社会的进一步发展。加之中国至今仍有9亿农村人口，政府有限的财力分摊到每个农民身上和所有待建项目无疑杯水车薪。城乡协调互动无疑将减轻政府财政压力，缩短城乡一体化的进程。为完成新农村建设的重大任务，实现城乡一体化，必须认识到农民在新农村建设中的主体地位，充分调动农民的主观能动性，同时可以借鉴日韩的"以城带乡，以工哺农"模式，发动企业与农村结对，实行对口支援的城乡互动模式。

随着我国经济总量的增长，国家和各级政府的财力得到了相应的增长，同时，民间资产尤其是城市资产也有一定规模的积累，与前几十年相比，今天我国农村基础设施建设具有前所未有的物质条件。并且我国已经具备加快农村基础设施建设所需要的市场经济条件。但在市场经济下，资金具有趋利性，非政府资金包括农民个体和社会组织或企业资金只有在不受大的制约并无须冒过多风险条件下才会流向公益性突出的农村基础设施领域，因此，必须以政府的资金投入和优惠政策作为"催化剂"，才能有效激活社会各方的资金投入，一方面引导农民对直接受益的基础设施建设投资投劳，另一方面运用商业化手段激励社会各类资金投向农村建设，逐步建立起"市场经济条件下，政府引导、社会共同参与，合理、稳定、有效"的农村基础设施建设资金投入机制。

五、本章小结

选取美国、日本、韩国三国，从融资制度和政策、农村金融体系和金融支持及融资渠道三个方面对三国农村建设和基础设施建设的融资问题进行阐述和总结，同时还对农协在日本农村振兴运动和韩国新村运动中的作用进行了分析，总结得出国际上农村基础设施建设的融资经验：使农业农村投入政策法制化、必须发挥政府财政主导功能、运用市场机制引导社会和农民参与农村基础设施建设，并融合到当前我国农村基础设施融资实际中进行分析。

第四章
非营利性农村基础设施融资
机制内涵界定与构建

一、非营利性农村基础设施融资的概念和内涵

（一）融资的概念

《新帕尔格雷夫经济学大辞典》对融资的解释是，融资是指为支付超过现金的购货款而采取的货币交易手段或为取得资产而集资所采取的货币手段。从资金的融入角度，权威的《简明不列颠百科全书》（*Britannica Concise Encyclopedia*）将融资（Finance）定义为："为某类支出筹集资金或资本的过程。"我国的《证券投资大辞典》和《金融大辞典》均认为融资是融通资金的简称，是货币、货币流通信用以及与之直接相关的经济活动。

"融资"二字早在20世纪80年代初就已出现在我国的各种文献资料中，但自1993年中央发布"关于投融资体制改革的意见"后，融资概念才开始受到我国理论界和实践界的正式关注。而且历来学术界对融资的定

义众说纷纭，杨继红（1998）提出所谓融资是指货币资金的调剂融通。樊浩（1998）认为融资通常是指货币资金的持有者和需求者之间直接或间接地进行资金融通的活动。吕晓伟（2002）则在归纳众多学者观点的基础上把融资分为广义的融资和狭义的融资。综合起来，可以把融资解释为：融资概念有广义和狭义之分，广义的融资是指资金在供给者与需求者之间流动并以余补缺的一种经济行为，这是资金双向互动的过程，既包括资金的融入（资金的来源），也包括资金的融出（资金的运用）；狭义的融资只指资金的融入，就是资金亏绌者根据自身的生产经营状况、资金拥有的状况以及未来经营发展的需要，以一定的方式从一定的渠道向资金盈余者筹集资金的行为和过程。

可以看出，融资的内涵非常丰富，广义的融资既有狭义融资的内容还包含投资的内容，这正是国际金融学中融资投资不分的原因。而且无论是哪种融资概念都包括五个要素：①融资主体（Who），谁需要融资，是私人部门还是公共部门；②融资目的（Why），为什么要融资，融入的资金作何用途；③资金来源（Where），从哪些渠道融资；④融资方式（Which Way），采用何种方式融资，选择哪类融资方式才是最佳的融资结构；⑤融资成本（How Much），整个融资活动和过程所需支出的全部费用。同时由于不同渠道资金的供给价格和风险承受水平迥然，融资还涉及利益和风险在资金供给者和需求者之间的分配问题。融资的概念可通过图 4.1 得到诠释。

（二）非营利性农村基础设施融资的概念和内涵

非营利性农村基础设施融资是指主体通过不同方式把不同渠道的资金导向农村公路及交通设施、电力通信设施、沼气秸秆燃气供应系统、文化体育场所、学校、会馆、公园、广场、水渠、化粪池、垃圾处理场等非营利性农村基础设施领域的行为和过程。

综合对融资概念的论述和非营利性农村基础设施建设融资的定义，可以得出：①由于农村基础设施的初始所有权和经营权往往属于代表政府的

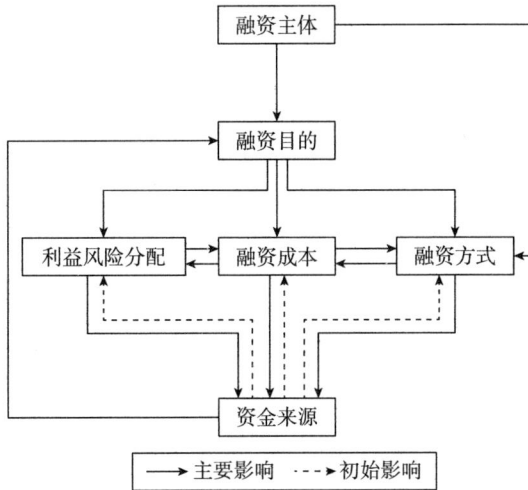

图4.1 融资定义过程

乡村集体或归口公共管理部门，可以认定非营利性农村基础设施项目的融资主体（Who）是政府、公共部门和农户集体；②其融资目的（Why）是为供给不足造成资金需求缺口的农村基础设施项目融资；③由于政府和公共部门是主要的融资主体，故农村基础设施项目的资金来源（Where）一个重要渠道是国家和地方的财政资金，其他的资金来源还包括一般意义上的企业融资渠道，即债权融资和股权融资等。因此，非营利性农村基础设施融资实质上是作为主要融资主体和资金需求者的政府、公共部门和农户集体为了改善农村基础条件、发展农村经济、促使农民增收和缩小城乡差距，通过多种渠道以不同方式向资金盈余的个人和社会投资者筹集农村基础设施建设所需资金的行为和过程。在整个非营利性农村基础设施融资过程中同样会涉及融资成本的考虑、融资方式的选择、融资结构的安排、风险的合理配置等问题。

由前面的分析可知，非营利性农村基础设施具有显著的正外部性，无疑是一项风险较高而回报较低的投资，所以对非营利性农村基础设施的融资，政府部门必须理顺农村基础设施投融资体制，设计合理的融资机制，才能源源不断地筹集到"质优价廉"的农村基础设施建设资金，推动农业和农村的发展。

二、非营利性农村基础设施融资机制的内涵界定

根据发展经济学的观点，影响一个经济体发展的基本因素是其资本存量的规模，特别是资本形成的速度。世界各国和各地区的经济发展实践表明，在工业化进程中，资本形成与经济增长特别是欠发达地区经济增长之间呈正相关关系，资本的积累和扩张是摆脱贫困和经济快速增长的必要条件，经济增长的重要源泉就是资本，没有丰厚的资本积累就没有经济增长。当前和未来对农村基础设施进行建设和改造实际上就是农村经济的资本积累，但无论什么性质的资本积累都需要巨额资金的支撑，而资金的形成又是在一定的融资机制安排下进行的，因此，要完成农村的资本积累、加快农村基础设施的投入力度就必须要有适合农村基础设施建设的融资机制。

（一）融资机制的相关概念及区别

1. 机制、制度与体制

在对融资机制进行阐述之前，要把握机制（Mechanism）二字的含义以及与制度（Institution）、体制（System）的区别。对此，《现代汉语词典》第五版中作了解释，指出"制度"有二重含义：①要求大家共同遵守的办事规程或行动准则，如工作制度、财政制度；②在一定历史条件下形成的政治、经济、文化等方面的体系，如社会主义制度、封建宗法制度。"体制"是指国家、国家机关、企业、事业单位等的组织制度，如经济体制、政治体制、教育体制、体制改革。机制有四重含义：①机器的构造和

工作原理，如计算机的机制；②机体的构造、功能和相互关系，如动脉硬化的机制；③某些自然现象的物理、化学规律，如优选法中优化对象的机制，也叫机理；④一个工作系统的组织或部分之间相互作用的过程和方式，如市场机制、竞争机制。因此三者的关系可以理解为：机制是制度加上方法或者制度化的方法；根据制度可划分为根本制度、体制制度和具体制度三个层次，可知体制乃是制度的中间层次。

2. 融资制度、融资体制与融资机制

基于上述分析以及葛兆强（1997）、严谷军（1999）和李国民（2004）等对融资制度、融资体制和融资机制概念的界定，可将融资制度（Financing Institution）定义为：在资金融通以及由此带动的生产要素流动和配置过程中被制定的一系列要求所有资金供给者和资金需求者等各融资参与方共同遵守的办事规程、行为准则、守法程序和约定的职业道德规范；融资体制（Financing System）定义为：资金融通过程中涉及的相关经济组织制度，主要是经济组织相互之间的责权利的配置关系；融资机制（Financing Mechanism）定义为：资金流动和配置过程中所形成的资金融通系统内各构成要素之间及各经济行为之间为实现一定融资目的而相互作用、相互联系和相互制约的过程和方式，它既包括作为配置资源基础手段的融资行为和市场机制交叉的部分，又包括为克服市场机制的盲目性和滞后性所需的融资行为和宏观调控交叉的部分。由此不难看出，融资制度、融资机制和融资体制之间的区别和联系，融资机制不能等同于融资制度或融资体制。

3. 融资机制与融资模式

所谓融资模式，是指在一定情境中平衡融资各要素被证明是有效的融资主体取得资金的具体形式，如直接融资模式、间接融资模式、设施使用协议融资模式、生产支付的融资模式、BOT 融资模式等。融资模式是一种经验化的融资方案、一种程式化的融资方法，它的应用有严格的条件限制，一旦融资各要素形成的作用力间的平衡被打破，那么解决该类融资问题的方案就可能不再成立，此时这种融资模式就不可行。例如，在生产支付的融资模式中，如果项目融资者不能提供最低生产量、最低产品质量标准等方面的担保合约或者所提供的担保合约中条款不清晰，则贷款银行或其他投资方就不会为该项目提供融资，该项目就必须放弃生产支付的融资模式，而采取融资租赁等其他融资模式。融资机制不但要结合融资对象的需要、主体资金状况以及所处环境等因素对多种可能融资模式进行选择，还要对不同融资模式下获取的不同来源资金依据融资对象经济性质、资金成本和风险偏好进行排序和组合，因此融资机制也不能等同于融资模式，一个融资对象的融资机制的形成可能需要多种融资模式，而一种融资模式可能适用于多种对象的融资机制。

（二）融资机制形成过程及系统观点

1. 融资机制的构成要素

根据前文对融资机制的定义可以得出，融资机制主要包括融资主体、融资客体、融资媒体、融资载体、融资介体和融资环体等构成要素。其中融资主体是指在融资活动中赋有融资权利和义务的个人或组织；融资客体是指主体在融资活动中所指向的缺少资金来源的融资对象；融资媒体是指在实现融资活动中所需的中介物或工具，如票据、债券、股票、设施使用协议、租赁合约等；融资载体是指资金融通过程中负载资金的物体，是资金的存在方式，如货币或实物资产；融资媒体和融资载体都是资金融通过程中资金流动和存在的方式，统称为资金来源，通常不加以区分；融资介体是指协调资金融通的金融中介机构，如商业银行、证券机构、保险机构以及资产管理公司、信托投资公司、财务公司和租赁公司等非银行机构；融资环体是指进行资金融通的场所与行为的总和，如金融市场、政府公共资金平台。融资机制的形成过程和各构成要素之间的关系如图 4.2 所示，图 4.2 也进一步揭示了融资机制的内涵。

2. 融资机制的形成过程

从发展经济学角度，经济主体自我储蓄与自我投资的转化（包括实物形式和货币形式的转化）是资本扩张不可缺少的一种转化方式，这种不依

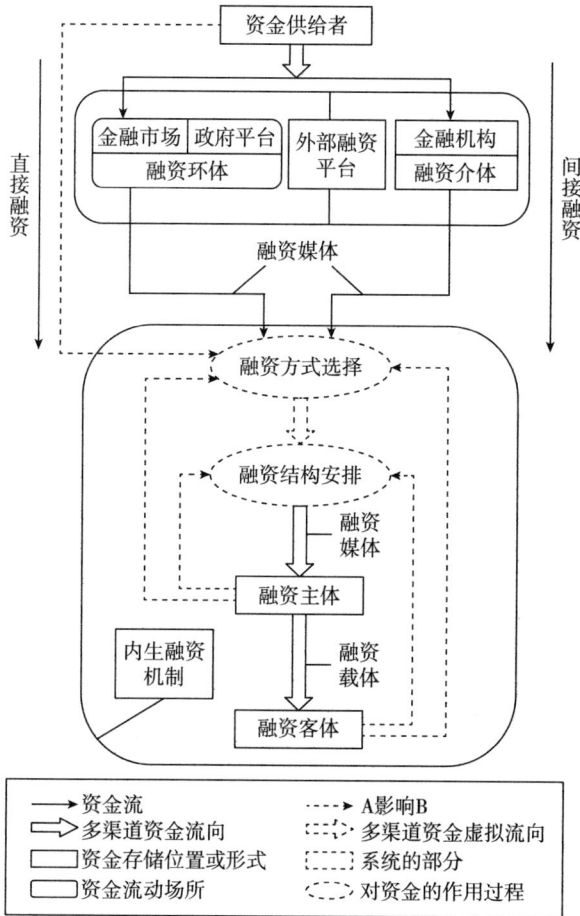

图 4.2 融资机制形成过程及构成要素关系

赖外界而挖掘经济主体内部潜力、将自身的储蓄和暂时闲置的周转资金（折旧和留存盈利）的融资活动实际上是一种内源融资方式，但如果仅仅依靠这种方式，那么资本的扩张就只能通过自身资本在价值形式上"滚雪球式"的积累来达到（严谷军，1999），其进程势必较为缓慢，难以适应经济飞速发展的客观需要，经济主体的内源资金供给和资本扩张所需投资资金需求之间的矛盾日益尖锐，这种内源融资的先天供给不足促使经济主体寻求外部力量满足资本扩张的需求，这类缺少资金的经济主体称为亏绌部门，通常指部分消费者、企业和政府。

而同时社会上却存在着许多虽然拥有大量盈余资金但没有合适投资机会的储蓄主体，还有握有大量公共资金的政府部门，这些盈余资金主要来自储蓄存款、养老金、保险收入和政府财政等渠道，这类握有丰厚资金的主体称为盈余部门，通常指储蓄者、投资者和公共机构。注意，这里的政府公共部门既是亏绌部门又是盈余部门，或者说具有资金供给者和资金需求者的两面性。而在这种盈余部门和亏绌部门并存的形势下，如何把社会盈余部门的资金导向亏绌部门，就是所谓的融资，这种经济主体通过一定途径或借助某种工具面向社会获取他人资金的融资方式称为外源融资，主要融资形式包括银行借款、股票筹资、债券筹资、财政预算拨款和其他方式的融资。

为加速资本形成，外源融资方式是经济主体的必然选择，而外源融资必须通过一系列的中介机构和组织，包括各种金融机构、金融市场和政府公共部门，才能把盈余部门的资金导向短缺部门，这就是融资介体和环体，其中的融资介体也叫融资中介，包括商业银行、储蓄银行、信贷机构以及财务公司、保险公司、养老基金、投资公司、融资公司等非银行机构，融资环体主要指资金、资本、外汇等金融市场以及提供财政支持的政府公共资金平台。

更进一步地，由于投资主体和融资主体在期限、风险、收益等方面的偏好存在多样性和差异性，就要求在外源融资过程中有多种盈余储蓄转化为投资的渠道和形式，既要有直接的，也要有间接的，这便是融资方式。根据《投资大辞典》，直接融资方式是指不通过金融中介机构、由资金供求双方直接协商进行的资金融通，如民间的直接投资、财政直补、企业发行股票和债券等；间接融资方式是直接融资的对称，指企业通过金融中介机构、间接进行资金融通的活动，如银行信贷、金融租赁、财产信托、票据承兑与贴现等。如果外源融资的渠道畅通且形式多样，则融资主体就可以根据融资对象属性、资金状况、融资成本和风险特征对各种融资方式的资金结构和比例进行选择和组合，这种融资方式的组合就是融资结构安排。可见，融资方式和融资结构均是融资机制的组成部分。经过融资方式选择和融资结构安排，外源融资的资金才以各类票据、债券、股票、设施使用协议、租赁合约等媒介形式到达融资主体，这些媒介就是融资媒体，只有把融资媒体转化为真实可用的货币和实物资产才能为融资对象（客体）所用，这里货币和实物形式的原态资金就是融资载体。

　　3. 融资机制形成的系统观点

　　由上述分析可以看出，具备资金流动和调配过程、资金融通功能和各要素结构状态的融资机制就是一个符合系统论的开放系统。根据系统观点和自组织理论（许国志，2004），就整个经济而言，由六个要素构成的融资机制本身就是一个自组织系统，它通过经济的发展、国民收入和居民储蓄的增长、金融产品的创新以及法律和制度的完善等外部环境不断进行信息、资金和生产要素的交换，并使系统内部各要素相互作用实现系统由无序到有序状态的不断演化。由于融资主体随时间推移而变化慢，其他要素随时间推移而变化快，可以选择融资主体为序参量，其他要素则为快变量。作为序参量的融资主体能够支配其他快变量的融资要素的变化，决定了整个融资机制系统有序程度的高低，该系统有序程度的高低可由便捷、高效、精良、理性等参数来衡量。

　　就经济主体和融资对象来说，有融资主体、融资客体、融资媒体和融资载体四个要素就完全可以让一个资金亏绌的经济主体在一定时间和空间条件下通过资本的自我积累和自我投资实现内源融资以及主体增长的目标，只是速度快慢的问题，故这四个要素又构成一个独立的自组织系统，它实际上是上层融资机制大系统的子系统，是具有自生长性质的自组织系统，是对融资机制大系统内部机制的探讨，故将由融资主体、融资客体、融资媒体和融资载体组成的自组织系统称为内生融资机制。内生融资机制通过将资金盈余部门、金融机构和金融市场等外部环境的资金和其他资源要素"吸进"系统以后，并经过系统各构成要素的甄选和配置转化为该系统生长所必需的成分，这些资金和生产要素能够促进内生融资机制子系统各部分仍沿袭一定的组织形式、资本扩张路径和产品生产方式相应长大，并且系统整体除资本规模变大外，其余的性质和特点均不发生变化，保持不变的结构和功能。相对内生融资机制系统而言，作为融资介体的金融机构和作为融资环体的金融市场政府公共资金平台则纯粹称为内生融资机制的外部环境，本书称为外部融资平台。

至此可以看出，融资机制作为一个系统本身还嵌套了一个内生融资机制子系统和一个作为子系统外部环境部分的外部融资平台，也就意味着融资机制包括内生融资机制和外部融资平台两部分，如图 4.2 所示。

（三）非营利性农村基础设施融资机制的研究范围

根据前文非营利性农村基础设施的界定和对融资机制的阐述，非营利性农村基础设施融资机制可以理解为：为促使多渠道、不同方式资金导向非营利性农村基础设施建设领域所形成的资金融通系统内各构成要素及相关参与方的经济行为之间相互作用的过程和方式。其中非营利性农村基础设施主要包括农田水利、农产品流通重点设施、农业教育、科技推广和气象等农业基础设施和乡村道路交通设施、农村电力通信设施、医疗保健设施、垃圾处理场等农村社会事业基础设施。相关参与方行为主要是指融资主体与金融机构以及融资主体直接与资金供给者之间的就资金使用期限、品种、收益和风险所进行的沟通与谈判等行为。

由于非营利性农村基础设施属高风险、低回报的农村公共品，既有非经营性的纯公共品，如乡村道路、垃圾处理场、科技推广和气象设施等，也有准经营性的介于公共品和私人品之间的准公共品，如农产品流通重点设施、自来水供应系统、农村能源电力设施等。而逐利性的私人资本势必不会"单枪匹马"地闯入这类非营利性农村基础设施领域，除非政府的引导和扶持。

①非经营性的纯公共品和准经营性的准公共品两者之间并不完全是非此即彼的关系，横亘在它们之间的边界在一定条件下是模糊的；②即使是非经营性的纯公共品也能够通过机制设计，使其中的某些成分具有可销售

性，并按市场机制来操作；③如果对相关的农村融资制度和政策进行深化和完善，以及与之对应的非营利性农村基础设施领域融资机制进行改善，尤其是在政府引导方面做足功夫，应该可以进一步拓宽融资渠道，吸引更多的社会资金投入到非营利性农村基础设施建设领域，此时加大农村基础设施的投入力度也就更具执行力。

由上述分析可对本书研究的范围加以界定，首先，从融资机制的构成要素出发对非营利性农村基础设施融资机制系统进行分析；其次，对一类非营利性农村基础设施的融资结构进行研究；再次，对具体的非营利性农村基础设施融资机制进行分别研究，主要选择非经营性纯公共品的典型即农村公路和准经营性准公共品的典型即农村小水电，研究它们的融资方面问题以及政府角色和作用；最后，探讨非营利性农村基础设施融资的创新路径。

三、融资主体视角下的非营利性
农村基础设施内生融资机制

（一）非营利性农村基础设施的融资主体分类

1. 非营利性农村基础设施融资主体的划分原则

非营利性农村基础设施融资主体的划分原则必须遵循满足农村所有人偏好的农村公共品供给的帕累托最优的本质和要求，以及尽可能加大农村公共物品的供给进而缩小或消除城乡居民社会福利水平差距的经济学特性。

（1）公共效益最大化原则。要求以现有的社会资源，通过最优配置和使用，生产出最多的农村基础设施产品，并使农村基础设施产品在使用中达到最大效益（李秉祥，2005）。为使非营利性农村基础设施公共品效益最大化，必须分散外部性较弱的农村基础设施的公共性，建立明确清晰的农村基础设施产权，提高农村基础设施融资主体的积极性。

（2）使用者受益原则。主要解决农村基础设施的公共性、基础设施产品的正外部性、无市场性和公共品资源的信息稀缺性等问题。通过让所有使用农村基础设施的受益者进行融资投资，把生产农村公共品的一切社会成本分割给各受益者来承担，这样就可以克服部分使用者"搭便车"行为的产生，从而减弱或消除农村公共品的正外部性。为了减少费用，农村基础设施的使用者就有积极性去最小化相应农村基础设施产品的融资成本，并建设自己满意的设施。

（3）投资者运作原则。就是谁投资谁运作融资活动的原则，是指由意愿从事农村基础设施投资的主体承担农村基础设施的融资、建设或运营，其效率和效益一般比非投资者高，市场信息优势比其他间接参与者高，这样，可以把非营利性农村基础设施的供给任务交由这些专门的投融资主体来进行，收益也自然归投资者所有。

总结上述三条原则，可以得出"效率优先、兼顾公平"以及"谁使用、谁受益、谁投资、谁融资"两句话，而且投资者运作原则是公共效益最大化原则和使用者受益原则的反映。

2. 非营利性农村基础设施的融资主体及相应内生融资机制

基于上面三条原则，可以把非营利性农村基础设施的融资主体分成四类，如表4.1所示。

表4.1　非营利性农村基础设施融资机制构成

融资主体	融资目标	融资客体		资金来源	融资机制
		性质	内容		
政府	公共效益最大化	非经营性或准经营性公共品	大型农业基础设施如防洪、防涝、引水、灌溉等大型农田水利设施，农产品流通重点设施建设，商品粮棉生产基地，农业教育、科研、技术推广，小城镇基础设施如农村公路	政府财政资本金，政府基本建设基金或国债资金，境内外债券，国外政府或国际金融组织贷款，商业贷款	财政主导型

续表

融资主体	融资目标	融资客体		资金来源	融资机制
		性质	内容		
乡村集体	集体福利最大化	非经营性纯公共品	农村社会事业基础设施如文化室、卫生所、村部及村民会馆、公园、广场、池塘、水渠、化粪池、垃圾处理场	财政补贴，集体经济收入，农民的筹资筹劳，村办企业捐助	财政补助型
农户	家庭效用最大化	非经营性纯私人品	农民生产和生活基础设施如基本农田、小型水利、宿舍、院落、厨房、厕所、上下水、电灯电话、沼气、燃气、供暖	财政补贴或技术设施帮扶，自我储蓄，民间借款，金融机构贷款	
非国有企业	经济利润最大化	准经营性准公共品	农村水电、统一供水、节水灌溉、仓储运输设施、农产品加工设施	税收优惠、财政贴息贷款、股权融资，企业债券，商业贷款，项目融资，留存收益	财政引导型

（1）政府融资主体。指经政府授权，为实现政府既定的目标，代表政府从事融资活动的具备法人资格的经济实体或公共部门。例如，成都市为发挥政府投入的引导作用，以吸引民间资金积极参与县域中心镇基础设施配套建设，成立了小城镇投资有限公司，并从 2007 年起，从市级财政中安排小城镇建设资金 4 亿元，之后每年安排的资金增幅不低于 10%，用于吸引更多的社会资金参与小城镇开发建设。政府投融资主体采用直接投资方式进行，既可以采取独资方式，也可以采取控股、参股或其他方式。政府融资主体代表政府对以股权方式投入其他企业的资金依法享有股东权益，一般不享有政府行政管理职能。

政府为农村基础设施建设的融资活动是政府为实现调控经济、平衡城乡发展和改善农村生产生活条件的目标，依据政府信用为基础筹集农村基础设施建设资金并加以运用的金融活动，主要通过特定的政府融资主体展开，一般实行"政府职能、企业运作"融资模式。政府融资主体融资活动的目标是增加乡村和小城镇非经营性纯公共品和经营性准公共品的供给，如防洪、防涝、引水、灌溉等大型农田水利设施，农产品流通重点设施建设，商品粮棉生产基地，农业教育、科研、技术推广以及小城镇配套基础设施等。政府融资主体以政府提供的信用为基础，以农村政策性融资方式为主，以其他手段为辅进行融资。资金来源渠道主要有两类：一是政府财政出资；二是政府债务融资。具体包括政府财政拨付的资本金，政府基本建设基金或国债资金，境内外发行债券，政府向国外政府或国际金融组织贷款，依托于政府信用的政策和商业贷款等。因此，本书把政府融资主体关于农村非营利性基础设施的融资活动、过程和方式称为财政主导型农村基础设施融资机制。

（2）乡村集体融资主体。指乡村集体为改善村民生产生活条件和提高乡村社会福利水平，由村民大会投票决定，以乡村集体经济收入和向农民筹资筹劳等内源融资为手段，筹集乡村公共事业发展资金并加以运用的活动。现在的问题在于，村委会要投资必须筹集资金，但村委会不是一级政府，它没有法定的独立公共财权。在农村税费改革前，按相关政策规定，乡级政权可以在全乡范围内进行"统筹"性筹资，村级组织也可以对农民收取三项"提留"，即公积金、公益金和管理费。实行税费改革后取消了乡统筹、村提留以及统一规定的劳动积累工和义务工，农民活劳动大部分将以货币形式支付，乡村集体需要筹资时只能由村民按"一事一议"的原则统筹。

因此，农村税费改革以后，那些几乎没有集体经济收入的农村中乡村集体融资主体萎缩严重，而在那些集体经济富裕的农村中乡村集体的融资能力反而有较大提高。例如，根据北京市农村合作经济经营管理站的数据，2005 年北京市农村集体经济净资产总额已经达到 822.1 亿元，比1978 年的 23.8 亿元增长了 33 倍。到 2005 年，北京郊区已经完成集体经济产权制度改革的村达到 124 个，占农村总数的 3%，这 124 个农村 2005年底净资产总额 75.4 亿元，比改制前的 46.1 亿元增加 29.3 亿元，增长了

63.6%，2005年实现净利润6.8亿元，比改制前增加2.4亿元。

乡村集体的农村基础设施融资活动目的是为村民尽可能多地提供那些具有正外部性并有利于改善村民生产生活条件、丰富村民业余文化生活的非经营性纯公共品，如文化室、卫生所、村部及村民会馆、公园、广场、池塘、水渠、化粪池、垃圾处理场等农村社会事业基础设施，但如果把一个乡村集体作为一个基本单位，那么这类相对该村农民而言的纯公共品实际上可放大成相对其他村的纯私有品，如文化室对村民来说是纯公共品，而对其他村来说则是私有品。但税改后，乡村集体主要是乡村委会就截断了正常的收入来源，政府的财政转移支付只能维持乡村行政事业的正常支出。兴办乡村公共事业除争取国家和上级政府的财政支农资金，主要是依靠乡村集体经营收入来量力而行，有多少钱办多少事，没钱就不办事，乡村集体经济收入包括集体土地和资产的发包收入、特色农业收入、乡办企业和村办企业经营收入等，当然还有向乡村成功人士和乡镇企业募捐的途径，但相对庞大的农村基础设施建设经费来说无疑是杯水车薪，因此，只有乡村集体经济繁荣，乡村基础设施才能发达。

总而言之，乡村集体融资主体主要以集体经济收入为基础，内源式融资为主，辅以其他融资手段。其资金渠道主要有财政支农资金、集体的留存收益、向农民筹资筹劳或村办企业筹措四条。

（3）农户融资主体。指农户为满足自身的特定经济需要以获取某方面效用，凭借自身资产和社会关系，筹集自身农业生产和生活设施建设资金并加以运用的融资活动。农户是农村社会的细胞，也是农业生产的基本单位，具有融资的自主权，并独立承担融资的风险。确定以农户为融资主体是考虑到一个成熟的市场经济模式首先要承认参与市场活动的人，不管是个人还是企业，都具有经营独立性；并且作为微观层次利益的受益者应该而且通常也只会承担满足家庭农业生产和生活的相应农村基础设施投入份额。一般农户具有社会弱势群体和理性人的双重身份，其融资目标就是以家庭收入为基础并以最低的融资成本为农业生产和生活必需的非经营性纯私人品进行融资，如基本农田、小型水利、宿舍、院落、厨房、厕所、上下水、电灯电话、家庭沼气燃气供暖等农民生产和生活基础设施。

对于那些如人畜公共厕所、薪柴炉灶、木炭取暖设施等农民生产和生活基础设施，由于它们有一定的负外部性但同时投入又颇大，农户一般没有积极性去建设和改造。鉴于此，国家和政府从可持续发展战略和农户相对低收入的现实出发，把一部分财政支农资金直接拨付给每个农户家庭，帮助他们减轻部分生产和生活设施建设的资金压力，使支农惠农政策真正落到实处。因此，农户的基础设施建设资金除部分来源于财政补贴外，农户融资主体的融资主要分为农户社会关系融资和抵押融资。其中农户社会关系融资是以农户亲戚朋友等形成的社会关系网络为基础进行的民间融资活动；抵押融资是以农户特定资产作为担保物抵押给抵押权人进行融资的活动。农户融资的资金来源主要包括自我储蓄、民间借款和金融机构贷款。

根据乡村集体和农户两类融资主体和相应融资方式的分析可以发现，两者有一个共同特点，就是它们都是财政支农补助资金的基本受益者和接受者，因此，以乡村集体融资主体和农户融资主体为基础的农村非营利性基础设施的融资活动、过程和方式称为财政补助型农村基础设施融资机制。

（4）非国有企业融资主体。又称为市场化融资主体，指企业以获取营利为目的，依据企业信用或项目收益为基础，以商业贷款、发行股票等商业化融资为手段，筹集农村基础设施建设资金并加以运用的金融活动。非国有独资的公司制企业是市场化融资主体，企业自主进行投融资活动，独自承担相应的责任。

从市场的角度来看，市场化融资主体为某些农村基础设施进行融资的真正动力来源于利益的调整，只有那些具备稳定现金流且有一定盈利能力的农村基础设施才会受它的青睐，如统一供水、农产品加工、农村水电、节水灌溉、仓储运输设施等农村经营性和准经营性基础设施。但由于这些设施处于农村这样一个经济发展水平和消费需求能力都不太高的薄弱地区，投资大，风险高、收益低促使许多非国有企业不敢贸然跨入，采取观望态度。当一系列如政府资本金注入、税收优惠、政府担保、财政贴息贷款等国家和地方政府的农业扶持政策和激励措施的出台,非国有企业才愿意参与准经营性准公共型农村基础设施的融资活动,成为非营利性农村基础设施的又一个融资主体。

除上述政府的引导性资金,非国有企业融资主体的融资主要分为企业信用融资和项目融资。其中企业信用融资是以企业信用为基础进行的各种融资活动;项目融资是以合资成立的股份制项目公司为主体,在政府的支持下,以项目本身收益为基础进行的商业融资活动。综合起来非国有企业融资主要渠道有政府资本金、税收优惠、政府担保、财政贴息贷款等政策性资金,私募发起人、发行股票等股权融资,依托企业信用发行企业债券,国内商业银行的商业性贷款,项目融资(如 PPP 等),留存收益(利润)等内源融资。因此,以非国有企业融资主体为农村非营利性基础设施所进行的融资活动、过程和方式称为财政引导型农村基础设施融资机制。

3. 非营利性农村基础设施内生融资机制的形成原理

根据表 4.1 和以上分析,非营利性农村基础设施内生融资机制包括三类:①以政府为融资主体的财政主导型内生融资机制;②以乡村集体和农户为融资主体的财政补助型内生融资机制;③以非国有企业为融资主体的财政引导型内生融资机制。这三类内生融资机制均突出了政府财政的作用和地位,也是促进非营利性农村基础设施融资成功的先决条件。

一般而言,不同类型的融资主体依靠不同的融资手段,开拓不同的资金来源,为不同性质的融资对象或融资客体提供融资活动,实现不同的融资目标;融资客体的性质决定融资主体类型,融资主体的类型限定融资媒体和介体类别也即资金来源渠道;融资主体、融资客体、融资媒体和介体彼此间是相互作用、相互依赖和相互制约的,三者共同形成一个功能明确、边界开放的系统。

在非营利性农村基础设施内生融资机制中,四类融资主体在融资客体和资金来源的配置和选择过程中一直处于竞争博弈过程,政府主体希望乡村集体、农户和企业能承担更多的基础设施投融资,并希望整合国内外资金减少财政支出；乡村集体和农户主体希望自己什么责任都不用承担，基础设施全部由政府提供或由企业投资赞助；而企业主体当然只要觉得有利润可图就可能以投资方身份进行融资，但前提是政府必须承诺一些优惠政策，只有投资风险和预计利润达到期望值时才会承担相应基础设施的建设。在不断的竞争博弈中，每一类融资主体也在不断认同自己的融资责任、融资对象、融资方式，开始形成以政府、乡村集体和农户、企业为核心的三类子系统，并使以融资主体之间的博弈演变成各子系统之间的竞争（见图4.3）。不难发现，子系统的竞争使内生融资机制系统处于非平衡状态，而这正是非营利性农村基础设施内生融资机制成为自组织系统的首要条件，这种以各类融资主体利益和效用为基础的内生融资机制内部子系统间各种各样的矛盾运动实际上是一种非线性的相互作用，并且只有这种非线性相互作用才构成推动非营利性农村基础设施内生融资机制自组织演化的动力。

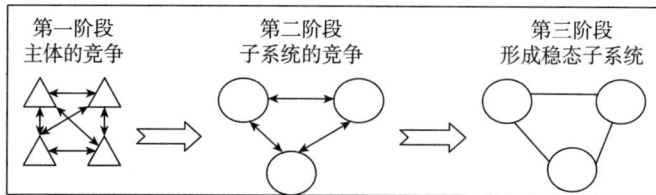

图4.3　非营利性农村基础设施内生融资机制的形成过程

大部分非营利性农村基础设施都产生了外部效益，并且产生的利益是典型非排他的，因此外部效益很难定价，排除在市场定价机制之外。但在非营利性农村基础设施内生融资机制子系统间不断竞争博弈的非线性相互作用下，虽然各主体的融资分工不同，采取的融资手段大相径庭，因在政府主体的合理调控政策下财政资金起着"点石成金"的作用，它所到之处均能使没有营利价值的农村基础设施从无到有、从旧到新，使得子系统间各种作用相互关联，并通过财政调控的作用消除市场失灵的影响，子系统间达成一种博弈均衡状态，产生协同，形成财政主导型、财政补助型和财政引导型三种稳态子系统。

进一步来说，对处于市场失灵状态下必需的大型农村基础设施，财政资金主动承担起主要供给的责任，这就是财政主导型机制；对外部性可纠正的准经营性农村基础设施，财政资金则提供适度的激励让私人部门承担物品的提供，这就是财政引导型机制；对公共性和外部性比较模糊的非大型农村基础设施，财政资金就通过对口帮扶方式让集体和私人自我供给，这就是财政补助型机制（见图4.4）。此时的三类融资机制得到互补并有机结合，各子系统中、各融资要素间形成你中有我、我中有你的不可分割关系，共同构成非营利性农村基础设施内生融资机制，并开始产生整体行为，共同提供非营利性农村基础设施投融资活动。

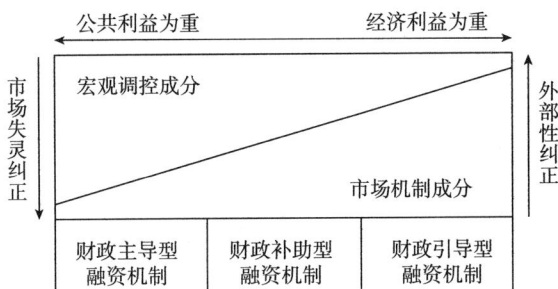

图4.4 三类非营利性农村基础设施内生融资机制的关系

（二）建立自生长式非营利性农村基础设施内生融资机制的几点思考

依据前述分析，如果这三类非营利性农村基础设施内生融资机制能够包含所有非营利性农村基础设施内容，使所有非营利性农村基础设施的建设都能够有效地获得融资，实现机制内良性循环，那么这种内生融资机制就是一种自生长式的自组织系统。而要使非营利性农村基础设施内生融资机制成为一种自生长式的自组织系统，当且仅当在非营利性农村基础设施内生融资机制内"融资主体竞争协同，融资客体功能互补，资金来源形式多样"。

1. 融资主体竞争协同

融资主体间的竞争协同是内生融资机制为自生长式的自组织系统存在的必要条件。政府、集体和农户、企业之间等融资主体之间的动态竞争博弈是一种利益和风险在各可能参与方之间不断优化配置的过程，也是促使非营利性农村基础设施内生融资机制的成长能力不断增强的过程，因此必须鼓励这种融资主体的良性竞争。随着竞争的深化，非均衡状态慢慢朝着均衡状态演化，最后政府、集体和农户、企业之间产生协同，彼此之间责权利基本清楚。要使非营利性农村基础设施内生融资机制政府、集体和农户、企业竞争协同，必须：

（1）理顺非营利性农村基础设施的产权关系。所有权、使用权和受益权明白无误，使政府、集体和农户、企业都明白该承担什么性质什么内容农村基础设施的建设和融资活动，并各司其职。对于一些单个农户受益的项目，如沼气、基本农田、小型水利等项目，可实行"自建、自有、自用、自管"，明确国家补助投资标准，项目建设所形成的资产归农户个人所有。对一些受益人口相对分散，产权难以分割的工程，如供水工程、农村水电、节水灌溉等，在尽可能明晰工程所有权的前提下通过承包、租赁、股份合作或组建使用者协会等方式，将所有权与经营权分离，将经营权与工程管护责任相统一；也可以将部分所有权移交给受益农户，明确由农户负责工程的保养管护工作，并保证工程的完整性和使用方向。对于一些具有一定收益、适合经营的基础设施，如人口集中地区的农村水电、统一供水等，可通过公开拍卖，转让工程的所有权和使用权等方式，由购买者自主经营管理，并由其负责工程的管护，主管部门对其进行监督（周润健，2007）。

（2）政府与集体、农户和企业的竞争方式要有地区观念，形成地区层面的协同。发达地区农村基础设施融资要充分运用市场机制，按照"谁投资、谁拥有、谁受益、谁负责"的原则，以集体、农户和企业为主要融资主体承担起非营利性农村基础设施建设的重任；而在经济主体严重缺位的欠发达地区，市场机制力不从心，集体、农户和企业都缺乏积极性、主动性和能力进行农村基础设施建设，尤其是非营利性质的农村基础设施，此时应以政府为主要融资主体，政府更多地承担非营利性农村基础设施建设的重任。

2. 融资客体功能互补

融资客体即非营利性农村基础设施，它的功能是融资机制存在的目的，也是非营利性农村基础设施融资机制系统输入的终点和输出的起点，只有融资客体诸多功能相互耦合形成耦合网并处于一种稳态，这个融资机制才能实现融资目的，因此作为融资客体的非营利性农村基础设施功能是否互补和完备是判断融资机制是否健全和内生长潜力的关键指标。

（1）融资客体时间有序。非营利性农村基础设施内生融资机制对融资客体的选择和融资活动安排必须循序渐进，按照融资对象"重要→一般"的主次顺序进行纵向调控融资活动，使融资对象的功能在时间上连贯。对急需的关乎农业安全、农村社会稳定、农民生存的基础设施，如防洪防涝引水灌溉设施、重要粮棉生产基地建设、农业教育、技术推广、县乡公路、电力通信设施等，可重点优先安排融资，政策和资金可有所倾斜，再安排一般项目的融资。

（2）融资客体空间有序。还要使非营利性农村基础设施内生融资机制框架中所有融资客体在功能上形成横向互补关系，既要有建立现代农业的基础设施，又要有服务农村社会事业的基础设施，还要包括为农民生活提供方便的生活性基础设施，三者需统筹兼顾、空间有序，无论遗漏哪一类都会造成融资机制残缺乃至消退。

3. 资金来源形式多样

资金来源包括融资媒体和融资载体。资金来源渠道和方式是非营利性农村基础设施内生融资机制与外界环境交换信息、资金、物质和能量的通道，资金来源形式的多样化不仅能够促使融资主体间的竞争更容易协同，还使机制内的融资客体结构更加合理、功能更加完备，使这些信息、资金、物质和能量的输入通过系统内的相互作用和自组织，内化为内生融资机制发展的动力，最终使内生融资机制更加健全、高效和完善。

因此，必须优化非营利性农村基础设施融资的外部环境，搭建更加便捷、高效、优质的农村基础设施融资平台，增加非营利性农村基础设施建设资金的可获得性，使非营利性农村基础设施融资除有财政资金来源、政策性贷款、民间捐助等形式，还要引进城市公共项目建设的股权融资、发行债券、租赁融资、项目融资等金融方式，创造性地运用到非营利性农村基础设施建设领域中。

四、非营利性农村基础设施外部融资平台分析

（一）农村金融体系的发展及现状

经过近 20 年的农村金融体制改革，现阶段我国农村形成了正规金融机构和非正规金融机构并存的金融体系。

1. 正规金融机构

可以把受到中央货币当局或者金融市场当局监管的那部分金融组织或者活动称为正规金融组织或活动（章奇，2005）。1993 年 12 月国务院做出了《关于金融体制改革的决定》，要求通过改革逐步建立在中国人民银行统一监督和管理下，中国农业发展银行、中国农业银行和农村合作金融组织密切配合、协调发展的农村金融体系。

（1）中国农业银行。1995 年颁布实施的《中华人民共和国商业银行法》促使四大国有商业银行逐渐退出农村金融市场。1996 年 8 月，国务院又作出《关于农村金融体制改革的决定》，农业银行积极支持农业发展银

行省级以下分支机构的设立和农村信用社与农业银行脱离行政隶属关系的改革。1997 年，农业银行开始真正向国有商业银行转化。农业银行将农业资金从以农业为主转为以工商业并举，竞争视角从农村转向城市，以获取足够的资金来源及高额回报，使得农村金融市场本来就很少的国有资本变得更为稀缺（严瑞珍和刘淑贞，2003）。到 2004 年末，中国农业银行各项资产总额 40137.69 亿元，各项贷款余额 25900.72 亿元，各项存款余额 34915.49 亿元，全年实现经营利润 319.74 亿元。2007 年 1 月 20 日，全国金融工作会议确定农行的改革方针为"面向'三农'、整体改制、商业运作、择机上市"，中国农业银行已明确继续"姓农"，并将支持县域经济发展、促进社会主义新农村建设作为其未来业务发展的重点。

（2）中国农业发展银行。根据国务院 1994 年发出的《关于组建中国农业发展银行的通知》（国发〔1994〕25 号），中国农业发展银行从中国农业银行分设成立，1998 年以后中国农业发展银行的业务更加单一，主要集中在粮棉油收购资金封闭管理，而农村扶贫、农业综合开发、粮棉企业附营业务等项贷款业务则划转到农业银行，不直接涉及农业农户，截至 2006 年 12 月末，各项贷款余额为 8844 亿元，其中粮油贷款 7454 亿元，棉花贷款 1173 亿元。资金来源长期以来主要依靠中国人民银行的再贷款。2007 年 2 月，银监会批复同意了中国农业发展银行开办农村基础设施建设贷款、农业综合开发贷款和农业生产资料贷款业务，标志着农业发展银行对"三农"的信贷支持从以前单一的粮油收购贷款进入了宽领域、全方位、深介入的发展阶段（朱隽，2007）。

（3）农村信用合作社。农村信用合作社是农村正规金融机构中唯一一个与农业农户具有直接业务往来的金融机构，是农村正规金融机构中向农村和农业经济提供金融服务的核心力量。1996 年按《国务院关于农村金融体制改革的决定》，农村信用合作社与农业银行"脱钩"，恢复合作金融性质。1999 年农村信用合作社被允许向农户发放消费型贷款，主要用于房屋建造、教育和医疗贷款。迄今为止，农村信用合作社的经营范围并没有受到限制，可以涉及生产、消费以及商业的各个环节，可以向农户、私营企业以及乡镇企业提供贷款。另外，考虑到农村贷款的高风险性质，人民银行允许农村信用合作社的贷款利率拥有较其他商业银行（包括中国农业银行）更灵活的浮动范围，农村信用合作社的 1 年期贷款利率的浮动上限不能超过在中国人民银行的规定利率 50%。

（4）农村邮政储蓄机构。1986 年根据"银邮协议"，邮政储蓄得以正式建立。2003 年 8 月之前，邮政储蓄只是担负代理金融部门的职能，其吸收的存款全部转存人民银行，获得 0.22% 的手续费作为补偿，存款利息则由中央银行负担，2002 年，7369 亿元的邮政储蓄余额，其吸收存款的利率仅为 1.98%，在中央银行的转存利率却高达 4.130%；央行再贷款利率为 3.24%，利差倒挂损失达 65.65 亿元（张正平，2004），而期间只有少量资金通过人行支农再贷款的方式间接回流到农村。2003 年 8 月之后，新增邮政储蓄资金由国家邮政储汇局统一安排运用，主要通过协议存款、同业存款、银团贷款等方式，全国每年通过邮政储蓄渠道回流农村的资金占邮政储蓄自主运用资金的 18%。2006 年银监会下发了《关于加强邮政储蓄机构小额质押贷款业务试点管理的意见》，允许邮政储蓄机构开展定期存单小额质押贷款试点业务，2006 年 12 月 31 日经国务院同意银监会正式批准中国邮政储蓄银行开业，从而结束了邮政储蓄机构长达 20 年"只存不贷"的历史，扭转了农村资金"抽水机"的现状，真正开始了"取之于农，用之于农"的农村回流之路（李亚，2007）。

（5）农村商业银行。农村商业银行是我国经济发达地区，资产条件较好的农村信用社改制而来的，由辖区农户、个体工商户、企业法人和其他经济组织自愿入股组成，从一开始的起点就相对较高。2001 年经中国人民银行批准，在江苏张家港、常熟、江阴组建了三家我国首批股份制农村商业银行，全国共有农村商业银行 12 家，其中江苏 9 家，上海、北京、深圳各 1 家，经过几年的深化改革，农村商业银行已有较好的发展，其运行状况良好，这些农村商业银行的不良贷款率和资本充足率基本达到监管要求。但由于尚处于初始发展阶段，制度尚不健全，运行不规范，以及银行资本不足和所涉业务的自然脆弱性，使其经营发展天生具有局限性，发展空间很大，但愿意投入的主体很少，对从事农业的资金投入缺乏政策、法律上的倾斜保护（严瑞珍和刘淑贞，2003）。

（6）新型农村金融机构。主要包括村镇银行、社区性信用合作组织、大银行专营贷款业务的子公司以及合法化的小额贷款公司四类。2006年底，中国银监会发布了《关于调整放宽农村地区银行业金融机构准入政策、更好支持社会主义新农村建设的若干意见》（银监发〔2006〕90号）及其具体实施办法，从机构种类、资本限制等方面大幅放宽农村金融机构的准入政策，对境外金融机构进入农村市场也打开了大门，允许设立村镇银行、社区性信用合作组织和大银行专营贷款业务的子公司3类新型农村银行业金融机构。2006年中央银行在全国5个试点省（区）共成立了晋源泰、日升隆、全力、江口华地、信昌、大洋汇鑫和融丰7家小额贷款公司，截至2007年底，7家公司共发放贷款余额9579.5万元。同时，国外资本也加快了进军中国农村的步伐，国内首家外资村镇银行——湖北随州曾都汇丰村镇银行有限责任公司（简称汇丰村镇银行）经银监会批准于2007年12月14日正式开业，与此同时，花旗、渣打等金融业也表示将涉足中国农村金融市场。据了解，荷兰合作银行也正在积极筹划入股天津和辽宁的农村信用合作社，荷兰合作银行早在2006年已经参股杭州联合银行，持有杭州联合银行10%的股份；花旗银行则出资100万美元，打包给10多家小额信贷机构，让它们在农村放款（刘泽平和姜锦铭，2008）。

2. 非（准）正规金融机构（组织）

非（准）正规金融机构是指组织或活动处于央行或者银监会监管之外从事金融交易、贷款和存款行为的的金融机构；介于正规金融和非正规金融之间的组织称为准正规金融组织（何广文和冯兴元，2004）。

20世纪90年代，农村合作基金会一度非常活跃，但1997年农村合作基金会被合并、关闭，随后被彻底解散。除农村合作基金会外，非正规金融体系主要由亲友之间的个人借贷行为、个人和企业团体间的直接借款行为、经济服务部、金融服务部、高利贷、各种合会、私人钱庄等组成。经济服务部、金融服务部类似信用合作组织，基本上均被取缔。合会是各种金融会的统称，通常建立在亲情、乡情等血缘、地缘关系基础上，带有互助合作性质（章奇，2005）。

由于非正规金融机构没有建立严格的内控制度、财务管理制度、贷款程序的一系列制度，不提取存款准备金及呆账准备金，部分信用活动不规范，一些机构高息揽存，盲目贷款，逃避金融监管（严瑞珍和刘淑贞，2003）。根据国务院1998年7月颁布的《非法金融机构和非法金融业务活动取缔办法》，除部分小额信贷、不计息的亲友借款外，其他非正规性金融组织或者活动均属于非法。2005年中国农户只有不到50%的借贷是来自银行、信用社等正规金融机构的，非正规金融机构途径获得的借贷占农户借贷规模的比重超过了55%（贺伟，2005）。

（二）农村金融体系对农村基础设施建设的金融支持

2005年之前，农村基础设施建设的信贷资金主要由农业银行和农村信用社提供支持，其中农业银行县域机构筹集的资金，总体上都用于支持"三农"和县域经济，并以农民生产生活、农村中小企业、现代农业、农村基础设施和小城镇建设等方面金融服务需求为主要服务领域；农村信用社也会以抵押形式发放县城和重点乡镇、中心村的道路、供水、供电、通信、广播电视、沼气等基础设施建设贷款。自2006年中央一号文件指出基础设施建设投入重点转向农村，加强政府引导金融政策支持"三农"，国家开发银行和农业发展银行也加入金融支持农村基础设施建设的金融体系中。国家开发银行主要对农村基础设施、农业资源开发、农村社会事业等新农村建设提供融资支持。

农业发展银行开展的农村基础设施建设贷款主要是解决借款人在农村路网、电网、水网（包括饮水工程）、信息网（邮政、电信）建设、农村能源和环境设施建设、农田水利基本建设和改造、病险水库等除险加固、农业生产基地开发与建设、农业生态环境建设、农业技术服务体系和农村流通体系建设等方面的资金需求，贷款项目分为经营性基础设施项目和非经营性基础设施项目。

而其他一些农村合作金融机构和外资农村金融机构则仍在支持分散农户、农村小企业、农业产业化等方面发挥主力军作用，在对农户的小额贷款中，非正规金融组织发挥了巨大作用。总体而言，尽管农村的金融体系在不断完善，包括外资在内的许多金融机构对中国农村市场期待颇多，但农村基础设施建设可获得的金融支持仍非常有限，渠道少而不畅，尤其对非营利性质的农村基础设施建设的融资更岂是一个"难"字了得。

（三）搭建"亲农型"农村基础设施建设领域融资平台的对策建议

尽管农村金融体系中既有正规金融机构又有非正规金融组织，但仍是整个金融体系中最薄弱的环节，供需矛盾突出、服务体系不完善、体制机制不健全、机构功能不完备、基础建设不配套和政策扶植不到位等农村金融抑制现象未得到根本改观，农村金融体制改革未来之路艰难而漫长。

因此，在当前形势下，搭建以"项目吸引、金融支持、产品创新、政府推动"为内容、以"爱农、为农、便农、利农"为服务宗旨的"亲农型"非营利性农村基础设施建设融资平台对于加速各种渠道资金流向农村，集整个社会力量加快农村基础设施建设显得极其必要和重要。

1. 通过注入优惠元素，增强项目的资金吸引力

在市场经济条件下，资本往往追逐利润的脚步，从低回报率的项目流向高回报率的项目，尽显资本的本色。农村地区由于居民消费水平不高，购买力平价以及城乡"剪刀差"的二元经济发展格局，致使农村长期成为社会资本的弃儿，农村的基础建设只好"农民的事情农民办"，依靠内部积累"有多少钱办多少事"，城乡基础设施服务水平差距进一步拉大。因此实现农村公共品提供的市场化转型需要有良好的制度和政策支撑，其实在农村也不乏一些好项目，如农村小水电，如果能够降低这些项目的市场准入门槛，使项目建设和经营获得一些税收优惠，对项目的原材料供应和产品销售方面予以保证，再加上农村低成本的劳动力等要素条件，必然可以提高这些项目的投资回报率，增强对社会资本的吸引力，提高非营利性

农村基础设施项目的市场化融资能力。

2. 发挥政策性金融机构支农的带头作用，重塑金融体系的支农信心

政策性金融机构的主要信贷对象是政府为弥补市场失灵、体制缺陷和引导市场发育，实现政府间接宏观调控要求的针对性目标。农村的政策性金融机构主要包括农业发展银行、农业银行和国家开发银行，无论是发展中国家还是发达国家，政策性金融都在农村发展中起到主导作用。但长期以来，我国农村政策性金融机制落后，体制不健全，支农功能缺失，业务范围狭窄，无法满足农村基础建设的金融需求，对于大部分属于非营利性质的农村基础设施来说，更亟待政策性金融发挥主导作用。因此，必须进一步完善政策性金融机构功能，强化政策性金融支农作用，将工作重心转移到农村，成为农村基础设施和新农村建设融资的主渠道，真正发挥支农的带头作用，使整个金融体系树立服务农村、支持农村的信心，扭转金融机构撤退农村、放弃农村的局势，引领各类商业性金融机构把更多的资金投向农村经济发展和基础设施建设中。

3. 结合农村投融资特点，创新农村融资产品

现代金融发展理论认为，金融发展和经济增长之间存在着正相关关系，且互为因果。农村经济和社会全面快速发展离不开农村金融的改革和创新，而农村金融要在农村长期发展也必须结合农村经济和社会背景，建立适合农村特点的金融管理机制，设计推出农村特色的融资新产品。由于广大农村经济发展水平存在着区域空间差异、产业结构差异、政策环境差异等特点，与城市相比，差距悬殊，相应地，农村的投融资活动呈现融资对象分散、融资规模小、融资风险大等特点，农村的基础设施投融资也是如此，从而决定了农村的融资机制不能照搬城市的，农村的融资产品不能照抄城市的，必须研究和开发适合农村经济发展特点和农村生产生活需要的具有农村特色的金融创新产品，如探索农产品订单质押贷款、土地信托方式、林权抵押贷款等多种融资形式和开发新型的项目收益权信贷担保模式，打开资金回流农村的各种渠道。

4. 政府通过优化资源配置，推动城市资金农村化、农村资金本地化

市场机制在资源配置中发挥着基础作用，同时却存在着市场机制虽然

能发挥作用但不能保证效率也不能兼顾公平的地方，甚至存在着市场机制"失灵"并产生副作用的地方，农村地区就属于市场机制发挥欠公平的薄弱区域，农村的公共基础设施建设领域更是市场机制频繁"失灵"的高发行业，此时政府在资源配置中的补充作用就不容小觑。首先，政府完全能够做好融资中介服务者角色，为资金需求方、金融机构、担保机构和社会法人之间搭建沟通交流合作平台，先推介农村基础设施中投资较大、回报率较高、风险较小的项目，使外源资金投向农村能够取得较高的收益，然后把非营利性项目和营利性项目进行适当组合捆绑推介，通过以政府少量投入方式引导外部资金投向收益较低的非营利性项目。其次，政府可以通过明确农村公共品的投资方向，逐步放松金融货币政策的管制和加大财政税收的优惠力度，培育具有地方特色的良好投资环境，帮助农村基础设施领域形成良性互动、便捷高效的融资机制，提高非营利性农村基础设施的融资能力和抗风险能力，不仅留住农村内部资金，还推动各类城市资金持续地流向农村地区。

总之，通过优选和包装项目，使不同性质投资主体、不同形式资金来源能够热爱农村的开发事业，进而从"三农"角度出发，为农村建设提供全方位、方便"三农"的融资服务，同时政府通过持续地发挥战略导向作用，引导城市及社会各界反哺农村、让利农村，共同打造出"亲农型"融资平台。

五、本章小结

从融资的概念入手，结合其他学者的研究成果，提出融资机制的定义；基于系统科学的自组织理论阐述了融资机制的形成过程和分析框架，提出把融资机制划分成内生融资机制和外部融资平台两部分，其中内生融资机制是一种自生长式系统，并界定了非营利性农村基础设施融资机制的研究范围；在融资机制研究框架下根据融资主体的分类把非营利性农村基础设施内生融资机制分成财政主导型融资机制、财政补助型融资机制和财政引导型融资机制三种，分析了这三种内生融资机制的形成原理和关系，再度结合自组织理论提出了非营利性农村基础设施建立自生长式融资机制的几点思考："融资主体竞争协同，融资客体功能互补，资金来源形式多样"；从农村金融体系和金融支持角度出发，提出搭建以"项目吸引、金融支持、产品创新、政府推动"为内容、以"爱农、为农、便农、利农"为服务宗旨的"亲农型"非营利性农村基础设施建设融资平台的有关建议。

第五章

非营利性农村基础设施融资结构与多主体博弈研究

一、融资结构的有关概念

在西方财务理论上，资本结构出现广义和狭义两种解释。广义的资本结构是指全部资本的构成，即自有资本和负债资本的对比关系，把资本看成是全部资金来源；狭义的资本结构是指自有资本和长期负债资本的对比关系，将短期债务资本作为营运资本管理，把资本仅定义为长期资金来源。这种狭义的资本结构在西方的财务理论中探讨较多。从国内外近年来资本结构的研究中可以发现，资本结构理论进一步扩展为包括融资结构、投资结构以及利润分配结构在内的整体资本运作结构的研究范畴。资本结构既包括内涵，如资本结构的要素等，诸要素或部分的比例关系，各要素或部分相互关系的发展变化和动态调整，还具有丰富的外延：①在纵向上，包括不同层次的资本空间结构和不同层次资本结构的相互关系、相互作用；②在横向上，表现在权益资本与负债融资的比例关系、长期资本与短期资本的比例关系、资本各种筹集方式的比例关系如内部融资和外部融资的比例关系、直接融资与间接融资的比例关系等，各有关投资成员之间资本投资数额的比例关系；③从时间序列上，包括资本结构历史演变过程中的各种时间结构。

根据前文可知，融资结构是从融资方式的角度来划分的，它是指在资金筹集过程中，由不同渠道取得的资金之间的有机构成及其比重关系。资金来源主要包括内源融资和外源融资两个渠道，其中内源融资主要是指自有资金和资金自我积累部分；外源融资即外部资金来源部分，主要包括直接融资和间接融资两类方式。直接融资是指资金直接来自供给者的融资活动；间接融资是指资金来自中介机构的融资活动。

融资方式是资金融通或由储蓄转化为投资的形式、手段和方法，即资金由资金供给部门向资金需求部门转化的途径和渠道。一定的融资方式可能只适用于某一特定的资金来源，但同一资金来源往往可采用不同的融资方式取得，而同一融资方式又往往可适用于不同的资金来源。从总体上说，资金来源的多样性决定了融资方式的多样化。因此资本结构、融资结构与融资方式之间具有如图 5.1 所示的关系。

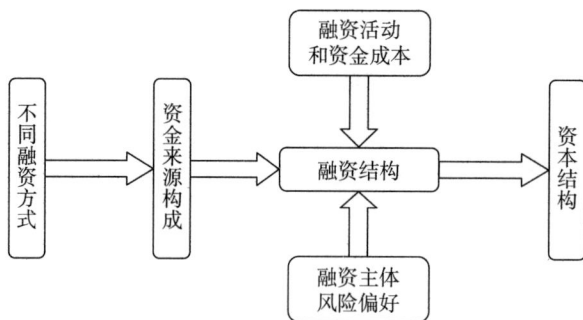

图 5.1　融资结构关系

二、融资结构基本理论概述

融资结构理论是西方经济理论和现代财务管理理论中发展比较成熟也

是挑战性较强的部分，它着重研究公司资金来源各种方式的组合即公司融资结构与公司市场价值、公司治理结构的相互影响和内在关系。总体而言，经典的融资结构理论经历了三个发展阶段：①以杜兰特为主的早期融资结构理论；②以 MM 理论为中心的现代企业融资理论学派；③20 世纪 70 年代以来以信息经济学不对称信息理论为基础的新优序理论、代理成本理论、控制权理论、信号理论等后现代融资结构理论（肖林，2003；赵祥，2005；汤洪波，2006；房滨，2007）。

（一）早期融资结构理论

杜兰特系统地总结了早期关于资本结构的理论，提出了净收益理论、净营业收益理论以及传统理论。

1. 净收益理论

净收益理论假定单项债务成本和权益资本成本固定不变，增加债务与权益资本比例将使加权平均成本降低。因为营业收益不变，所以加权平均成本降低，企业价值增加。按照净收益理论，当企业资产负债率等于100%时，企业价值最大，资本结构最优。这种理论过分强调财务杠杆作用，而忽视了财务风险。

2. 净营业收益理论

净营业收益理论假定长期资本的加权平均成本固定不变，不受资本结构变化的影响，因此企业价值不受负债比率变化的影响。按照净营业收益理论，每一种负债与权益资本的组合都是一个最佳资本结构，企业价值始终不变。该理论的缺陷是过分地夸大了财务风险的作用，同时忽视了资本成本与资本结构的内在关系。

3. 传统理论

传统理论介于净收益理论和净营业收益理论之间，其主要观点是：负债成本、权益成本、加权平均成本不是固定不变的，它们会因资本结构的改变而改变。权益资本成本由于负债增加引起财务风险加大而不断上升；当负债比例加大时，权益资本上升逐渐加速，虽然负债在全部资本结构中比例增加，但不能抵消权益资本成本快速上升的影响，结果使加权平均成本下降到最低点后开始上升。由于杜兰特的三种理论在理论上缺乏行为意义和实证支持，在经济理论界并没有得到认可和进一步的发展研究，但却为现代企业资本结构理论的发展打下了基础。

（二）现代企业融资理论

现代公司金融以美国学者 Modigliani 和 Miller 设立的 MM 定理为起点开创了现代企业融资理论的先河。

1. MM 理论

（1）MM 资本结构不相关理论。即著名的 MM 定理认为，如果企业的投资、融资政策相互独立，没有企业、个人所得税和交易成本，没有企业破产风险，资本市场充分有效运行等假定条件下，企业的价值与所采取的融资方式——发行债券或发行股票无关。Modigliani 和 Miller 运用无套利证明的方法论证了他们的资本结构命题：企业不能通过改变资本结构改变其价值。

（2）修正的 MM 理论。Modigliani 和 Miller 将企业所得税的影响引入原来的分析中对 MM 定理进行了修正。根据修正过的 MM 理论，债权融资具有税盾（Tax Shields）作用，企业会调整其资本结构，增加债务—资产比率，以最大限度追求税收优惠，有债务的企业市场价值为：

$$V_L = V_U + T_C B \tag{5.1}$$

式中，V_L、V_U 分别表示有、无负债企业的市场价值，T_C 指企业所得税率，B 是企业债务的市场价值。

（3）米勒模型。Miller 建立了一个包括公司和个人所得税在内的模型来探索负债对企业价值的影响，并得出结论：个人所得税的存在会在某种程度上抵消利息的减税利益。但是，在正常税率的情况下，负债的利息节税利益并不会完全消失，这就是人们所说的米勒模型。用公式表示如下：

$$V_L = V_U + [1 - (1 - T_C)(1 - T_S)/(1 - T_D)]D \tag{5.2}$$

式中，T_C 指企业所得税率，T_S 指股权收益的个人所得税率，T_D 指债权收益的个人所得税率，D 指债务金额，V_L、V_U 分别表示有、无负债企业的市场价值。

2. 平衡理论

平衡理论就是根据对 MM 定理假定的逐一放松出现的。Kraus 和 Litzen-berge（1973）将破产成本引入资本结构决策的分析框架，综合考虑税负利益和破产成本，提出企业的最优融资结构就是在负债的税收收益与破产成本现值之间实现平衡，这就是融资结构的平衡理论。该模型基本上是对 MM 理论的修正，Diamond（1984）、Mayers（1984）等进一步将负债的成本从破产成本扩展到代理成本、财务困境成本和非负债税收利益损失等方面；又将税收收益从原来单纯的负债税收收益扩展到非负债税收收益方面，认为企业最优融资结构实际上就是要在各类税收收益与负债相关成本之间实现平衡，这一理论通过对 MM 理论的再修正而更接近现实情况。

（三）后现代融资结构理论

MM 定理建立在一系列严格的假设基础之上，没有考虑信息不充分和信息的获得成本对企业融资、对实现企业市场价值最大化目标的作用。

1. 信号理论

不对称信息理论（Ross，1977；Leland and Pyle，1977）认为，企业经营者比投资者了解更多关于企业内部经营活动和未来风险收益情况的信息，两者处于明显的信息不对称环境中，投资者只能通过经营者发出的信息来间接地评估企业的市场价值。企业的资本结构或负债比例可以起到向投资者传达企业市场价值的信号作用。而财务杠杆率作为一个信号可以向外部投资者显示企业质量的好坏，由此，企业的市场价值与企业的财务杠杆率具有正相关关系。

2. 新优序理论

Myers 和 Majiluf（1984）在罗斯信号理论的基础上进一步考察了非对称信息对资本成本的影响，系统地将不对称信息引入对企业融资的研究，发现这种信息会促使企业尽可能少地用股票融资。据此提出了著名的啄食顺序理论，又称优序理论，在信息不对称情况下，企业遵从的融资顺序是先内部融资，然后才是外部融资。在外部融资中首先会发行债券，然后才是可转换证券，最后才是发行股票。

3. 委托—代理理论

Jensen 和 Meckling（1976）最早研究了代理成本对企业资本结构的影响，现代企业中的代理问题的产生是因为代理人不会总是根据委托人的利益采取行动，这就产生了企业的代理成本，因此，均衡的企业所有权结构是由股权代理成本和债权代理成本之间的均衡决定的，企业的最优资本结构在两种融资方式的边际代理成本相等从而总代理成本最小时出现。

4. 激励理论

现代企业制度的重要特征是企业的所有权和控制权分离，企业存在因信息不对称和激励契约不完备而引起的与经理人员逆向选择和道德风险相关的激励问题。Hart 等（1995）的担保模型指出，债务可作为一种担保机制，债务融资对管理者具有较强的激励作用，能够促使管理者为企业市场价值最大化努力工作。Harris 和 Raviv（1990）认为最优的资本结构在于清偿决策的收益和信息搜寻成本之间的权衡。

5. 控制权理论

控制权理论基本延续了 Jensen 和 Meckling 的研究思路，Williamson（1988）认为负债、股票不仅是企业可替代的融资工具，而且是可相互替换的企业控制工具。Aghion 和 Bolton（1992）在交易成本和不完全合约的基础上分析了在企业内部人（企业家或管理者）和企业外部人（股权投资者）之间分配控制权的重要性。Dewatripont 和 Tirole（1994）进一步研究了控制权和资本结构的关联性，认为基于企业业绩的货币激励不能有效约束经理人，应当让外部人拥有控制权，以便在业绩不好时外部人加强对企业的干预。

6. 融资契约理论

融资契约理论的要点是分析融资方式和控制权分配之间的关系，考察的着眼点在于，经理人和投资人双方的契约是不完全的，这种不完全契约概念的引入产生了如何配置权利以及不同权利对企业效率的影响问题，通过融资契约来调节企业资本的结构。Hart（2001）指出企业为外部融资而发行的证券不仅代表了对企业现金收益的要求权，还包含着与企业所有权相关的控制权配置意义，强调不完全合同和剩余控制权形式是决定企业财务结构的关键。

三、非营利性农村基础设施建设项目的融资结构

（一）非营利性农村基础设施建设项目的资金来源

农村基础设施是能够提高农业综合生产能力、改善农村生产生活条件和直接带动农民增收的基础设施。由于长期投入不足，特别是非营利性农村基础设施成为当前制约农业、农村、农民发展的瓶颈因素，要加大农村基础设施的投资力度，必须创造条件拓宽非营利性农村基础设施的融资渠道，因而有必要对非营利性农村基础设施建设的资金来源进行分类，并从中分析扩大其投入规模的可能性，为不断开拓资金新渠道创造条件。

1. 财政资金

国家财政（包括中央和地方）资金主要包括支援农业生产和农村水利气象等部门的事业费、农业基本建设支出、农村科技三项费用、农村救济费支出等项目。从资金性质来讲，财政资金安排主要有财政预算内资金、发行的国债和预算外支农专项基金，其中各级财政预算内切块安排的支农资金，包括农业生产投入、农村公益事业管理服务、农业灾害救助、农村生态环境建设、农民生活转移支付、农村劳动力转移培训六大类23项，财政整合捆绑预算外资金、政府性基金等安排的支农专项资金，包括农业产业化和发展资金、病险水库除险加固资金、移民扶贫配套资金等。从资

117

金来源部门看，财政资金投入涉及财政部门、政府农业开发部门、扶贫办、发展和改革委员会、教体局、卫生、农业、林业、水利、交通等各部门。

通过对表5.1的分析和比较，可以发现财政支农存在着两方面问题。

表5.1 国家财政对农业的各项投入

年份	国家财政农业总投入（亿元）	支农事业费支出（亿元）	农业基本建设支出（亿元）	农业支出占财政支出（%）	财政收入增长幅度（%）	财政对农业投入增长幅度（%）
1980	149.95	82.12	48.59	12.20	1.20	
1985	153.62	101.04	37.73	7.66	22.00	
1990	307.84	221.76	66.71	9.98	10.20	15.80
1995	574.93	430.22	110.00	8.43	19.60	7.90
2000	1231.54	766.89	414.46	7.75	17.00	13.40
2001	1456.73	917.96	480.81	7.71	22.30	18.30
2002	1580.76	1102.70	423.80	7.17	15.40	8.50
2003	1754.45	1134.86	527.36	7.12	14.90	11.00
2004	2337.63	1693.79	542.36	9.67	21.60	33.20
2005	2450.31	1792.40	512.63	7.22	19.90	4.80
2010	3949.40			4.75	21.30	3.20
2015	6436.20			4.23	5.80	10.65
2017	6194.60			3.59	7.40	-4.09
2018	6156.10			3.36	6.20	-0.62

注：2007年起无国家财政用于支农事业费支出和农业基本建设支出的统计数据。

资料来源：历年《中国统计年鉴》、《中国农村统计年鉴》。

首先，财政支农资金虽然年年递增，但对农业的实际投入非常有限，总量仍然不足，农业的基础性孱弱。表5.1的数据显示，我国财政农业投入资金从1980年的149.95亿元到2015年的6436.20亿元，从资金数量来说财政对农业的投入呈绝对上升趋势，每年财政支农资金都比前一年有所增加。但若对比考虑，"十五"、"十一五"、"十二五"时期国家财政农业投入的年均增长速度为15.17%、12.23%、10.00%，而同期国家财政收入的年均增长速度为 18.24%、21.48%、12.50%，国家财政支出的年均增长速度为 16.72%、21.54%、13.94%，2017 年和 2018 年国家财政农业投入均为负增长。无论从量上还是从速度上，国家财政对农业的投入都显不足，进一步显示财政对农业的欠账是现在农业乃至农村薄弱的根源之一。此外，在整个财政资金农业支出中，支援农业生产和农业水利气象等部门事业费年均约占 67.27%，农业基本建设支出年均只占 26.54%，说明财政对农业投入的 2/3 是养人，只有 1/3 用来扶持农业。

其次，财政支农资金管理部门多，资金使用效率低下。由于财政支农资金除由各级财政部门拨付外，县以上各级还有农、林、水等主管部门层层下拨到县级对口部门，形成资金来源渠道多、投入分散的状况。就县级而言，管理分配财政支农资金的部门有计划部门、财政局、扶贫办、农业综合开发办公室、农业局、林业局、水利局等部门，时常出现一个项目多个部门管理，管理不仅投入重复，使用分散，而且造成资金管理成本高。多部门安排农业投资项目又没有明确划分各自的投资范围和内容，致使一些项目交叉重复，一些地方用同一个项目向几个部门申报投资，使同一项目使用了几个条块的资金，造成有限资金的低效运行和支农资金的极大浪费。

2. 信贷资金

我国农村主要有农业银行、农业发展银行、农村信用社等金融机构，但随着金融体制改革的深入、农业银行撤并县域农村的分支机构网点、将基层机构的贷款权限上收等，农业信贷资金日益萎缩。虽然从 2000 年开始，农业银行重点转向支持农业产业化和农村城镇化发展，而采用何种制度安排使农业银行给公益性显著的农村基础设施建设项目贷款是一个亟待破解的难题。农业发展银行作为我国惟一的农业政策性金融机构，但其支持农业发展名不副实；农村信用社发挥着金融支农主力军的作用，但农信社自身存在的缺陷以及愈加严重的商业化倾向，影响了其支农的积极性，支农后劲不足（许玉晓和王家传，2007）。

从表 5.2 的数据可看出，历年各项贷款余额均远超城乡储蓄存款余额，但超出幅度在"十二五"之前总体呈下降趋势，"十二五"时期出现逐年攀升趋势，而历年的农业贷款却不到农户储蓄存款余额的50%，两者相比说明面向农村提供金融服务的主要金融机构从农村吸收的储蓄远远大于在农村发放的贷款，导致农户储蓄存款余额的50%以上资金被抽取到城市，农村的金融机构不但不能满足农村的金融需求，还成为农村资金外流的主渠道。

表5.2　农业各项信贷资金

年份	城乡储蓄（亿元）	农户储蓄（亿元）	各项贷款余额（亿元）	农业贷款（亿元）	贷款余额占城乡储蓄比例（%）	农业贷款占农户储蓄比例（%）
1995	29662.30	6195.56	50544.10	1544.80	170.40	24.90
2000	64332.40	12355.00	99371.10	4889.00	154.50	39.60
2001	73762.40	13821.40	112314.70	5711.50	152.30	41.30
2002	86910.60	15405.80	131293.90	6884.60	151.10	44.70
2003	103617.30	18177.70	158996.20	8411.40	153.40	46.30
2004	119555.40	20766.20	178197.80	9843.10	149.10	47.40
2005	141051.00	24606.00	194690.40	11529.90	138.00	46.90
2006	161587.30	28805.12	225347.20	13208.19	139.46	45.85
2007	172534.20	33050.26	261690.90	15429.31	151.67	46.68
2008	217885.40	41878.69	303467.80	15559	139.28	37.15
2009	260771.70	49277.61	399684.80	19488	153.27	39.55
2010	303302.50	59080.35	479195.60	23045	157.99	39.01
2011	343635.90	70672.85	581893.00	24436	169.33	34.58
2012	399551.00	54615.24	672875.00	27261	168.41	49.91
2013	447601.57	101268.71	766327.00	30437	171.21	30.06
2014	485261.30	116104.17	867868.00	33394	178.85	28.76

注：2015年后的城乡储蓄和农户储蓄数据缺失。

资料来源：历年《中国金融统计年鉴》、《中国农村金融服务报告》，CSMAR国泰安数据库。

表5.3　农村信贷资金平衡表　　　　　　　　　单位：亿元

年份	农户储蓄	农业存款	农业贷款	乡镇企业贷款	农村信贷资金净流出
1995	6195.56	1196.20	1544.80	2514.90	3332.06
2000	12355.00	2642.86	4889.00	6060.80	4048.06

年份	农户储蓄	农业存款	农业贷款	乡镇企业贷款	农村信贷资金净流出
2001	13821.40	3083.26	5711.50	6413.00	4780.16
2002	15405.80	3764.24	6884.60	6812.30	5473.14
2003	18177.70	4898.33	8411.40	7661.60	7003.03
2004	20766.20	5526.30	9843.10	8069.20	8380.20
2005	24606.00	6203.80	11529.90	7901.80	11378.10
2006	28805.12	7414.02	13208.19	6222.01	16788.94
2007	33050.26	9283.45	15429.31	7112.64	19791.76
2008	41878.69	10074.51	15559.00	7454.27	28939.93
2009	49277.61	14568.32	19488.00	9029.21	35328.72
2010	59080.35	17243.66	23045.00	—	—

注：2011 年后的农业存款和乡镇企业贷款数据无相关统计口径。

资料来源：历年《中国统计年鉴》、《中国农业发展报告》、《中国金融统计年鉴》，CSMAR 国泰安数据库。

如果以农户储蓄存款和农业存款反映金融部门从农村筹集的资金，以农业贷款和乡镇企业贷款反映金融部门向农村注入的资金，可以测算农村信贷资金的流向（这里没有包括邮政储蓄导致的资金外流）。从表 5.3 的数据可以看出，1995～2010 年，每年的信贷资金都是从农村净流出的，农村地区从邮政渠道和非邮政渠道的金融机构流出的资金由 1995 年的 3332.06 亿元增加到 2009 年的 35328.72 亿元，农村资金每年净流出情况如表 5.3 所示，对表中数据相加可以算出 1995～2010 年农村流出的资金总量近 20 万亿元。仅"十一五"时期农村流出的资金量就达 14 万亿余元。

总体来看，金融业支农供给严重不足，已经成为制约农村经济发展，阻碍"三农"问题解决的重要因素。

3. 国债资金

国债资金主要用于基础设施建设、技术改造、农林水利设施建设、环境保护以及教育、社会保障等经济效益不明显而社会效益显著关乎国计民生的非营利性基础设施领域，往往起着资金导向作用，引导地方财政、信贷和社会资金的进一步跟入，发挥"四两拨千斤"的杠杆效应。在积极财政政策实施期间（1998～2004年），我国政府发行长期建设投资的国债共计9100亿元，主要用于公共基础设施建设投资，在一定意义上体现了积极财政政策的宗旨。2008年后不再提及长期建设债，2015～2017年为了助力经济"稳增长"，定向发行专项建设债，支持民生、"三农"和基础设施等国家重大项目建设。从国债投资项目的效益角度而言，国债资金所产生的效益可分为两类：一类是直接经济效益，如"十三五"时期我国共投资7775多亿元进行农村电网改造，结果使农村电价降低，用电量增加，电力企业效益明显提高，农村市场各种耐用消费品销售趋旺，带活了整个农村市场；另一类是间接效益，如"九五"时期我国利用国债资金修筑了3000多公里的长江干堤，虽然直接经济效益不明显，但是在1999年遭遇特大洪水袭击时，长江流域比往年节省防汛投入和减少经济损失共300多亿元，产生了显著的社会效益。

从国债资金投资的项目性质来看，国债一贯坚持"重城市轻农村"的投资格局。例如，1998～2001年，中央安排国债资金5100亿元，其中用于农业基础设施建设的为56亿元，仅占1.1%，只能满足同期农业基础设施建设资金需求的10%左右。1998～2004年的国债项目中约有1/4为城市基础设施建设项目，1998～2002年，国家共安排了967个城市基础设施建设国债项目，涉及全国95%的地级以上城市以及中西部地区部分县城。2000～2002年，3年用于城市的国债资金比例分别高达64.5%、69.7%、64.0%，均在60%以上，而同期，直接用于农村的国债投资仅包括农村电网建设与改造投资，3年比重分别是13.6%、10.3%、14.0%，均在15%以下，虽然还有农林水利设施、国家储备粮库建设投资，但严格来说均属于城乡共享甚至偏向于城市。因此受城乡二元政策的影响，国债连年大规模投资若再忽视对农村和农业的投入，必然会给我国农业的传统地位带来长远不利的影响。

但"十一五"开局废除农业税开始，国家发展的重要战略开始从城市转移到农村，将发展农业、农民增收、建设农村作为主要战略任务，国家加大对"三农"的资金投入,"十一五"时期国家财政共投入3万余亿元,2008年国债资金安排用于涉农项目投资比重达48%左右。"十二五"时期国家财政投入"三农"资金年均高达3万亿元,"十三五"时期随着乡村振兴战略的推进,每年"三农"财政投入更不少于3万亿元。

4. 受益农户和村集体投入

传统的非营利性农村基础设施建设融资仅仅依靠集体提留和民间积累,进行规模、档次和结构等各方面都有限的基础建设,受益农户和村集体被迫成为建设主体。根据《农业法》的规定:乡村中公益事业的兴建由村民大会投票决定,村委会向农民筹资筹劳进行。在农村税改前,按相关政策规定,乡级政权对乡范围内的农业基础设施建设所需费用是在全乡内进行"统筹":村级组织可以对农民收取三项"提留",即公积金、公益金和管理费,其中公积金用于农田水利基本建设,购置生产性固定资产,兴办集体企业等。另外,乡、村两级除向农民分摊农业基础设施建设的货币成本外,还以活劳动向农民集资,这就是义务工和劳动积累工。依据政策规定,每个农村劳动力每年承担5~10个义务工、10~20个劳动积累工,义务工主要用于植树造林、防汛抗险、公路建筑、修缮学校等;劳动积累工则主要用于农田水利基本建设(陈立中,2004)。这一做法在一定历史时期下对推动乡村公益事业的发展起到了积极作用。

但随着"三农"问题的日益严重,党中央、国务院为了使农民得到休养生息,对农村、农业、农民采取了"多予、少取、放活"等一系列惠农政策,取消了农村劳动积累工和农村义务工(两工)。并且在《中共中央国务院关于进一步加强农村工作提高农业综合生产能力若干政策的意见》中进一步明确提出继续加大"两减免、三补贴"等政策实施力度,减免农业税、取消烟叶外的农业特产税。税费改革的主要内容是规范农村收费行为,切实减轻农民负担。税费改革方案的主要体现为废费改税、摊丁入亩、定额征收等。其核心是要通过国家的转移支付来解决农村财政问题。实行税费改革的地方,取消了乡统筹、村提留,逐步取消统一规定的劳动积累工和义务工,农民活劳动大部分将以货币形式支付,农村基础设施的建设资金由村民按"一事一议"的原则统筹。由此，乡、村两级组织动员农业劳动力资源能力下降，农村基础设施投资失去了重要的资金来源，农村基础设施投资进一步依赖国家财政的转移支付能力。

5. 社会资金

相对于各级财政对大农业投入的拮据，我国的民间资金却十分充裕，截止到2018年末，全国居民储蓄存款余额已超70万亿元。一方面是农村建设过程中普遍感到资金紧缺，许多好的项目全部被卡在资金瓶颈中；另一方面是巨额民间资金找不到投资领域，像休眠一样躺在银行账户上，因此如何将这笔庞大的居民储蓄盘活以缓解农业和农村发展的资金不足问题是政府和金融部门需要破解的难题。多年来我国农村一直以政府为投资主体的投融资体制，形成了农村基础设施建设投资主体的单一化。当前我国非营利性农村基础设施建设中虽然有一定数量的民间投资，但其主要来自企业和民间的慈善捐助。由于非营利性农村基础设施所具有的社会性和公益性特征符合慈善事业的扶持对象；随着我国政府将慈善事业正式纳入新型社会保障体系，明确捐赠在税收等方面的优惠政策后，越来越多的企业单位开始关注和支持慈善事业，我国的慈善事业未来广阔的发展空间为非营利性农村基础设施建设筹资提供了新的方向（缪之湘和钟锋雨，2006）。这种"爱心"捐助形式建设新农村在发达地区农村比较普遍，具有一定社会效应，而在欠发达地区和贫困地区却因难以募捐不能成为一种正式的融资渠道。

随着《国务院关于投资体制改革的决定》允许社会资本进入法律法规未禁入的基础设施、公用事业及其他行业和领域，民间资本参与经营性的公益事业、基础设施项目建设越来越多。当前也有一定数量的民间资本投向农村公共基础设施，尤其是营利性的基础设施，但比重很小，不具有普遍性。同时由于农村基础条件较差，建设一项基础设施需要较高的人力物力投入，建设周期远比城市长，有的地区甚至谈不上测算和确定投资回收期和投资回报率，具有很高的投资建设成本，因而投资风险较大，而且城乡基础设施之间在项目性质、投融资政策、产权制度、利益分配等方面存在巨大差异，加之民间参与基础设施建设缺乏成熟的项目法人运行机制，使农村公路建设难以吸纳大量的社会闲散资金，实现投资主体的多元化。再者农村公路建设回报率低、风险性高，又缺乏激励机制和有效的配套政策支持，资本的趋利性决定了民间资本不愿意将资金投向盈利少、风险性大的非营利性农村基础设施，导致城市的基础设施项目成为民间资本激烈争夺的对象，而农村基础设施项目却鲜有问津。因此当前要吸引民间资金进入非营利性农村基础设施建设领域仍然举步维艰，需要多方力量的合作和各项配套政策的支持。

6. 国际扶贫开发资金

为了筹集更多的非营利性农村基础设施建设资金，我国政府及民间扶贫机构和社会保障机构还与一些国家、国际组织和非政府组织在中国的扶贫领域开展了长期广泛的沟通与合作，争取到了更多的国际扶贫开发项目，以此拓宽农村基础设施建设的低成本资金来源渠道。联合国开发计划署在中国开展了一些扶贫开发项目和研究项目，欧盟、英国政府、荷兰政府、日本政府、德国技术合作公司、亚洲开发银行、福特基金会、日本凯尔、日本协力银行、世界宣明会、香港乐施会等也都在中国开展了扶贫开发项目，并取得了很好的成效。国际扶贫开发项目资金属于利用外资的一种方式，而在外资扶贫领域往往采取多个国际发展机构之间贷款与赠款混合使用并使国外援助贷款与财政资金捆绑使用的模式。

作为国际援助组织之一，世界银行与我国的合作最早，投入规模最大。世界银行与我国已经开展的西南、秦巴、西部三期扶贫贷款项目，援助总规模达6.1亿美元，覆盖9个省份91个贫困县800多万贫困人口。其中我国西南世界银行贷款项目于1995年7月开始在云南、贵州、广西三省（区）最贫困的35个国定贫困县实施。项目总投资42.3亿元，其中利用世界银行贷款2.475亿美元，国内相应的配套资金21.8亿元。项目建设主要包括大农业、基础设施建设、第二第三产业开发、劳务输出、教育卫生和贫困监测等方面，项目建成后使项目区350万贫困人口稳定解决温饱问题。这一项目是中国第一个跨省区、跨行业、综合性的扶贫开发项目，也是当时利用外资规模最大的扶贫项目。

（二）农村基础设施建设融资结构的基本状况

由于农村基础设施内容广泛，现有统计数据既没有农村基础设施投资方面的数据资料，也没有非营利性农村基础设施投资的相关数据，下文就以农村固定资产投资数据资料来作粗略分析。

1. 农村固定资产投资主要特点

本书选取 1995～2019 年农村固定资产投资的有关数据进行研究，得到表 5.4，从中可以看出：

（1）农村固定资产投资、农户投资和非农户投资持续增长。农村固定资产投资由 1995 年的 4375.60 亿元增加到 2010 年的 36691.00 亿元，16年增长了近 8 倍；农户投资由 1995 年的 2007.90 亿元增加到 2015 年的10409.80 亿元，将近增长了 5 倍，保持年均 19.90% 的速度增长；非农户投资由 1995 年的 2367.70 亿元增加到 2010 年的 28805.00 亿元，增长了12 倍，保持年均 69.00% 的速度增长，是农户投资速度的 3.5 倍。

（2）非农户固定资产投资保持强劲的增长势头。非农户投资的快速增长，使非农户固定资产投资占农村固定资产投资总额的比重年年攀升，已由 1995 年的 54.11% 上升到 2010 年的 78.51%（见表 5.4），占整个农村固定资产投资的 3/4 有余，非农户投资成为农村固定资产投资的主要力量。农村非农户固定资产投资主要指发生在农村区域范围内用于改变农村面貌的计划总投资在限额以上的固定资产投资项目完成的投资，故农村的基础设施项目投资大部分列入非农户投资范围。

表 5.4　我国农村固定资产投资

年份	农村总的投资额（亿元）	农户		非农户	
		投资额（亿元）	构成（%）	投资额（亿元）	构成（%）
1995	4375.60	2007.90	45.89	2367.70	54.11
2000	6695.90	2904.30	43.37	3791.60	56.63

年份	农村总的投资额（亿元）	农户		非农户	
		投资额（亿元）	构成（%）	投资额（亿元）	构成（%）
2001	7212.30	2976.60	41.27	4235.70	58.73
2002	8011.10	3123.20	38.99	4887.90	61.01
2003	9754.90	3201.00	32.81	6554.00	67.19
2004	11449.30	3362.70	29.37	8086.60	70.63
2005	13678.50	3940.60	28.81	9737.90	71.19
2006	16629.50	4436.20	26.67	12193.30	73.32
2007	19859.50	5123.30	25.80	14736.20	74.20
2008	24090.10	5951.80	24.71	18138.30	75.29
2009	30678.40	7434.50	24.23	23243.90	75.77
2010	36691.00	7886.00	21.49	28805.00	78.51
2015		10409.80			
2017		9554.40			
2019		9396.10			

注：从 2011 年开始没有农村固定资产投资（非农户）数据，只有农村农户投资额数据，固定资产投资也不按城乡划分。

资料来源：历年《中国统计年鉴》、《中国固定资产投资统计年鉴》。

　　出现上述两种现象，综合起来有三方面原因，首先，中央对"三农"高度重视并出台了一系列关于"工业反哺农业、城市支持农村"的支农惠农政策，使农村成为国家和社会投资最活跃的区域。其次，农村城市化发展的进一步推进、小城镇建设步伐的加快以及农村第三产业的兴起，各级政府通过多渠道筹集资金，加快建制镇基础设施和市场建设的步伐。良好的市场经济环境正在形成，增强了小城镇的示范和辐射作用，推动了农村基础设施建设投资高速增长，促进了农村投资在更大范围、更高水平上的发展。最后，各级政府相继出台了一系列鼓励、支持、完善农村固定资产投资政策和办法，不断深化了农村投融资体制改革，大力鼓励和支持各方投资农村基础设施和生态环境建设，使农村人畜饮水、乡村道路、电力、通信、农村能源等工程顺利实施，为农村投资注入了活力，有力地促进了农村固定资产投资稳步增长。

2. 农村固定资产投资的资金来源和构成

从表5.5可以看出，农村固定资产投资的资金主要来源于国家预算资金、国内贷款、利用外资、自筹资金和其他资金四类。统计结果显示，1995~2010年各项资金在农村固定资产投资中所占比重依次为：国家预算资金平均3.27%、国内贷款平均7.25%、利用外资平均3.14%、自筹资金和其他资金平均86.30%。不难发现，农村固定资产投资资金来源主要依靠自筹，"九五"、"十五"、"十一五"时期农村固定资产投资共自筹资金17余万亿元、仅"十一五"就自筹11.7万亿元，占整个农村固定资产投资资金来源的近90%，进一步印证了前文的"政府投资太少，集体和农民被迫成为投资主体"的论述，而且自筹资金和其他资金在1995~2010年保持连续增长势头，年均增速达19%，其他类型资金在"十五"时期也有一定增长，但不如自筹资金和其他资金增长快。另外，在农村固定资产投资中，国家预算资金所占比重较高年份为2002年的5.12%，最低年份为1996年的0.96%，不容忽视的是，"十一五"时期国家预算投入中农村建设资金比重逐年增加，这是国家对"三农"发展战略开始调整的重要信号。而在"十五"时期尽管国家预算资金和国内贷款的绝对量有所增加，但所占比重却并未上升甚至有下滑趋势，分别由2002年的5.12%和8.63%下降到2005年的3.78%和6.98%，反映了各级政府和金融部门对农村建设的投入极度缺乏，这个趋势在"十一五"时期得到了扭转，反映了国家财政支农和信贷支农的力度和信心。

表5.5 我国农村固定资产投资的资金来源和构成

年份	国家预算资金		国内贷款		利用外资		自筹资金和其他资金	
	投资额（亿元）	构成（%）	投资额（亿元）	构成（%）	投资额（亿元）	构成（%）	投资额（亿元）	构成（%）
1995	52.10	1.19	686.87	15.70	181.84	4.16	3454.74	78.95
2000	314.50	4.70	481.45	7.19	170.15	2.54	5729.93	85.57

年份	国家预算资金		国内贷款		利用外资		自筹资金和其他资金	
	投资额（亿元）	构成（%）	投资额（亿元）	构成（%）	投资额（亿元）	构成（%）	投资额（亿元）	构成（%）
2001	284.70	3.95	567.30	7.87	160.23	2.22	6200.07	85.97
2002	410.20	5.12	691.56	8.63	259.15	3.23	6650.30	83.01
2003	327.70	3.36	820.47	8.41	387.65	3.97	8219.20	84.26
2004	399.30	3.49	945.14	8.26	579.09	5.06	9525.73	83.20
2005	516.40	3.78	955.14	6.98	592.39	4.33	11614.60	84.91
2006	233.30	1.36	775.70	4.51	523.30	3.04	15665.70	91.09
2007	393.00	1.96	908.10	4.53	583.70	2.91	18175.50	90.60
2008	577.80	2.37	977.70	4.02	616.10	2.53	22164.00	91.08
2009	1192.10	3.79	1668.70	5.31	640.20	2.04	27942.00	88.87
2010	1573.10	4.16	2153.30	5.69	647.12	1.71	33468.09	88.44

注：从 2011 年开始固定资产投资不按城乡分，无具体的农村固定资产投资构成统计数据。

资料来源：历年《中国统计年鉴》、《中国固定资产投资统计年鉴》。

（三）增强非营利性农村基础设施建设融资能力的对策建议

非营利性农村基础设施建设对于推进社会主义新农村建设和城乡一体化意义深远，由于非营利性质，因而其融资是一项长期艰巨的任务，相关建议如下：

1. 各级财政继续加大投入力度

首先，提高预算内农业投入占财政支出的比重。新修订的《农业法》指出：国家逐步提高农业投入的总体水平，中央和县级以上地方财政每年对农业总投入的增长幅度应当高于其财政经常性收入的增长幅度。国家运用税收、价格、信贷等手段，鼓励和引导农民和农业生产经营组织增加农业生产经营性投入和小型农田水利等基本建设投入。其次，增加中央预算内投资用于农业基本建设的比重，加大支农资金对农民急需的农田、水利和道路等小型基础设施建设的支持力度，针对贫困地区基础设施薄弱、抵御自然灾害能力较差的实际情况，国家安排必要的以工代赈资金，鼓励、支持贫困农户投工投劳，开展农田、水利、公路等方面的基础设施建设，改善生产条件。

2. 逐步增加农村信贷支持非营利性农村基础设施建设的规模

首先，中央财政和省级财政应列出一部分预算用于补偿性财政支出，即向有政策性金融业务的机构提供财政贴息资金和呆账损失的弥补或支持贷款担保，从而用少量的财政补贴引导社会资金流向农业和农村，发挥"四两拨千斤"的作用。其次，鼓励商业银行或通过税收等政策引导商业银行，通过搭建银政合作平台和加强信贷产品的创新力度，为非营利性农村基础设施建设提供优惠的资金融通服务。再次，应将农业发展银行从单纯的"粮食银行"转变为支持农业开发、农村基础设施建设等的综合型政策性银行。最后，进一步发展民间信贷，鼓励民间信贷资金投入农村基础设施建设，培育城乡融资服务中介机构，为城市资金农村化搭桥铺路（毛燕玲等，2007）。

3. 多渠道引导社会资金投入非营利性农村基础设施建设

首先，大力倡导"民办公助"形式建设公益性强的农村基础设施，多元化融资主体，引入市场竞争机制，创造良好的政策和投资条件，引导民间资金投入非营利性农村基础设施建设。其次，开创城市资金投入农村的新方式，把城市公共项目管理的一些思想程式嫁接到农村基础设施的融资、建设和养护各个阶段（毛燕玲等，2007），创新应用于非营利性农村基础设施项目建设。再次，通过制度设计，结合农村基础设施"小、多、散"的特点，对不同类型或者不同级别的农村基础设施进行整合捆绑，或者采取"谁投资、谁经营、谁承担风险"并以特许形式向社会招投标，或者运用资产升级方式向证券市场筹集资金（毛燕玲等，2007）。最后，采取有效的激励措施和宣传攻势，动员乡镇企业和农村致富能人对非营利性农村基础设施进行慈善捐助，为家乡的建设筹集到低成本资金。

4. 发展扶贫开发领域的国际交流与合作

一方面将进一步扩大国家以工代赈规模，加大财政转移支付力度，增加扶贫贷款，支持非营利性基础设施建设项目，向国际社会展示我国政府扶贫和缩小城乡差距的决心和行动。另一方面不断争取国际组织和发达国家援助性扶贫项目，对每个外资扶贫项目国家适当增加配套资金比例，对地方财政确有困难的可以全额配套，对外援项目积极采取有针对性的措施加强管理，努力提高外援贷款项目的经济效益，增强还贷能力。如此通过多种渠道、不同方式加强与国际组织在扶贫开发领域里的交流，借鉴国际社会在农村扶贫开发方面创造的成功经验和行之有效的方式、方法，争取国际非政府组织对我国农村扶贫开发的帮助和支持。

总之，我国非营利性农村基础设施建设任重而道远，需要举国上下齐心协力，尤其是来自各项政策和制度的保证和支撑。

四、基于多主体博弈的非营利性基础设施建设项目融资结构优化研究

（一）概述

梭罗认为"归根结底，要研究的问题不是在私人投资和公有投资间做简单的选择问题，而是需要建立一种包括调控管理、协作、竞争及公私投资者有效地融合到一起的复杂的体制，以便提供低成本高效率的基础设施服务系统"。因此，处于单纯的公共品和单纯的私人品中间状态的准公共品需要综合使用财政资金和商业性资金，而且需要给出明确的制度安排，对这类准公共品，应如何建立具有商业可持续性基础以及政府应以何种方式提供支持（李扬，2007）。

可见，具有稳定现金流的非营利性准公共品的政府支持方式和力度是吸引社会资金实行市场化运作的关键，社会资本只有看到政府对项目的支

持方式可能满足基本的投资回报时，才会决定对该项目进行投资，再和有关金融机构谈判项目贷款融资事宜。因此，这是一个两阶段的博弈问题，在第一阶段，政府在项目投资优惠政策和支持方式的制定上具有优先权，并且这种制度安排的所有信息是公开的，投资者完全了解政府的努力和目的，并据此判断项目是否有投资价值以及投资的比例，于是政府和投资者之间构成了完全信息动态博弈。在第二阶段，投资者在政府的支持下决定投资后，会根据项目回报和风险特点，考虑从银行等金融机构进行债权融资，而贷款机构也会在全面考察项目的现金流和风险大小的基础上，决定是否给投资者提供贷款以及贷款的比重。投资者和银行两者是"利益共享、风险共担"的合作性质，因而投资者和银行之间构成二人合作博弈。

（二）基本模型及符号设定

设 $\alpha_1 \in A_1$ 是政府补助的资本金比例，$A_1 = [0, 1]$；$\alpha_2 \in A_2$ 是投资者向银行的贷款比例，$A_2 = [0, 1]$，则 $1 - \alpha_1 - \alpha_2 \in [0, 1]$ 就是投资者投资比例。整个项目过程只有两个时点：初始点和终点 T，项目的所有投资在初始点瞬间发生，项目初始投资额为 I，终点 T 是项目的寿命期，也是本书的项目计算期，本书的所有分析均发生在终点 T。R 为项目在 T 时的利润率，R 的概率密度为 $f(R)$，$R \in [0, +\infty)$，则 R 的期望值为 $\overline{R} = \int_0^{+\infty} Rf(R)\mathrm{d}R$，于是 $I\overline{R}$ 为项目在 T 时的期望总利润。项目在 T 时的总产量为 Q，由于利润率 R 是总产量 Q 的函数，不妨设 R 与 Q 一一对应，则 Q 可表示为 R 的反函数，记 $Q = g(R)$，项目在 T 时一单位 Q 所产生的外部效益（如项目建设和生产后所带来的生态效益和社会效益等）为 X。银行要求的项目单位贷款在 T 时的回报额为 K，项目单位投资在 T 时的基准价值为 λ，即资金的基准收益，该项目的税率为 $\mu\tau$，其中 τ 为同类产品的正常税率，μ 为该项目所享受的税收优惠系数，$\mu \in [0, 1]$。

则债务价值（Shan & Thakor，1987）为：

$$D = \alpha_2 IK = \int_0^{\alpha_2 K} IRf(R)\mathrm{d}R + \int_{\alpha_2 K}^{+\infty} \alpha_2 IKf(R)\mathrm{d}R \tag{5.3}$$

由于 $\alpha_1 I$ 部分是国家补助，并不参与分红，因此，投资者价值为：

$$S = \int_{\alpha_2 K}^{+\infty} (IR - \alpha_2 IK)(1 - \mu\tau)f(R)\,\mathrm{d}R \tag{5.4}$$

投资者剩余为：

$$SS = \int_{\alpha_2 K}^{+\infty} [IR - \alpha_2 IK](1 - \mu\tau)f(R)\,\mathrm{d}R - (1 - \alpha_1 - \alpha_2)I\lambda$$

$$= S - (1 - \alpha_1 - \alpha_2)I\lambda \tag{5.5}$$

项目的外部效益为：

$$V_0 = X\overline{Q} = X\int_0^{+\infty} g(R)f(R)\,\mathrm{d}R$$

由于项目的期望总产量只与项目的总投资和项目的一些技术经济指标有关，而与项目采取什么方式融资或项目的融资结构无关，因此，项目的期望总产量 $\overline{Q}$ 是一个常量，项目的外部效益可看成一个固定值。

命题5.1　当投资者价值为正时，投资者价值是税率优惠幅度的单调减函数。

证明：若投资者价值为正，即 $S > 0$，此时，

$$S = \int_{\alpha_2 K}^{+\infty} (IR - \alpha_2 IK)f(R)\,\mathrm{d}R - \mu\tau\int_{\alpha_2 K}^{+\infty} (IR - \alpha_2 IK)f(R)\,\mathrm{d}R \tag{5.6}$$

$$\frac{\mathrm{d}S}{\mathrm{d}\mu} = -\tau I\int_{\alpha_2 K}^{+\infty} (R - \alpha_2 K)f(R)\,\mathrm{d}R < 0 \tag{5.7}$$

因此，若 $S > 0$ 时，投资者价值 S 是税率优惠幅度 μ 的单调减函数，即税率优惠幅度 μ 越大，则股东剩余越大。

命题5.2　当投资者价值为正时，投资者剩余是政府补助比例 α_1 的增函数。

证明：若投资者价值为正，即 $S > 0$，此时，

$$\frac{\mathrm{d}SS}{\mathrm{d}\alpha_1} = [S - (1 - \alpha_1 - \alpha_2)I\lambda]' = I\lambda > 0 \tag{5.8}$$

因此，若 $S > 0$，投资者剩余 SS 是政府补助比例 α_1 的增函数，即政府补助的资本金比例越大，即 α_1 越大，则投资者收益越大。

上述两命题揭示了，若政府引导社会资本投向非营利性准公共品领

域，采用市场化供给方式，实行商业化运作，就必须使用一定的经济激励手段，如政府给予资本金补助、税收上适当优惠等，让投资者获得合理的投资回报，方能激发他们的投资热情。

（三） 政府与投资者的完全信息动态博弈分析

政府（Leader）根据建设项目的性质决定出资的资本金比例 α_1 和税收优惠 μ，投资者（Follower）根据观测的 α_1 和 μ，确定是否投资以及投融资比例 $1 - \alpha_1 - \alpha_2$，因此这是一个完美信息动态博弈，也是典型的 Stackelberg 模型（张维迎，2006），如图 5.2 所示。因为投资者在选择是否投资和 $1 - \alpha_1 - \alpha_2$ 前观测到 α_1，可以根据 α_1 来选择 $1 - \alpha_1 - \alpha_2$，而政府首先行动，不可能根据 $1 - \alpha_1 - \alpha_2$ 来选择 α_1，因此，投资者的战略应该是从 A_1 到 A_2 的函数，即 $\hat{S}_2: A_1 \rightarrow A_2$（这里 $A_1 = (0，1)$ 是政府的资本金投入比例空间，$A_2 = [0，1)$ 是投资者的投资比例空间），而政府的战略就是简单地选择 α_1；纯战略均衡结果是出资比例向量 $(\alpha_1，\hat{s}_2(\alpha_1))$，支付函数为 $u_i(\alpha_1，\hat{s}_2(\alpha_1))$。

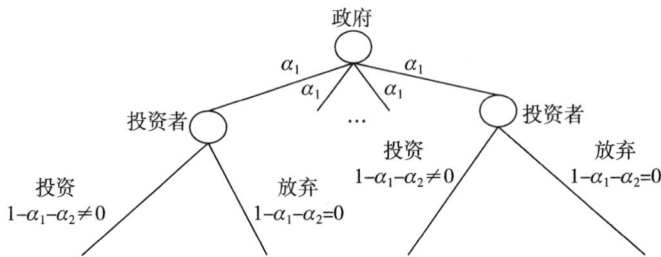

图 5.2 政府与投资者的 Stackelberg 博弈模型

在该博弈过程中，政府进行资本金投入 α_1 和采取税收优惠 μ 的目的是引导社会投资，让社会资金参与准公共项目的开发建设，以获取最大的经济和社会效益。对于政府来说，如何既能以较低的资本金投入比例 α_1 和既定的税收优惠 μ 引导较多的社会资金 $1 - \alpha_1 - \alpha_2$ 投入，使项目具备较强的融资能力，又能使单位政府补助的社会效益最大，实现项目的公益功能。而对于投资者来说，只有在合理的 α_1 和 μ 下使所期望的经济效益有保证前提下才会对该项目进行投资。因此政府在该阶段的问题是：

$$\max_{\alpha_1 > 0} u_1(\alpha_1, \hat{s}_2(\alpha_1)) = \max F_1(\alpha_1, \alpha_2) = \max 1 - \alpha_1 - \alpha_2 \qquad (5.9)$$

$$\text{s.t.} \begin{cases} (I\bar{R} - \alpha_2 IK)(1-\tau) - (1-\alpha_2)I\lambda < 0 \\ (I\bar{R} - \alpha_2 IK)(1-\mu\tau) - (1-\alpha_1-\alpha_2)I\lambda \geq 0 \\ I\bar{R} - \alpha_2 IK > 0 \text{ 或 } \alpha_2 < \bar{R}/K \end{cases}$$

第一个约束是项目的准公益性约束，即若政府不对投资者采取补助及优惠税收的举措或 $\alpha_1 = 0$、$\mu = 1$ 时，该项目是经济不可行的，无法收回投资成本。第二个约束是项目的市场化约束，即若项目要引进社会资本，政府必须确保给予项目的经济激励可以让投资者收回成本并有一定的盈利。第三个约束是项目的基本盈利，项目必须具备偿还贷款本金和利息的盈利能力。

（四）投资者和银行的合作博弈分析

1. 合作博弈和纳什谈判定理

两个局中人之间的合作是指在博弈之前，两个局中人先就博弈问题进行商讨，再确定双方的合作策略。

二人合作博弈表示为：$\Psi = \{S_1, S_2; U_1(s_1, s_2), U_2(s_1, s_2)\}$，$s_i$ 为局中人 i 选择的策略，$s_i \in S_i (= \{s_i\})$，S_i 为局中人 i 的策略空间，向量 (s_1, s_2) 为一个策略组合，$U_i(s_1, s_2)$ 为局中人 i 在策略组合 (s_1, s_2) 下的支付或赢得函数，$i = 1, 2$。

定义 5.1　在合作博弈中，若在策略组合 (s'_1, s'_2) 下的赢得组合 (U'_1, U'_2) 与在策略组合 (s_1, s_2) 下的赢得组合 (U_1, U_2) 满足：

（1）$U'_1 \geq U_1$，$U'_2 \geq U_2$。

（2）$(U'_1, U'_2) \neq (U_1, U_2)$。

则称赢得组合 (U'_1, U'_2) 强占优于 (U_1, U_2)，记为 $(U'_1, U'_2) \Rightarrow$

（U_1，U_2），对应的策略组合（s'_1，s'_2）强占优于（s_1，s_2）。

定义 5.2 若对于 $\forall$（U_1，U_2），均不存在（U_1，U_2）$\Rightarrow$（U_1^*，U_2^*），即赢得组合（U_1^*，U_2^*）不被任何其他赢得强占优，则称（U_1^*，U_2^*）为帕累托最优赢得组合，该条件为帕累托最优条件。

设 U_{i0} 是二人不合作时的保守收益，$i = 1$，2，U_{12} 表示二人合作博弈的总收益，显然二人合作要成功，必须满足：

（3）个人理性公设：$U_i \geqslant U_{i0}$，$i = 1$，2。

个人理性意味着各行为者个别地采取行动时获得的收益 U_{i0} 是否能得到保障。

（4）强优加性公设：U_{12}（$= U_1 + U_2$）$> U_{10} + U_{20}$。

它意味着各行为者与其说个别地采取行动不如整体上进行合作获利更大，这就是将该博弈作为合作博弈来考虑的前提，也是从合作这一观点来考虑博弈是否有意义的根本所在。

所有满足个人理性公设和强优加性公设的赢得组合（U_1，U_2）称为二人合作博弈 Ψ 的解集，记为 $\Gamma = \{(U_1, U_2)\}$。两个局中人谈判的过程是找使双方都满意的赢得（U_1^*，U_2^*），即存在一个映射 φ，使得（U_1^*，U_2^*）$= \varphi$（Γ，U_{10}，U_{20}）。

（5）对称性公设：若赢得组合（U_1，U_2）$\in \Gamma$，则（U_2，U_1）$\in \Gamma$，且 $U_{10} = U_{20}$，则 $U_1^* = U_2^*$。

（6）线性变换不变性公设：设 Γ' 是由 Γ 经过线性变换 $\begin{cases} U'_1 = aU_1 + b, & a > 0 \\ U'_2 = cU_2 + d, & c > 0 \end{cases}$ 得到的（b 和 d 是常数），如果 φ（Γ，U_{10}，U_{20}）$=$（U_1^*，U_2^*），则必有 φ（Γ'，$aU_{10} + b$，$cU_{20} + d$）$=$（$aU_1^* + b$，$cU_2^* + d$）。

定义 5.3 满足帕累托最优条件以及上述（3）、（4）、（5）、（6）四个公设的赢得组合（U_1^*，U_2^*）称为二人合作博弈 Ψ 的帕累托最优解，所对应的策略组合（s_1^*，s_2^*）$= \arg$（U_1^*，U_2^*）称为二人合作博弈 Ψ 的帕累托最优策略组合。

定理 5.1（纳什谈判定理）　在二人合作博弈中，若赢得组合（U_1，U_2）满足上述四个公设，则对所有（U_1，U_2）$\in \Gamma$，$U_1 > U_{10}$，$U_2 > U_{20}$，函数 ψ（U_1，U_2）＝（$U_1 - U_{10}$）（$U_2 - U_{20}$）将在唯一的一点（U_1^*，U_2^*）处达到最大值，此时称（U_1^*，U_2^*）是令局中人满意的"谈判解"。

该定理的详细证明可参见 Nash（1950）和 Harsanyi（1997）。

推论 5.1　纳什谈判定理中的谈判解（U_1^*，U_2^*）是二人合作博弈 Ψ 的帕累托最优解。

证明：（反证）若谈判解（U_1^*，U_2^*）不是二人合作博弈 Ψ 的帕累托最优解，即 $\exists$ 一个赢得组合（$\dot{U}_1$，$\dot{U}_2$）$\Rightarrow$（U_1^*，U_2^*），不妨设 $\dot{U}_1 > U_1^*$，$\dot{U}_2 \geqslant U_2^*$，则有 ψ（$\dot{U}_1$，$\dot{U}_2$）＝（$\dot{U}_1 - U_{10}$）（$\dot{U}_2 - U_{20}$）>（$U_1^* - U_{10}$）（$U_2^* - U_{20}$），即 ψ（$\dot{U}_1$，$\dot{U}_2$）>ψ（U_1^*，U_2^*），可知函数 ψ（U_1，U_2）不在（U_1^*，U_2^*）处达到最大值，从而（U_1^*，U_2^*）不是纳什谈判定理中的谈判解，与已知矛盾，于是原命题成立。证毕。

2. 投资者和银行的风险赢得

定义 5.4　在博弈中，局中人在风险概率为 p 时获得的可能纯收益为 G，称为风险赢得，记为 $U^r = G（1 - p）$。

于是当投资者决定投资，并打算和银行合作谈判贷款的安排。根据定义 5.4 及上述分析可知：

（1）银行方面。

1）若银行同意给投资者放贷 $\alpha_2 I$ 时银行方面的可能风险和收益。

令银行贷款的风险概率为 p_B，则：

$$p_B = \int_0^{\alpha_2 K} f(R)\,\mathrm{d}R \tag{5.10}$$

p_B 就是项目的盈利不足以支付贷款，使银行借给投资者的贷款 $\alpha_2 I$ 无法全额收回而成了坏账；

令银行贷款的收益为 G_B，则 $G_B = \alpha_2 KI$。

从而银行的风险赢得为：

$$U_B^r = G_B(1 - p_B) = \alpha_2 KI\left(1 - \int_0^{\alpha_2 K} f(R)\,\mathrm{d}R\right) \tag{5.11}$$

2）若银行不参与该项目合作，不同意给投资者贷款。

此时银行独立地保存该部分 $\alpha_2 I$ 资金，假设该部分资金也不投资其他风险项目，则银行可通过购买长期政府债券而获得无风险收益，易知此时银行资金的风险概率 $p_{B0} = 0$，银行的收益 $G_{B0} = \alpha_2 I\lambda_0$，银行的风险赢得为：

$$U_{B0}^r = G_{B0}(1 - p_{B0}) = 0 \tag{5.12}$$

（2）投资者方面。

1）若投资者打算从银行贷款，贷款金额为 $\alpha_2 I$。

对投资者来说，其投资的风险来自所投资部分资金 $(1 - \alpha_1 - \alpha_2)I$ 无法回收，令风险概率为 p_H，则

$$p_H = \int_0^{\frac{(1-\alpha_1-\alpha_2)\lambda}{1-\mu\tau} + \alpha_2 K} f(R)\,\mathrm{d}R \tag{5.13}$$

由于政府会给投资者 $\alpha_1 I$ 的补贴，令投资者的收益为 G_H，于是投资者的可能收益 $G_H = I(\overline{R} - \alpha_2 K)(1 - \mu\tau) - (1 - \alpha_1 - \alpha_2)I\lambda = I(1 - \mu\tau)\left[\overline{R} - \left(\alpha_2 K + \dfrac{1 - \alpha_1 - \alpha_2}{1 - \mu\tau}\lambda\right)\right]$；从而投资者的风险赢得为：

$$U_H^r = G_H(1 - p_H) = I(1 - \mu\tau)\left[\overline{R} - \left(\alpha_2 K + \frac{1 - \alpha_1 - \alpha_2}{1 - \mu\tau}\lambda\right)\right]\left(1 - \right.$$
$$\left. \int_0^{\frac{(1-\alpha_1-\alpha_2)\lambda}{1-\mu\tau} + \alpha_2 K} f(R)\,\mathrm{d}R\right) \tag{5.14}$$

2）若投资者不与银行合作建设该项目，投资者有实力且打算独立承担项目的剩余资金。

则投资者需要投入 $(1 - \alpha_1)I$ 资金，即 $\alpha_2 = 0$，令此时投资者的风险概率为 p_{H0}，则有：

$$p_{H0} = \int_0^{\frac{1-\alpha_1}{1-\mu\tau}\lambda} f(R)\,\mathrm{d}R \tag{5.15}$$

令投资者的收益为 G_{H0}，则 $G_{H0} = I\overline{R}(1 - \mu\tau) - (1 - \alpha_1)I\lambda = I(1 - \mu\tau)$

$\left(\overline{R} - \dfrac{1 - \alpha_1}{1 - \mu\tau}\lambda\right)$，于是投资者的风险赢得为：

$$U_{H0}^r = G_{H0}(1 - p_{H0}) = I(1 - \mu\tau)\left(\overline{R} - \dfrac{1 - \alpha_1}{1 - \mu\tau}\lambda\right)\left(1 - \int_0^{\frac{1-\alpha_1}{1-\mu\tau}\lambda} f(R)\,\mathrm{d}R\right)$$

$$(5.16)$$

显然只有当合作产生的收益大于独立运作的收益时，投资者才会找银行合作，投资者和银行之间的合作博弈才有价值，此时必须有 $G_H > G_{H0}$，即 $K < \dfrac{\lambda}{1 - \mu\tau}$，这符合债务利息可起到税盾作用原理，而且还能把投资者的部分风险 $\int_{\frac{1-\alpha-\alpha_{21}}{1-\mu\tau}\lambda+\alpha_2 K}^{\frac{1-\alpha_1}{1-\mu\tau}\lambda} f(R)\,\mathrm{d}R$ 分散给银行，实现"利益共享、风险共担"的合作机制。

3. 投资者与银行合作博弈的谈判解

根据上述分析可知，$U_B^r > U_{B0}^r$ 且 $U_H^r > U_{H0}^r$，于是赢得组合 (U_B^r, U_H^r) 满足个人理性公设和强优加性公设，投资者与银行合作博弈的解集是 $\{(U_B^r, U_H^r)\}$，记为 Θ。

由于 U_B^r、U_H^r 是关于 α_2（$\alpha_2 \in [0, 1 - \alpha_1]$）的连续可微函数，于是解集 $\Theta = \{(U_B^r, U_H^r)\}$ 为有界凸集。

根据定理 5.1 和推论 5.1，函数 $\psi(U_B^r, U_H^r) = (U_B^r - U_{B0}^r)(U_H^r - U_{H0}^r)$ 的最大值点 (U_B^{r*}, U_H^{r*}) 就是投资者与银行合作博弈的帕累托最优解，从而 $\alpha_2^* = \arg\max\limits_{\alpha_2}\psi(U_B^r, U_H^r)$ 是令投资者和银行均满意的融资比例"谈判解"。

将投资者和银行的风险赢得函数 U_B^r、U_{B0}^r、U_H^r、U_{H0}^r 代入函数 $\psi(U_B^r, U_H^r)$，建立投资者与银行合作博弈谈判模型：

$$\max_{\alpha_2}\psi(U_B^r, U_H^r) = \max_{\alpha_2}(U_B^r - U_{B0}^r)(U_H^r - U_{H0}^r)$$

$$= \max_{\alpha_2}\alpha_2 KI\left(1 - \int_0^{\alpha_2 K} f(R)\,\mathrm{d}R\right)I(1 - \mu\tau)$$

$$\left\{\left[\overline{R} - \left(\alpha_2 K + \dfrac{1 - \alpha_1 - \alpha_2}{1 - \mu\tau}\lambda\right)\right]\right\}$$

$$\left(1 - \int_0^{\frac{1-\alpha_1-\alpha_2}{1-\mu\tau}\lambda+\alpha_2 K} f(R)\,\mathrm{d}R\right) - \left(\overline{R} - \frac{1-\alpha_1}{1-\mu\tau}\lambda\right)$$

$$\left(1 - \int_0^{\frac{1-\alpha_1}{1-\mu\tau}\lambda} f(R)\,\mathrm{d}R\right)\Bigg\} \tag{5.17}$$

（五）融资结构模型建立和求解步骤

1. 融资结构模型

综上所述，可以建立一类具有政府补助的准公共性基础设施建设项目的融资结构模型如下：

$$\max_{\alpha_1>0} u_1(\alpha_1,\ \hat{s}_2(\alpha_1)) = \max F_1(\alpha_1,\ \alpha_2) = \max 1 - \alpha_1 - \alpha_2 \tag{5.18}$$

$$\text{s. t.}\begin{cases}(I\overline{R} - \alpha_2 IK)(1-\tau) - (1-\alpha_2)I\lambda < 0 \\[4pt] (I\overline{R} - \alpha_2 IK)(1-\mu\tau) - (1-\alpha_1-\alpha_2)I\lambda \geqslant 0 \\[4pt] I\overline{R} - \alpha_2 IK > 0 \text{ 或 } \alpha_2 < \dfrac{\overline{R}}{K}\end{cases}$$

$$\max_{\alpha_2}\psi(U_B^r,\ U_H^r) = \max_{\alpha_2}(U_B^r - U_{B0}^r)(U_H^r - U_{H0}^r)$$

$$\psi(U_B^r, U_H^r) = \alpha_2 KI\left(1 - \int_0^{\alpha_2 K} f(R)\,\mathrm{d}R\right)I(1-\mu\tau)$$

$$\left\{\left[\overline{R} - \left(\alpha_2 K + \frac{1-\alpha_1-\alpha_2}{1-\mu\tau}\lambda\right)\right]\right.$$

$$\left(1 - \int_0^{\frac{1-\alpha_1-\alpha_2}{1-\mu\tau}\lambda+\alpha_2 K} f(R)\,\mathrm{d}R\right) - \left(\overline{R} - \frac{1-\alpha_1}{1-\mu\tau}\lambda\right)\left(1 - \int_0^{\frac{1-\alpha_1}{1-\mu\tau}\lambda} f(R)\,\mathrm{d}R\right)\Bigg\}$$

$$\text{s. t.}\begin{cases}0 < \alpha_1 \leqslant 1 \\ 0 \leqslant \alpha_2 < 1 - \alpha_1\end{cases}$$

或者，

$$\max F_1(\alpha_1,\ \alpha_2) = \max 1 - \alpha_1 - \alpha_2 \tag{5.19}$$

$$\max F_2(\alpha_1,\alpha_2) = \max_{\alpha_2}\alpha_2\left(1 - \int_0^{\alpha_2 K} f(R)\,\mathrm{d}R\right)\left\{\left[\overline{R} - \left(\alpha_2 K + \frac{1-\alpha_1-\alpha_2}{1-\mu\tau}\lambda\right)\right]\right.$$

$$\left(1 - \int_0^{\frac{1-\alpha_1-\alpha_2}{1-\mu\tau}\lambda+\alpha_2 K} f(R)\,\mathrm{d}R\right) - \left(\overline{R} - \frac{1-\alpha_1}{1-\mu\tau}\lambda\right)\left(1 - \int_0^{\frac{1-\alpha_1}{1-\mu\tau}\lambda} f(R)\,\mathrm{d}R\right)\Bigg\}$$

$$= \max_{\alpha_2} \alpha_2 \left(1 - \int_0^{\alpha_2 K} f(R) \, dR \right) \left\{ \left[\overline{R} - \alpha_2 K - (1 - \alpha_1 - \alpha_2) \lambda \right] \right.$$

$$\left(1 - \int_0^{(1-\alpha_1-\alpha_2)\lambda + \alpha_2 K} f(R) \, dR \right) - \left[\overline{R} - (1 - \alpha_1) \lambda \right] \left[1 - \int_0^{(1-\alpha_1)\lambda} f(R) \, dR \right] \right\}$$

$$\text{s. t.} \begin{cases} (I\overline{R} - \alpha_2 IK)(1 - \tau) - (1 - \alpha_2) I\lambda < 0 \\ (I\overline{R} - \alpha_2 IK)(1 - \mu\tau) - (1 - \alpha_1 - \alpha_2) I\lambda \geqslant 0 \\ 0 < \alpha_2 < \overline{R}/K \\ 0 < \alpha_1 \leqslant 1 \\ 0 \leqslant \alpha_2 < 1 - \alpha_1 \end{cases}$$

该模型实际上是一个多目标优化模型，采用最大值加权法将该多目标问题转化为单目标问题，并运用 Matlab 软件进行编程计算。

2. 求解步骤

步骤一：根据项目实际设立模型中的参数 τ、μ，K 由银行贷款期限、还贷方式、贷款利率计算得出，λ 由该行业的基准收益率和期限计算得出。

步骤二：在对项目的财务分析基础上，根据项目的经济和技术特征计算出 R 的有关参数值及其概率分布 $f(R)$。

步骤三：将 τ、μ、K、λ、$\overline{R}$、$f(R)$ 代入模型建立具体的模型，并得到 α_1 和 α_2 的可行域。

步骤四：对新建立的实际模型运用 Matlab 软件进行编程计算，求出第一个函数 $F_1(\alpha_1, \alpha_2)$ 的最大值 F_1^0，以及第二个函数 $F_2(\alpha_1, \alpha_2)$ 的最大值 F_2^0，由于两个目标函数均为正，故可运用 λ - 法，通过设立加权和效用函数 $U(\alpha_1, \alpha_2) = \dfrac{1}{F_1^0} F_1(\alpha_1, \alpha_2) + \dfrac{1}{F_2^0} F_2(\alpha_1, \alpha_2)$，把原多目标问题转化为单目标优化问题，于是对该加权和效用函数求最大值，就能求出相应的 α_1 和 α_2。

步骤五：对模型的边界条件以及投资者和银行的风险进行分析。

五、本章小结

本章从融资结构概念出发，在综述净收益理论、净营业收益理论、MM 理论、平衡理论、信号理论、新优序理论、委托—代理理论、激励理论、控制权理论、融资契约理论等传统、现代和后现代融资结构理论的基础上，对农村基础设施的资金来源和构成进行了分析；结合非合作博弈和合作博弈理论对一类需要政府补助并且可市场化运作的非营利性基础设施项目建设的融资结构进行了研究，从资本结构理论入手分析项目的债务价值和投资者价值，并研究了政府与投资者的完全信息动态博弈过程以及投资者和银行的合作博弈过程；建立了多目标优化模型并给出了求解步骤。

第六章

财政主导型农村公路建设融资机制

一、农村公路经济学属性及融资需求

（一）农村公路概念和经济学属性

1. 农村公路概念

根据 2004 年修改后重新公布的《中华人民共和国公路法》规定，我国现行的公路按行政等级划分为国道、省道、县道、乡道，按技术等级划分为高速公路、一级公路、二级公路、三级公路和四级公路，不符合最低技术等级要求的为等外公路。交通部制定的《中华人民共和国公路管理条例实施细则》对公路等级和含义作了明确解释：国道是指具有全国性政治、经济意义的主要干线公路，包括重要的国际公路，国防公路，联结首都与各省、自治区首府和直辖市的公路，联结各大经济中心、港站枢纽、商品生产基地和战略要地的公路；省道是指具有全省（自治区、直辖市）政治、经济意义，联结省内中心城市和主要经济区的公路以及不属于国道的省际间的重要公路；县道是指具有全县（旗、县级市）政治、经济意义，联结县城和县内主要乡（镇）、主要商品生产和集散地的公路，以及不属于国道、省道的县际间的公路；乡道是指主要为乡（镇）内部经济、文化、行政服务的公路以及不属于县道以上公路的乡与乡之间及乡与外部联络的公路。农村公路一般采用二级、三级和四级公路三个技术等级，县通乡公路采用二级或二级以上公路；乡际公路采用三级或三级以上公路；乡通行政村公路采用四级或四级以上公路。

国家行政主管部门把国道、省道称为干线公路，县道、乡道（含通行政村的公路）称为农村公路；于是可以知道，农村公路分为五种公路类型：县—乡公路、县—县公路、乡—村公路、乡—乡公路、村—村公路。

2. 农村公路经济学属性

（1）非经营性和非营利性。根据 2004 年国务院令第 417 号《收费公路管理条例》，建设收费公路应当符合下列技术等级和规模：高速公路连续里程在 30 公里以上；一级公路连续里程在 50 公里以上；二车道的独立桥梁、隧道长度在 800 米以上；四车道的独立桥梁、隧道长度在 500 米以上；技术等级为二级以下（含二级）的公路不得收费，但在国家确定的中西部省份建设的二级公路，其连续里程在 60 公里以上的经法律批准可以收取车辆通行费。按照这个标准，农村公路基本上都属于不收费公路，因此，农村公路不能按照高速公路设卡经营，投资农村公路不会产生任何经济效益，即农村公路具有非经营性和非营利性特征。

（2）地方性纯公共品。由于农村公路的非收费性质，任何人都可以使用它而不可能将特定的个体排除在农村公路的消费之外；此外，农村公路使用者的即时流动性使得任何人使用农村公路的同时都不会影响他人对同一农村公路的使用。因此从公共物品角度来说，农村公路是非排他性的和非竞争性的，是一种纯公共产品。而从农村公路的服务对象考虑，农村公路包括县道、乡道和通村公路三类，县道为县域内居民服务，乡道为乡镇内居民服务，通村公路为特定村居民服务，还有不包括在农村公路之列的为村内居民服务的村屯道路（或村内道路），因此农村公路是一类地方性公共产品。

由此，农村公路属于典型的非营利性农村基础设施。

（二）农村公路建设的融资需求

1. 农村公路的建设需求

中华人民共和国成立初期，全国所有公路只有 8 万公里，1952 年全国县乡公路为 4.7 万公里，1978 年达到 59.6 万公里，到 2006 年底达到 149.41 万公里，高级次高级路面农村公路也由 1989 年的 28.3% 增加到 2002 年的 40.9%。"六五"、"七五"、"八五"、"九五"、"十五"期间年均新增农村公路里程分别为 1 万公里、1.3 万公里、2.2 万公里、4.2 万公里、8.9 万公里，1978~2006 年的 28 年中，农村公路总里程共增加近 90 万公里，平均每年增加 3 万多公里。发展速度日趋加快。2007 年公布的《全国农村公路通达情况专项调查主要数据公报》显示，全国还有 6% 的近 2500 个乡镇、23% 的近 15.3 万个建制村不通公路；有 19% 的近 7900 万个乡镇、47% 的近 31 万个建制村的农村公路路面未硬化。

据报道，"十二五"时期，中央投资农村公路 3265 亿元，发放农村客运补贴资金超过 100 亿元，全国农村公路建设带动社会总投资约 1.3 万亿元，全国新增 5000 个建制村通公路，近 900 个乡镇和 8 万个建制村通硬化路，通车总里程达到 395 万公里，基本实现所有乡镇和东中部地区建制村通硬化路，西部地区建制村通硬化路比例约 80%。"十三五"时期我国中央财政累计投入车辆购置税资金 4254 亿元，带动全社会完成农村公路投资 2.14 万亿元，新改建农村公路 138.8 万公里，全国农村公路总里程已达 420 万公里，占公路总里程的 83.8%，共解决 246 个乡镇、3.3 万个建制村通硬化路难题，新增 1121 个乡镇、3.35 万个建制村通客车，基本实现具备条件的乡镇和建制村通硬化路、通客车，农村"出行难"成为历史。交通运输部发布的《农村公路中长期发展纲要》提出，到 2035 年，我国将形成"规模结构合理、设施品质优良、治理规范有效、运输服务优质"的农村公路交通运输体系，农村公路总里程将超 500 万公里。

因此，如何持续完成农村公路的建设目标仍然给农村公路的供给者带来了融资压力。

2. 农村公路地区不平衡发展需求

从表6.1来看，由于我国地区经济发展和地方财政状况的差距，致使我国农村公路建设资金投入一直呈现东部高西部低的梯度差异。东部地区县乡财政收支状况普遍较好，对农村公路的建设投资普遍较高；而中西部地区县乡财政状况普遍紧张，农村公路的建设投入也就相对较低；许多年份西部地区农村公路的投入只占东部地区的60%，中部地区与东部地区的差距并不大，但总体来说各地区对农村公路的建设投入在不断增长。

表6.1　分地区农村公路建设投资情况　　　　　单位：亿元

年份	2001	2002	2003	2004	2005	2006～2010	2011～2015	2015～2020
全国	358.10	495.00	817.47	1242.26	1339.0	9500	13000	21400
东部地区	147.30	203.60	330.22	523.00	575.2	—	—	—
中部地区	80.10	152.20	304.49	458.03	495.9	—	—	—
西部地区	130.70	139.20	182.76	261.23	327.9			

注：2006年后缺少农村公路建设投资分地区统计数据。

资料来源：中国交通部网站（www.moc.gov.cn），2006年后全国汇总数据来源于财政部、交通部和各大新闻网站公开数据。

由于资金投入的地区差异，我国农村公路的路面质量存在着明显的东、中、西部差异，由表6.2和表6.3中各地区公路等级和农村公路路面类型的数据可以看出，我国地区发展差异反映在交通资源配置上的差距是非常惊人的，经济水平高的东部地区公路等级和农村公路路面类型明显优于经济水平较低的中西部地区，进一步说明了地方公共品地区供给水平的不平衡。经济发达地区的地方财政充裕、市场经济发达、乡镇企业繁荣、居民收入高，地方往往更有实力提供更多、更好的公共产品；而经济欠发达地区和贫困地区地方财政拮据、工商业和乡镇企业萧条、居民收入不高，连提供最基本的公共产品都力不从心，更别说高级、优质的公共产品了，因此，地区发展的不平衡必然需要中央财政政策适度向薄弱地区倾斜，才能最大程度地发挥公共财政的作用，避免"马太效应"的发生。

显然，农村公路发展的地区差距给农村公路的地方供给者也提出了融资挑战。

表 6.2　2005 年和 2017 年末全国及各地区公路技术等级情况　单位：%

地区	二级及以上公路		三级和四级公路		等外公路	
	2005 年	2017 年	2005 年	2017 年	2005 年	2017 年
全国	3.28	13.0	56.61	77.9	40.11	9.1
东部地区	6.80	18.81	72.93	77.12	20.27	4.07
中部地区	2.17	12.20	57.02	79.44	40.80	8.35
西部地区	1.43	9.91	42.53	77.07	56.04	13.02

资料来源：根据《全国农村公路通达情况专项调查主要数据公报》、《中国交通年鉴 2018》计算而来。

表 6.3　2006 年初全国及各地区农村公路路面情况　　单位：%

地区	沥青和水泥铺装路面	简易铺装路面	未铺装路面
全国	21.06	13.59	65.35
东部地区	42.11	17.11	40.78
中部地区	16.66	13.74	69.60
西部地区	7.79	10.48	81.73

注：截至 2019 年底，中国具备条件的乡镇和建制村已 100% 通上硬化路（沥青铺装）。
资料来源：根据《全国农村公路通达情况专项调查主要数据公报》计算而来。

3. 农村公路建设的资金缺口需求

此外，《公路水路交通"十一五"发展规划》确保"十一五"时期中央投资 1000 亿元用于农村公路建设，其中，东部地区中央投资 100 亿元；中部地区中央投资 430 亿元；西部地区中央投资 470 亿元，完成农村公路建设 120 万公里，总投资规模 9500 亿元，而在整个"十五"期间全国农村公路建设里程是 44 万公里，全国农村公路建设完成投资 4311 亿元。"十二五"农村公路总投资规模 1.3 万亿元，中央累计投入 3265 亿元，"十三五"农村公路总投资规模 2.14 万亿元，中央累计投入 4335 亿元。从这些数据可以估算出，"十一五"期间全国农村公路建设有 8000 余亿元投资缺口，"十二五"有近1万亿元投资缺口，"十三五"有1.7亿元投资缺口，这些缺口资金均需地方自筹等方式获取。进入"十四五"，农村公路建设进入新的发展篇章，农村公路总里程稳定在500万公里，国家公路网的80%是农村公路，而农村公路建设完成后的短板和重点在于养护和管理。《农村公路中长期发展纲要》指出要推动交通项目进村入户，提升乡镇通三级路、自然村通硬化路比例，高质量发展"四好农村路"。农村公路管理养护是一项长期系统性工程，根据2020年《国务院办公厅关于深化农村公路管理养护体制改革的意见》，要求加大农村公路养护资金投入，保障管养资金，探索将农村公路有收益项目与农村公路养护打包运行，拓宽投融资渠道。由于农村公路属于非收费公路，不能按市场化的"以路养路"方式面向社会公开融资，于是农村公路建设和养护的资金缺口只能由地方各级政府和社会各界力量通过各种渠道共同筹措弥补。

由此可见，农村公路建设和管养的融资压力不容小觑。

二、农村公路的财政主导型融资机制

（一）农村公路的融资主体界定

农村公路是一类既非营利性又非经营性的地方纯公共品，除政府外，没有谁愿意无投资回报地供给，农村公路的供给和融资重任只能落在政府头上，政府是农村公路名正言顺的融资主体，农村公路建设的融资机制就是财政主导型融资机制。但根据行政管辖区域来分，政府有中央、省、市、县、乡、村之分，除最高级的中央政府和最低级的村委会，其他中间层次均为地方政府，而且都有上级政府和下级政府。而农村公路既包括跨县、跨乡公路，又包括县内和乡内公路，那么作为县道、乡道和通村道路总称的农村公路到底该由哪级政府提供，哪级政府是它的融资主体呢？

1. 基于各级政府事权划分的农村公路融资主体确定原则

（1）效率原则。奥茨通过一系列假定提出了分散化提供公共品的比较优势，即奥茨分权定理：对某种公共品来说，如果对其消费涉及全部地域的所有人口的子集，并且关于该公共品的单位供给成本对中央政府和地方政府都相同，那么让地方政府将一个帕累托有效的产出量提供给他们各自的选民则总是要比中央政府向全体选民提供的任何特定的且一致的产出量有效率得多。因为与中央政府相比，地方政府更接近自己的公众，了解其所管辖区选民的效用与需求。也就是说，如果下级政府能够和上级政府提供同样的公共品，那么由下级政府提供则效率会更高。

因此，作为地方性纯公共品的农村公路理应由地方政府提供，各级地方政府是农村公路的供给者，承担不同类型农村公路的融资和建设。

如果按照省、市、县、乡、村各级行政管辖权可以从上到下把上下级政府编成四个集合：（省级政府、市级政府）、（市级政府、县级政府）、（县级政府、乡级政府）和（乡级政府、村级政府），并把奥茨的分权定理采用递推法依次运用于这四个上下级政府集合中，那么就可以得出：属于市辖区范围内的农村公路由市级政府提供；属于县辖区范围内的农村公路由县级政府提供；属于乡辖区范围内的农村公路由乡级政府提供；属于村辖区范围内的农村公路由村级政府提供。如此这样，联系县与县、乡与乡或村与村之间的农村公路只能按属地原则一分为二由相应两县、两乡或两村级政府共同提供。

（2）正外部性原则。外部性是公共经济学的重要概念，正外部性原则也称溢出效应原则。从公共产品出发，正外部性原则是指一个地区公共产品的供给不仅使本地区得到好处而且可使其他地区或整个社会无成本地得到好处，即该公共产品就具有溢出效应，其他地区和整个社会实际就成了"搭便车"者，而对提供这些服务的地方政府而言，它承担了全部成本，却没有得到全部收益，这势必影响地方政府提供相关公共产品的积极性，导致公共产品供给的不足和无效率，需要中央（或上级）政府进行矫正正外部性问题，如对地方政府提供相关服务给予财政补助。因此，根据正外部性可以来确定一个地方性的公共产品是否需要中央（或上级）政府激励。

根据正外部性原则，地方性公共产品由地方政府提供（或出资外包），当地方政府因为财力限制而难以提供全国基准水平的最起码的公共产品时，由中央政府给予一定的纵向转移支付支持；区域性公共产品由相关的多个地方政府联合提供（或出资外包），特殊情况下，由单一地方政府提供时，相关的其他地方政府给予一定"外包"式的横向转移支付。中央和地方共有的"交叉性"事权划分的基本原则应该是：在地方政府管辖范围之内的事务由地方负责，超出地方政府管辖范围的事务，则应由中央政府出面进行相应的协调（宏观经济研究院课题组，2005）。

（3）区域均等化原则。指在一国范围内应使不同地区都能得到大致相同的基本公共服务（沈荣华，2007）。公共服务供给具有收入再分配的功能，特别是均等化的公共服务，有助于缩小社会收入上的差距，促进社会公正。但地方政府的再分配能力却是有限的，也不可能用本地区的财政收入为其他地区支付服务成本，所以收入再分配的职责不应由地方政府来承担，最好是由中央政府来负责，因为中央政府可以通过全国性税收和补助，如向富裕省份征收更多的税、向贫困省份提供更多的财政补助，在全国范围内实现公共服务的均等化。因此，中央政府通过财政转移支付可以矫正地方政府失灵问题，地方财政收入拮据的贫困地区提供公共产品可以更多地获得中央政府的财政转移支付。

（4）受益原则。是根据公共产品的受益范围来确定政府的供给责任。经济学理论认为，如果一个地区提供公共产品的收益和成本刚好能够内部化，即该地区居民为服务供应支付了成本，同时又能共享这些服务，使收益和成本范围保持一致，那么这时公共产品提供的效益最大。此时公共品的受益范围就是其成本负担的范围，即受益者必须同时是成本的负担者和公共产品的提供者（潘文轩，2006）。如果一个公共产品的受益范围涉及全国就属于全国性公共产品，应由中央政府提供；如果一个公共产品的受益范围主要局限在一定地区的公众，则属于地方性公共产品，应由所属地方政府提供。

2. 农村公路融资主体的确定

由以上政府事权划分原则可以得出，根据效率原则，农村公路应由各级地方政府各自提供；根据正外部性原则，农村公路可以由中央和地方各级政府共同提供；根据区域均等化原则，中央政府负有补助支持农村公路供给者的责任；根据受益原则，由受益最多的地方政府供给农村公路。因此，对这四个原则进行综合，按照"谁受益、谁融资、效率优先、兼顾均等"的方针，可以确定五类农村公路的融资主体（见表6.4）。

表6.4 基于政府事权划分的农村公路融资主体分类

融资客体	融资客体性质	融资主体	上级政府干预
县—县公路	起国道作用 起省道作用 纯县际道路	省级政府 省级政府 县级政府	中央政府投资 中央政府按需补助 省市级政府按需补助
县—乡公路		县级政府	省市级政府按需补助
乡—乡公路	县道组成部分 纯乡际道路	县级政府 乡镇政府	不干预 县级政府按需补助
乡—村公路		乡镇政府	县级政府按需补助
村—村公路	乡道组成部分 纯村际道路	乡镇政府 村集体	不干预 乡镇政府按需补助

（1）对于县—县公路，或者县际公路，是连接县与县或者县与市之间的具有重要政治、经济意义的道路，而且有的县际公路实际上就是省道，有的甚至是国道，发挥着干线公路的作用，受益范围广、溢出效应明显。因此，具有国道性质的县际公路应由中央和省级政府共同承担，省级政府为融资主体，中央提供部分投资；具有省道性质的县际公路应主要由省级政府提供，省级政府为融资主体，中央根据情况给予补助；单纯联系两县的县际公路则由两县政府分辖区路段共同提供，省级政府给予一定补助，也可由一县外包给另一县，这类公路的融资主体应是县级政府。

（2）对于县—乡公路，或者县内公路，是连接县城与县内各乡镇的具有重要社会和经济意义的道路，是县内主要乡镇、主要商品生产和集散地的公路，受益范围和溢出效应主要局限在县域范围内，应由县级政府提供，可以让有条件的乡镇承担部分供给量，县级政府为融资主体。

（3）对于乡—乡公路，或者乡际公路，是连接乡镇与乡镇之间的公路，具有一定的社会和经济意义，有的乡际公路还可能是县道的组成部分，受益范围和溢出效应主要在两个乡镇，应由两个乡镇共同提供，乡镇政府为融资主体，也可由一个乡镇外包给另一个乡镇，如果是县道一部分的乡际公路则由县级政府提供，沿路乡镇适当投资投劳。

（4）对于乡—村公路，或者乡内公路，是连接乡镇与各建制村的公路，微观特征显著，"三农"意义重大，是为乡镇内部经济、文化、行政服务的公路，受益范围和溢出效应主要局限在乡镇内部，理应由乡镇政府提供，乡镇政府为融资主体。

（5）对于村—村公路，或者村间公路，是连接建制村与建制村之间的公路，有的村间公路可能是乡内公路的一部分，受益范围和溢出效应主要在两村内，应主要由两村共同提供，村集体是融资主体，村委会代表村集体成为名义主体，由于村委会没有相应的财权，村委会的融资主体是有名无实，如果是乡内公路组成部分的村间公路则由乡级政府提供，沿路村组织村民投劳协助。

在此基础上，秉着地区均等化的原则，每一级政府都有责任和义务对经济落后、财政困难的下级政府为融资主体的农村公路建设给予融资支持，应按照国家干道、省道、市道、县道、乡道的层次和受益原则划分基本责任，对于基层政府无承担能力的地方，县、市、省、中央政府要依次上推按照与下级政府的财政能力大小成反比的原则给予必要资助。

（二）各级政府的职责和角色

1. 中央政府

虽然农村公路原则上应该由地方政府提供，但实行分税制后地方政府出现的事权与财权不统一、财政收支不平衡导致的地方财政失衡，地区间财力差距扩大，需要中央财政从横向对财政困难地区进行转移支付来平衡地区间的财力差距。实行规范的中央财政转移支付制度是解决地区差距的通行做法，也是缩小地区差距、实行地区公共服务水平均等化最基本的手段。表6.5显示，2007年东部、中部和西部地区的人均地方一般预算收入差距非常悬殊，中部和西部地区地方人均财政收入分别是东部地区的1/3，2018年已有所改善，差距缩小为近50%。当中央财政实行地区倾斜的财政转移支付政策时，中部地区和西部地区所获中央财政转移支付比重达东部地区的1.5~4倍，使得三地区的财政支出差距明显缩小，2007年中部地区和西部地区地方人均财政支出上升到东部地区的60%多，提高了1倍，2018年已分别接近东部地区，甚至西部地区已超出东部地区50%。

表6.5 2007年和2018年中央财政转移支付对地区间财力的
平衡（东部地区=100）

地区	人均地方一般预算收入		分享中央转移支付比重（%）		人均地方一般预算支出	
	2007年	2018年	2007年	2018年	2007年	2018年
东部地区	100	100	13	25	100	100
中部地区	32	46	38	35	59	91
西部地区	34	50	49	40	69	159

注：人均地方一般预算收入和支出以东部地区为参照值；人均地方一般预算支出是指分享中央财政转移支付后人均地方一般预算支出。

资料来源：2007年数据根据中国财经报（2008年2月21日）汇总计算；2018年数据根据《中国统计年鉴（2019）》和财政部网站进行汇总计算。

而帮助落后地区进行水、电、路等基础设施建设是各级政府财政转移支付的一项重要内容，因此，农村公路虽然是地方性基础设施，融资主体是地方政府，但其对国家解决"三农"问题、统筹城乡关系、实现社会可持续发展具有宏观意义，中央政府同样负有不可推卸的责任，通过财政转移支付方式为地方政府提供融资支持。而从这十几年的国家政策导向看，国家明显向中、西部地区倾斜，以车辆购置税为例，2004年中央投入中、西部地区所占的比重明显高于东部地区，特别是对西部地区的投入，是东部地区的4倍以上（见图6.1），"十三五"中央投入完全投向中西部地区，特别是西部地区，2018年西部地区车辆购置税资金为东部地区的10余倍（见图6.1），对贫困地区的农村公路建设发挥着重要的推动作用。

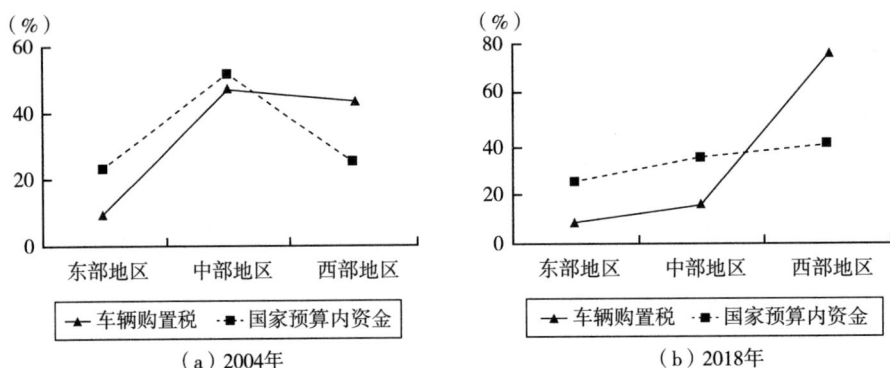

图6.1　中央投入在不同地区的分配比重

资料来源：根据中国交通部网站（www. moc. gov. cn）公开数据汇总计算。

2. 省级、地市级、县市级政府

1994年，我国统一实行分税制财政体制，分为中央财政和地方财政，省级、地市级、县市级三级财政统称地方财政。按税种分为上划中央固定收入和地方财政收入。

（1）上划中央固定收入包括两税：增值税的75%和消费税的100%等。

（2）中、省、市分成收入：国有资产经营收益、行政事业性收费、罚没收入、其他收入等非税收入和排污费收入（不含上解中省部分）、城市水资源费收入、教育费附加收入（不含列入中、省、市固定收入部分）、矿产资源补偿费收入等专项收入按比例中、省、市分享。

（3）地方财政收入构成主要有：

1）省级固定收入。全省电力企业增值税（25%部分）和随增值税附征的城建税和教育费附加，全省金融保险业（含非银行金融机构）、高等级公路通行费营业税以及随同征收的城建税和教育费附加。

2）地市级固定收入。跨省市经营的企业所得税，地市烟草公司集中缴纳的增值税、企业所得税以及随同征收的城建税和教育费附加。

3）县市级固定收入。农业税、农业特产税、耕地占用税、契税。

4）省、市、县分成收入。增值税（25%部分）、营业税、城镇土地使用税、房产税、资源税、城市维护建设税、车船使用和牌照税、印花税、筵席税、土地增值税、企业所得税、个人所得税等税收收入按比例省、市、县分享，其中企业所得税和个人所得税中央分享60%，省级分享20%，余下20%部分按比例市与县分享。

而省、市、县地方财政总收入中除财政税收收入外，还包括上级补助收入、基金收入、专项收入等。

从地方财政收入构成看，省市级财政处于中间层次，其收入相对比较宽裕，因此，省市级政府应该首先做好融资主体角色，必须不遗余力地承担起大部分县际公路的建设，以融资主体角色做好本职农村公路的供给工作；其次做好政策制定者角色，提供政策环境支持，为全省的农村公路建设制定各项投融资政策，进一步强化省、地市政府在农村公路网化中的责任以及中央和省级政府对贫困地区农村公路的支持责任；最后做好服务者角色，鼓励社会各界力量投入到农村公路的建设中，为城市资金进入农村牵线搭桥，为农村公路的城市化融资活动打造良好的融资平台。

从地方财政收入构成还可以看出，县市级财政处于财税分配链的末端，其财政收入所占比例非常少，大部分收入需要上解，而且固定收入主要与农业有关，自2004年起中央决定全面取消农业特产税以及5年内全面取消农业税后，县市级财政更加缺乏固定收入来源，于是许多县市级财政收入与上级补助收入各占一半，个别贫困县市地方财政收入还达不到一半，财政补助收入成为县市财政的支撑点，县级以享受省级补助为主，区级以享受市级补助为主。在此形势下，县级政府一方面必须开源节流，积极发展地方经济，开创新的收入渠道，并担负起本辖区内农村公路的建设，多方面筹措农村公路建设资金，认真做好融资活动；另一方面需要积极争取上级各项政策支持，包括市级、省级、中央的政策倾斜和资金补助，努力完成农村公路的建设规划和目标。

3. 乡镇级政府

乡镇级政府是我国行政区划体制的最底层政府，农业税逐渐取消后，乡镇财政收入来源主要依赖工商税和其他收入。其中，工商税收又可以分为两部分，一部分是与当地非农经济发展密切相关的地方税收，包括企业增值税、营业税和所得税，这类税收直接反映一个地区私营企业以及个体工商户的繁荣程度以及对财政收入的贡献；另一部分是杂税，包括个人所得税、资源税、城市维护建设税、房产税、印花税、车船使用税和筵席税。乡镇财政收入的另一主要来源是"其他收入"，包括罚没收入、从非预算收入中调入的收入。所以农业税取消后各地区乡镇财政收入差距非常大，在东部沿海地区，一个乡镇的财政年收入可达几亿元，而中西部地区许多乡镇则只有几十万元的收入水平。使得一些经济不发达的乡镇财政异常困难，其日常支出都只能靠中央的财政转移支付来维持，连工资发放都困难，更无钱办社会公共事业。

此外，分税制改革使乡镇在向上级政府集中资金的同时，基本事权却有所下移，乡镇政府一直在提供义务教育、本区域内基础设施、计划生育、优抚、社会治安、环境保护等多种公共事业的服务，还要在一定程度上支持地方经济发展。

因此，对于乡镇企业众多、乡镇经济繁荣的乡镇，由于财政收入充裕，承担起本辖区内农村公路的供给自不在话下，而且发达的公路网会进一步促进当地经济发展，这些乡镇当然愿意同时具备财力成为本地农村公路的融资主体；而对经济落后、财政收入贫乏的乡镇来说，虽然能意识到农村公路对发展经济、提高当地福利水平有显著作用，但"入不敷出"的窘境没有能力为本地居民提供适量的农村公路，无法成为自主的融资主体，所以这些乡镇就必须努力做好"申诉者"角色，积极争取上级政府的补助和支持，才能成为合格的农村公路融资主体。

4. 村民委员会

村民委员会简称村委会，根据《中华人民共和国村民委员会组织法》，村委会是村民自我管理、自我教育、自我服务的基层群众性自治组织，所以村委会与前面的政府性质不一样，不是国家政权机关的任何一种，乡镇政府和村委会之间不是上下级关系，乡镇政府对村委会不行使领导权。村民自治的特点是：服务项目根据村民需要确定，重大项目由村民会议讨论决定；所需费用和资金由村民自己筹集；村民一起动手，共同兴办，村民委员会负责组织协调。

由此可以看出，村委会不是真正意义上的政府机关，本身并没有财权，但村集体有经济收入，包括产品物资销售收入、出租收入、劳务收入等经营收入，农户和其他单位因承包集体耕地、林地、果园、鱼塘等上交的承包金及村（组）办企业上交的利润等发包及上交收入，以及有关财政部门的补助资金。村委会可以代行村集体经济组织职能，对如修桥补路，兴办托儿所、敬老院，发展教育，开展公共卫生，举办群众性的文化娱乐活动等本村的公共事务和公益事业，村委会有责任通过村民自治方式兴办。因此，对于村内道路和村间道路，如果村集体经济收入颇丰，村委会就可以采取"一事一议"制度为村内道路和村间道路的修建向村民筹资筹劳或由村集体经济收入中支出，承担起名义融资主体角色。

（三）农村公路建设的资金来源

现阶段主要由两部分组成：一是中央投入资金；二是地方投入资金（见图6.2）。

1. 中央投入资金

中央投入资金一般是贯彻国家产业政策、经济政策、弥补市场机制对社会资金分配不均以及为实现国家总体经济发展战略意图而投入到特定行业或领域的资金。中央投入资金包括中央财政资金和公路建设专项资金（周正祥和王跃明，2004）。表6.6是2000~2005年我国农村公路中央投入资金情况。

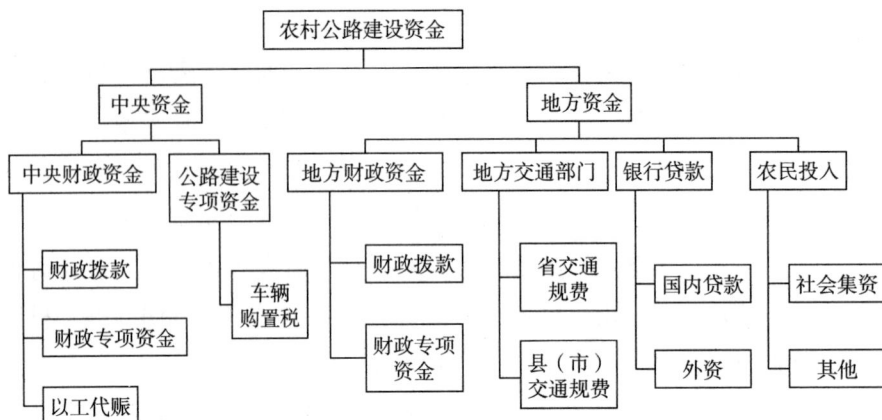

图 6.2　农村公路建设资金来源

注：2009 年燃油税改革取消养路费等六项交通规费，地方交通部门对农村公路的建设投资也相应地改为燃油税补助。

表 6.6　我国农村公路中央投入资金

年份	2001	2002	2003	2004	2005	2006－2010	2011－2015	2016－2020
国家预算资金（亿元）	8.59	28.1	67.2	84.6	66.5	355	95	—
车辆购置税（亿元）	6.57	23.7	60.8	104	116	1623	3170	4335
合计	15.2	51.8	128	188.6	182.5	1978	3265	4335
占总投入比重（％）	4.23	10.46	17.7	17.86	16.42	20.82	25.11	20.25

注：其中总投入为全社会农村公路总投资。

资料来源：2001～2005 年数据来自中国交通部网站（www.moc.gov.cn），"十一五"、"十二五"、"十三五"的各项汇总数据来自财政部、交通部和各大新闻网站。

（1）中央财政资金。由财政拨款、中央专项资金、以工代赈三部分构成。

财政拨款又称预算拨款，属国家财政资金，列入国家财政预算，包括财政直接支付和财政授权支付。

中央财政专项资金是由中央财政发行的债券筹集的资金，即国债资金，是政府为了有效地发展我国的国民经济、增强我国的综合国力、提高人民的生活水平而采取的一种财政政策。从 1998 年起，中央实行积极的财政政策，由中央财政发行债券（国债）募集资金，专项用于基础设施和国家重点项目建设，其中公路基础设施也是重点建设对象。按照经验，每1亿元的公路基础设施建设国债资金引来的银行、地方配套等渠道资金达5.33亿元。2003~2007年共计5年时间中央共投入农村公路建设国债资金303亿元。自2009年放开地方政府一般债券发行，国债资金就退出农村公路的建设养护。

以工代赈是国家对农村贫困地区的特殊扶持政策，由当地农民群众以投工投劳方式换取扶贫资金，即用劳动来获取救济金。投工投劳的项目主要是改善基础设施条件，促进贫困地区经济发展的项目。

（2）公路建设专项资金。指车辆购置税，起征于1985年5月1日，是交通部经国务院批准，在全国范围内普遍强制征收专项用于公路建设的政府性基金，由各地交通主管部门征收，作为预算外资金上缴交通部统一管理，主要对各地纳入国家公路建设计划的主干线实施投资。1996年国务院明确将车辆购置附加费纳入财政预算管理，属中央财政收入，同时还规定车辆购置附加费仍属公路建设投资的专款。2001年改为车辆购置税，由国家税务总局征收，税率为10%，车辆购置税资金是中央补助农村公路建设最主要的资金来源，中央财政在车辆购置税收入大幅增长的同时，调减了重点公路建设项目的投资增幅，将大量资金用于支持农村公路建设（周正祥，2008）。

2001年，中央投入农村公路建设的车辆购置税资金为14亿元，占当年公路建设车辆购置税资金总量的5%。在"十一五"第一年，中央财政重点调整车辆购置税投资结构，车辆购置税投资农村公路比重由2005年的29.5%提高到2006年的39.5%，达241.8亿元，2007年这一比重升至43%，达到365.4亿元，2003~2007年，中央共投入农村公路建设车辆购置税资金1022.4亿元，2008年车辆购置税投入到农村公路建设达到394亿元，约占车辆购置税用于公路建设总投资的47.3%。随后的三个五年计划期，中央进一步加大了安排车辆购置税用于农村公路建设的投资力度。"十一五"时期，中央对农村公路建设投资达1978亿元，年均递增30%，其中车辆购置税资金1623亿元，占车辆购置税交通专项资金的34.3%。

"十二五"时期，中央共投入 3264.5 亿元用于农村公路建设，其中车辆购置税资金 3170 亿元，全国新改建农村公路 102 万公里。"十三五"时期，累计安排车辆购置税资金 4335.02 亿元，对乡镇、建制村、撤并建制村通硬化路，硬化路补助标准提高到平均工程造价的 70% 以上。

2. 地方投入资金

地方投入资金包括地方财政资金、地方交通部门资金、银行贷款和农民投入。表 6.7 是 2001～2020 年我国农村公路地方投入资金情况。

表 6.7　我国农村公路地方投入资金

年份	2001	2002	2003	2004	2005	2006～2010	2011～2015	2016～2020
地方自筹（亿元）	247	379	486	729	762	—	—	—
占总投入比重（%）	67	76.5	67.2	69	68.6	79.18	74.89	79.75

注：2006 年起无农村公路建设资金来源的详细统计数据，表中地方自筹缺少具体统计数据，占总投入比重数据根据表 6.6 数据大致估计。

资料来源：中国交通部网站（www.moc.gov.cn）。

（1）地方财政资金。包括省、地（市）、县、乡各级政府的财政资金。用于农村公路建设的地方财政资金中，县（市）、乡财政资金占主要份额。

地方财政专项资金是以地方税收能力作为还本付息担保的由地方政府安排并使用的资金，也称地方政府一般债券，一般用于交通等地方公共设施建设。从 2009 年开始，地方政府一般债券就成为农村公路建设资金的重要来源。例如，河南省 2020 年农村公路建设总投资 121.5 亿元，其中省级一般债券资金投入 10 亿元，湖北省 2017～2020 年共安排省级债券 40 亿元用于农村公路生命防护工程。

（2）地方交通部门资金。地方交通部门分省（自治区、直辖市）交通部门与地市、县（市）交通部门两块。

省交通部门投入的资金主要是汽车养路费、客货运附加费等由省级交通部门征收和管理的交通规费。省交通部门的资金投入主要是用于农村公路的建设补助。

市、县交通部门投入的资金主要是对地方拖拉机、摩托车和农用运输汽车征收的养路费收入，也称为拖拉机养路费或小机养路费。是农村公路建设的主要资金来源和较为稳定的资金渠道（交通部科学研究院，2006）。2009 年燃油税改革后，地方交通部门的交通规费投入改为安排燃油税补助资金。2005 年，我国共征收公路养路费 902.96 亿元。其中汽车养路费收入 811.64 亿元，占 90.95%；拖拉机养路费、滞纳金、专户存款利息以及其他收入 80.82 亿元，占 9.06%。如 2020 年，河南省农村公路建设总投资 121.5 亿元，其中省级燃油税补助资金 10.8 亿元。

（3）银行贷款。包括国内银行贷款及利用外资两部分。

国内银行贷款是向国内银行借用的贷款资金，主要用于交通量较大、能够实现"贷款修路，收费还贷"的农村公路建设。也有的国内银行贷款是由地方交通部门统借统还，投入农村公路建设的贷款，用交通规费（包括过路过桥费）收入来统一偿还。

外资主要是借国际金融组织的贷款，如世界银行、亚洲开发银行。使用这些贷款资金主要有两种借贷形式：一是援助性贷款，用于我国贫困地区的扶贫开发；二是"一揽子贷款"，把用于农村公路的贷款项目与其他高等级公路收费还贷项目捆绑在一起借贷，由借款人统借统还。

（4）农民投入资金。主要形式是民工建勤、以资代工以及村民自愿集资和捐款等。民工建勤是指公路沿线有劳动力的农村居民以及车辆（拖拉机或汽车）有义务为公路建设和养护提供劳务，它的主要形式是由县或乡政府组织民工投工投劳进行农村公路建设，不能提供劳动力的，也可以用现金来支付，即以资代工。民工建勤在我国农村公路发展历程中发挥了巨大的作用，但随着我国农村税费改革的开展，在我国实行了多年的"民工建勤"制度已被列入取消行列，取而代之的是"一事一议"制。

"一事一议"就是对于村内公益事业的建设资金筹措，由全体村民或村民代表大会讨论决定，并实行上限控制，以减轻因乱集资乱摊派造成的农民负担。

除上述渠道外，农村公路建设资金来源还有集资捐款，受益企业出资、土地青苗林木折算资金、国内外个人和单位的赞助和社会捐款等其他投入。然而用于农村公路建设的这些其他资金来源虽然名目繁多但占资金总量的比例很小。

（四）农村公路建设的资金结构

农村公路建设的融资渠道上自中央下至地方农民，既包括各级政府财政拨款和各级交通部门的交通规费，也包括国内外银行机构的贷款、农民投工投劳和社会各界的集资捐助等。虽然资金渠道形式多样，但大多数资金来源的数量很少，当然不管是多还是少，都对我国农村公路的建设做出了贡献，无论哪种融资渠道断流，都是农村公路建设的损失，造成一部分农村公路因缺少资金而无法修建，最终会损害部分农民的利益。

由于我国长期只对公路进行大口径统计，而忽视对农村公路相关数据资料的搜集统计，使得我国农村公路的许多历史数据十分缺乏。仅 2003～2005 年，交通部将农村公路建设投资情况列入统计资料，自 2006 年起未见农村公路建设资金来源结构的详细统计数据。因此，表 6.8 和表 6.9 是根据《全国交通统计资料汇编》提供的数据，对我国 2000～2005 年农村公路建设资金投入情况进行的汇总。

根据表 6.6 至表 6.9 中的数据可以看到：

2000～2020 年，来自中央投入的资金无论绝对量还是相对量虽然不高，但仍然保持明显的增长；尤其进入"十一五"以来，连续 15 年，中央投入农村公路建设的资金占总投资规模的比重基本维持在 20% 左右，对于撬动全社会各类资金起到了重要的引导作用。

国家财政一般预算对农村公路的投入总体较少，自"十二五"起，中央一般财政预算投入渐渐淡出农村公路的建设，整个"十二五"仅投入95 亿元，至"十三五"基本没有投入，同时中央财政专项资金在"十二五"和"十三五"也几乎为零；中央对农村公路的投入主要来源为车辆购置税，2001～2020 年，车辆购置税补助农村公路建设资金逐年增长，"十三五"累计投入 4335 亿元车辆购置税补助农村公路开发。总体来说，2000～2020 年中央投入的资金占农村公路建设资金的比例由 4.3% 攀升到20% 以上，"十二五"甚至年均达到 25%。

表 6.8　2000～2002 年农村公路建设资金结构

	合计 （亿元）	国家财 政拨款 （亿元）	中央财 政专项 资金 （亿元）	车辆 购置税 （亿元）	地方财 政专项 资金 （亿元）	国内 贷款 （亿元）	利用 外资 （亿元）	以工 代赈 （亿元）	地方 自筹 （亿元）	汽车养 路费 （亿元）	民工 建勤 （亿元）
2000	307.4	—	0.03	6.77	—	17.4	1.12	10.6	195.1	45.76	30.54
构成占比 （%）	100			2.2		5.7	0.4	3.5	63.5	14.9	9.9
2001	358.2	—	—	6.57	—	28.4	1.45	8.59	247.1	34.64	31.47
构成占比 （%）	100			1.8		7.9	0.4	2.4	69.0	9.7	8.8
2002	495	2.7	17.2	23.67	0.63	38.9	0.36	8.21	377.9	—	25.38
构成占比 （%）	100	0.5	3.5	4.8	0.1	7.9	0.07	1.7	76.3		5.1

注：地方自筹资金含地方财政、县（市）交通部门、社会集资等投资。

资料来源：赖怀福，付光琼. 中国农村公路建设资金结构现状［J］. 交通世界，2004（8）.

表 6.9　2003～2005 年农村公路建设资金结构

	完成 投资 （亿元）	本年资 金来源 总计 （亿元）	上年结 余资金 （亿元）	本年资 金到位 合计 （亿元）	国家预 算内 资金 （亿元）	车辆 购置税 （亿元）	国内 贷款 （亿元）	利用 外资 （亿元）	地方 自筹 （亿元）	企事业 单位 资金 （亿元）	其他 资金 （亿元）
2003	817.4	728.4	5.7	722.7	67.2	60.8	77.5	1.6	485.8	4.0	25.8
构成占比 （%）				100	9.3	8.4	10.7	0.2	67.2	0.6	3.6
2004	1242.2	1068.2	12.2	1056.0	84.6	103.6	99.5	—	729.0	14.7	24.7
构成占比 （%）				100	8.0	9.8	9.4		69.0	1.4	2.4
2005	1399.0	1134.8	23.9	1110.9	66.5	115.6	105.6		762.3	20.1	40.8
构成占比 （%）				100	6.0	10.4	9.5		68.6	1.8	3.7

注：企事业单位自筹资金是指按照财政制度规定，归企业支配的各种自有资金，包括企业折旧资金、企业公积金以及其他自有资金；事业单位主要是事业发展基金等。

资料来源：中国交通部网站（www.moc.gov.cn），从 2006 年起未见农村公路建设资金来源的详细统计数据。

但在 2002 年发生了较大变化，不但中央财政对农村公路建设进行了预算拨款 2.7 亿元和专项资金投入 17.2 亿元，而且车辆购置税方面的投入增长更迅速，达 23.67 亿元，是 2000 年和 2001 年总和的近 2 倍，在 2002 年一年时间中央对农村公路的总投入为 51.78 亿元，为该年农村公路总投入的 10.5%。2003～2005 年车辆购置税投入继续呈增长势头，到 2005 年达 115.6 亿元，占该年农村公路总投入的 10.4%，"十二五"、"十三五"分别达 3265 亿元和 4335 亿元，占总投资规模比例分别为 24.%和 20%，已成为中央资金的主要投入。车辆购置税和中央财政资金（包括以工代赈资金）都是国家的政策性投资，对引导和推动农村公路建设发挥了重要的作用。

另外也应看到，中央投入中的以工代赈资金呈逐年下降的趋势，从 2000 年占 3.5%的 10.6 亿元减少为 2002 年的 8.21 亿元，只占当年农村公路总投资的 1.7%。2020 年国家九部门发布了《关于在农业农村基础设施建设领域积极推广以工代赈方式的意见》，要求积极推广以工代赈方式实施项目，包括农村交通基础设施，自 1984 年实施以工代赈方式，国家已累计安排以工代赈资金（含实物折资）超过 1600 亿元，改善农村生产生活条件。

整体来看，农村公路建设的融资以地方投入为主，占农村公路总投资的 80%左右。

2000 年和 2001 年两年中地方投入分别占农村公路建设总融资额的 88.3%和 87.5%，2003～2005 年基本维持在 73%左右，随后的"十一五"、"十二五"、"十三五"这 15 年大致保持在 75%～79%。因此，农村公路建设的融资以地方投入为主，进一步说明农村公路是公益性基础设施，地方公共物品特性十分突出，应以地方投入为主。

在地方投入中，地方自筹资金为主要来源，并且呈逐年递增趋势，基本占农村公路建设投资总量的 60%～70%。地方自筹资金是指各级政府及公路主管部门筹集的用于固定资产投资的预算外资金，包括地方预算外专项资金和地方财政机动财力。省（自治区、直辖市）交通部门投入的资金，主要是指以养路费、客货运附加费、通行费为代表的交通规费资金（2009 年后改为燃油税），占农村公路建设资金总量的 10%～15%。

而汽车养路费和民工建勤资金对农村公路的投资总额不管是绝对量还是相对比例都呈逐年下降的趋势，从 2000 年 14.9% 的 45.76 亿元和 9.9% 的 30.54 亿元下滑到 2002 年的 0% 的 0 亿元和 5.1% 的 25.38 亿元。受农村税费改革的影响，2003 年取消了民工建勤。2005 年，我国养路费支出 860.89 亿元，其中，用于农村公路建设补助的公路养路费 31.99 亿元，占养路费支出的 3.72%。2009 年燃油税代替养路费等交通规费后，燃油税作为农村公路建设地方发展专项资金，成为地方投入的重要来源。

此外，地方投入中的国内贷款资金的投入呈逐年上升趋势，国内银行贷款和地方一般债券也正逐渐成为农村公路建设资金的另一重要来源，2000 年国内贷款为 17.4 亿元，占同期农村公路总投资的 5.7%，至 2005 年已达 105.6 亿元，是 2002 年的 3 倍，占 2005 年农村公路建设总投入的 9.5%，2015 年农村公路银行贷款已达到 3527 亿元，为 2005 年的 35 倍。地方政府一般债券自 2009 年起也成为农村公路建设地方投入的重要来源，部分地区甚至可达到农村公路总投资的近 10%。另外还有少量的国外资金，如世界银行、亚洲开发银行等，但投入数量不稳定。

综合起来，农村公路建设总的投融资额逐年递增，但其来源渠道和各来源渠道筹集资金所占比重，除车辆购置税投入资金所占比重有明显增长外，基本没有变化。这说明在国家现行政策体制下，农村公路建设资金来源构成没有大的突破（交通部科学研究院，2006），仍是"中央资金引导，地方投入为主"的农村公路地方性公共品的投融资格局。

三、市场化融资方式：财政主导型融资机制的有益补充

由前文的分析可知，当前农村公路建设的融资机制是以各级政府为融

资主体、财政投入为主要资金来源的财政主导型融资机制。农村公路是地方性公共品，建设资金以地方投入为主，而庞大的农村公路建设资金和许多地方政府财政捉襟见肘反差鲜明，地方政府尤以县乡政府背负沉重。根据前文对农村公路建设资金构成的分析可以发现，社会融资渠道非常窄，如何多渠道地筹措社会资金用于农村公路建设是各级政府面临的难题。

经济学家 Goldin（1979）认为，没有什么产品或服务是由其内在性质决定它是或不是公共物品，存在的只是供给产品或服务的不同方式公共物品在供给方式上存在均等进入（所有人都可以免费使用）和选择性进入（消费者只有满足一定约束条件才能消费），通过技术上或管理上选择使用者，可以把不付费者排除在外，是否能够实现选择性进入关键在于技术水平能否达到，以及公众是否具有这种意识。因此，产品或服务采取何种供给方式应取决于排他性技术和个人偏好的多样化。

那么对地方性纯公共品的农村公路是否也能通过技术手段实现选择性进入，创造出市场化融资方式进而拓宽其资金渠道呢？这里的市场只包括以实物产品和服务为基础的产品市场以及金融市场，而劳动市场不在研究范围。

（一）运用市场化融资的条件

1. 融资对象的可市场化

一个完整的产品是由许多成分组成的，有些成分是核心的，是产品属性的标志；有些成分是附属的，缺少或改变并不会影响产品的性质和主要功能。因此，一个产品是否可以市场化关键是看它有没有某些组成成分是可按市场规律操作的，如果它的有些组成成分，无论是核心成分还是附属成分，能够给企业和消费者等市场主体提供有效服务，满足市场主体的有效需求，那么就可以称该产品具有一定的可市场化，若该产品换成是一个融资对象，则称该融资对象是可市场化的。可市场化融资的对象，在自身融来资金的同时必须能够给市场主体的投资者带来经济效益，进而为自身创造营利。当然一个融资对象要进行市场化融资必须以市场为导向，市场说了算，按市场规律办事，由市场供求决定融资价格。

相对农村公路而言，一段完整的农村公路包括路面、路名及路边设施等，其中农村公路的路面是核心成分，路面技术和质量决定路况以及公路的行政等级，而农村公路的命名和路边林木草地等则是附属成分，公路名字和林木草地的变化并不会影响公路的等级和通行功能。如果农村公路的路面或者路名等有一定市场需求，那就说明农村公路可通过市场化方式进行融资。

2. 融资环境的可市场化

除融资对象本身需有可市场化的条件外，融资环境也要可市场化，才能给融资对象留下市场化融资的空间。融资环境包括政治环境、经济环境、金融市场环境、法律环境、信用担保体系等因素。如果融资环境限制了某些融资行为，这些可能的融资活动恰恰是融资对象可市场化融资的手段，那么即使有市场化因素的融资对象也无法采取这些市场化融资方式。例如，某段开建的农村公路周边经济发达、位置优越、路况良好、等级较高，许多知名商家想对它冠名，但若有关法规明确不能采用企业命名农村公路，只能使用历史名人，那么农村公路就失去了一种拍卖冠名权的市场化融资方式。

反过来，如果宏观经济政策、法律、金融市场等融资环境放松对融资对象的某些融资活动的限制，甚至允许通过制度设计增加融资对象的融资渠道，那么就能强化融资对象的市场融资能力。例如，某个地区的农村公路如果政策允许和其他收费公路捆绑建设，那么该地区农村公路建设就多了一种资金来源。

因此，在确定对融资对象采取某种融资手段之前必须对融资环境进行周密的分析和预测，才能经济有效地筹措到所需资金。

（二）农村公路建设市场化融资的可行途径

1. 利用各种金融工具，从金融市场上开拓农村公路建设融资新渠道

（1）发行农村公路建设特种国债。农村公路网建设是启动农村市场并

助推新一轮经济增长的纽带，意义重大。虽然我国积极财政政策已经淡化，国债规模不可能大幅扩大，但可把国债发行的重点转移到农村基础设施建设用途的国债发行上。建议利用可预期的若干年后的车辆购置税作为还款保障（胡方俊等，2007），发行农村公路建设特种国债。这样做，①可弥补农村公路建设的资金投入不足，"十一五"时期约75%的公路建设资金靠银行贷款和民间资金筹集。②可缓解我国资金流动性过剩问题，2020年第一季度我国可释放长期稳定流动性约2万亿元。③可降低农村公路建设的融资成本，2019年五年银行贷款利率为4.9%，同期限国债的利率仅有4.27%左右，显然国债融资比信贷融资可以减少利息支付，实际上就是从另一方面为农村公路建设增加资金投入。

（2）发行交通企业债券。受国家从紧货币政策的影响，从2008年开始银行贷款规模将萎缩，交通建设项目的融资难度将加大。而发行交通企业债券不失为一种受欢迎的直接融资方式，可以拓宽企业直接融资渠道，调整企业直接融资与间接融资比例，并降低财务费用，具有融资成本低、资金使用灵活、操作简单、融资压力小等特点，是发达国家基础设施融资的主要手段。因此，各级政府可以依托现有的地方公路建设企业，以交通主管部门与建设公司签订的农村公路建设合同为基础，以养路费或车辆购置税作为还款保证（胡方俊等，2007），由银行担保，申请发行交通企业债券，但所融资金必须确保投入到农村公路建设中。

（3）发行农村公路建设福利彩票。主要是针对社会公众对"三农"问题热切关注的心理需求，运用市场机制为社会公众建立一个便利的愿为农村做贡献的渠道，来调动社会公众为农村福利事业和农村公路建设捐赠资金的积极性。但彩票融资实际上纯粹是一种捐赠行为，在扣除了必要的奖金以后剩余部分可以完全无偿地用于农村公路建设和农村福利发展。2019年我国人民币储蓄存款余额达192.88万亿元，发行福利彩票的市场潜力巨大。但发行彩票筹资需要有明确的法律法规或政策的支撑，还需要加强资金使用的透明度，公开资金流向及效果，让彩民觉得彩票买有所值。

2. 在农村公路产品自身做文章，从产品市场上挖掘农村公路建设资金来源

《农村公路建设规划》指出要积极探索加大农村公路建设资金投入的有效渠道：推行"以路养路"政策，利用冠名权、绿化权、路边资源开发权等市场化运作方式，鼓励、吸引企业等社会力量投资农村公路。冠名和路边绿化是农村公路产品的附属成分，路边广告和路边资源是因农村公路的存在而形成的连带产品，这些内容都是当前可直接市场化筹措农村公路建设资金的新方式。

（1）农村公路广告经营权。广告经营权是指利用公路与桥梁设施或其空间，利用社会公众出现机会多、车流量大的特点，为企业单位设置广告，来宣传其产品。农村公路是农村联系社会的桥梁，农村公路建成通行后，候车站台、路标指示牌等，都可以成为企业商家向广大农民进行宣传的广告载体。随着农村消费市场的逐步开发，农民购买力的上升，农村将成为商家投资的热土，农村公路广告权必然会受到众多商家的青睐，广告经营权的拍卖转让等市场化方式无疑更具操作空间。因此，若成功开发农村公路沿线广告经营权的商业化模式，必将成为农村公路建设的一个市场化融资渠道。

（2）农村公路绿化权。公路绿化是指为降低道路通车噪声干扰和防止车辆排放造成的环境污染，在路侧绿化带选择多种植物，进行合理、科学的配置，使公路主体和周围的环境充分协调。农村公路的绿化带是公路水沟外缘向外拓展县道不少于 10 米、乡道不少于 5 米的土地。由于可以在路侧绿化控制区内种植经济性生态林木草地，林木成材并通过间伐和轮伐到市场销售，产生经济效益，并能形成行道林木种植、轮伐、再种植的良性循环，既能实现投资者的营利目的，又能维护群众的根本利益，兼具生态效益与经济效益。因此，农村公路沿线两侧控制区土地的绿化权具有一定的经济价值，完全可按市场化运作机制对农村公路绿化权进行开发利用，增加农村公路建设资金来源，已有一些地区公开拍卖了农村公路绿化权，如山东莒县、四川武胜县等。

（3）农村公路冠名权。所谓公路冠名权是指公路某一段有偿冠予企业的名称或产品商标的名称，借以宣传其产品提高其知名度。说明公路冠名权背后隐含着一定的经济价值，但公路冠名权价值的高低受交通量的大小与道路在路网中的重要程度的制约，一般来讲凡交通量较大，国道或连接大城市的高速公路知名度较高，所以其冠名权价值的含金量也就较大。而农村公路的冠名权价值虽不能和高速公路相提并论，却也能给投资者带来较大的社会效益和潜在的经济效益，因此，农村公路冠名权如同前面的广告权和绿化权一样具有市场操作的空间，若能充分运用商业化手段进行有效开发，能为农村公路建设带来一笔补充资金。

（4）路边资源开发权。如果某段农村公路沿线的资源较丰富或者经济较发达、土地开发价值高的话，那么该段农村公路的路边资源开发权就可以按市场规律为当地农村公路建设开辟出新的融资渠道，即先由开发商垫资修路，再在公路两侧土地增值部分中归还开发商修路费用，并给予一定的利润空间，使路边资源开发和公路建设捆绑进行。例如，生产特色农产品的地区可以此吸引外来资金投入农村公路的建设并发展当地经济；旅游资源丰富的地区可以以开发当地旅游资源的一定权力作为筹码，鼓励并吸引外来资金修建当地的农村公路；矿产资源丰富的地区也可以一定的矿产资源开发权来换取当地的农村公路建设。

四、农村公路冠名权双方叫价拍卖博弈分析

2006年交通部的《农村公路建设管理办法》提出了"鼓励利用冠名权等方式筹集社会资金投资农村公路建设"，促使拍卖道路冠名权的筹资模式在全国农村得到推广，是缓解农村公路建设资金不足的有益尝试。《中华人民共和国公路法》规定农村公路的命名权归属当地政府交通主管

部门，即初始冠名权的配置，随着一些政策性安排鼓励并允许社会投资者参与农村公路冠名权的转让，冠名权隐含的价值特征成为交易成功的必备条件，在此基础上如何确定农村公路冠名权交易价格是交易双方共同关注的问题，也是本节研究的主要问题。

（一）农村公路冠名权双方叫价拍卖成交条件

当政府试图出让农村某段公路冠名权缓解农村公路建设资金不足时，对出让者一方的政府来讲，最经济、最高效的出让方式是通过拍卖来选择受让者。在双方叫价拍卖中，潜在的出让者和受让者同时开价，出让者提出要价，受让者提出出价，拍卖商然后选择成交价格 p 清算市场：所有要价低于 p 的卖者卖出，所有出价高于 p 的买者买入；在成交价格 p 下的总供给等于总需求（张维迎，2006）。

假设有政府 g 和农村投资者 i，政府 g 愿意出让新建的某段农村公路的冠名权；农村投资者 i 希望购买该段公路的冠名权。在不完全信息情况下，只有卖方知道提供该冠名权的真实成本 c；只有买者知道该冠名权对自己的价值 v。假定 c 和 v 在 $[0, 1]$ 上均匀分布，$c \in [0, 1]$，$v \in [0, 1]$，分布函数 $P(\cdot)$ 是共同知识。政府 g 和农村投资者 i 同时选择要价和出价分别为 $p_g \in [0, 1]$ 和 $p_i \in [0, 1]$，在这个贝叶斯博弈中，卖者的战略（要价）p_g 是 c 的函数，即 $p_g(c)$；买者的战略（出价）p_i 是 v 的函数，即 $p_i(v)$。当 $p_g \leqslant p_i$ 时，双方在 $p = (p_g + p_i)/2$ 上成交；当 $p_g > p_i$ 时，没有交易发生。当 $p_g \leqslant p_i$ 时，政府 g 的效用 $u_g = (p_g + p_i)/2 - c$，农村投资者 i 的效用 $u_i = v - (p_g + p_i)/2$。

Myerson 和 Satterthwaite 证明，在均匀分布的情况下，线性战略均衡比其他任何贝叶斯均衡产生的净剩余都高。因而考虑下列线性战略均衡：

$$p_g(c) = \alpha_g + \beta_g c \,;\ p_i(v) = \alpha_i + \beta_i v \tag{6.1}$$

因为 v 在 $[0, 1]$ 上均匀分布，故 p_i 在 $[\alpha_i, \alpha_i + \beta_i]$ 上均匀分布。从而有：

$$\text{Prob}\{p_i(v) \geqslant p_g\} = \text{Prob}\{\alpha_i + \beta_i v \geqslant p_g\}$$

$$= \text{Prob}\left\{v \geqslant \frac{p_g - \alpha_i}{\beta_i}\right\} = \frac{\alpha_i + \beta_i - p_g}{\beta_i} \tag{6.2}$$

$$E\left[p_i(v) \mid p_i(v) \geqslant p_g\right] = \frac{\dfrac{1}{\beta_i}\displaystyle\int_{p_g}^{\alpha_i + \beta_i} x dx}{\text{Prob}\left\{p_i(v) \geqslant p_g\right\}}$$

$$= \frac{1}{2}(p_g + \alpha_i + \beta_i) \tag{6.3}$$

将式（6.2）和式（6.3）代入政府 g 的目标效用函数，有：

$$\max_{p_g}\left(\frac{1}{2}\left[p_g + \frac{1}{2}(p_g + \alpha_i + \beta_i)\right] - c\right)\frac{\alpha_i + \beta_i - p_g}{\beta_i} \tag{6.4}$$

对式（6.4）关于 p_g 求导并令导数为 0，得到最优化的一阶条件：

$$\frac{1}{2}(\alpha_i + \beta_i) - \frac{3}{2}p_g + c = 0, \quad \text{即 } p_g = \frac{1}{3}(\alpha_i + \beta_i) + \frac{2}{3}c \tag{6.5}$$

同理，可得到买者最优的农村投资者 i 的出价：

$$p_i = \frac{1}{3}\alpha_g + \frac{2}{3}v \tag{6.6}$$

联合式（6.5）、式（6.6）及式（6.1）得到均衡线性战略为：

$$p_g(c) = \frac{1}{4} + \frac{2}{3}c, \quad p_i(v) = \frac{1}{12} + \frac{2}{3}v \tag{6.7}$$

在均衡情况下，当且仅当 $v \geqslant c + 1/4$ 时，冠名权双方才会交易，交易区域如图 6.3 所示。

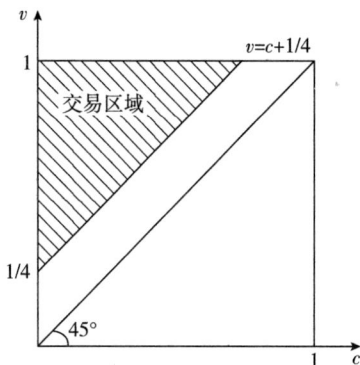

图 6.3 农村公路双方叫价拍卖的交易区域

从上面的分析可以看出，在冠名权双方叫价拍卖中，最终能否成交及成交价格如何，关键在于如何确定该段农村公路冠名权的影子价格。为此，本书运用特征理论分析农村公路冠名权隐含的价值特征，进而求解它的影子价格。

（二）农村公路冠名权影子价格的确定

研究农村公路冠名权的市场化交易，必须要研究一个很重要也很基本的问题——促使农村公路冠名权可交易化的隐含价值特征。农村公路本身不具备商品化特征，是纯公共产品，既没有像高速公路那样的未来稳定现金流作为投资收益保障，也没有变现的价值（Jaarsma & van Dijk，2002），其本身是不受资本追逐的。但农村公路的使用者无论是行人还是车辆都是潜在的消费主体，而农村公路冠名的权属隐含了一定的商品性价值特征，可以通过有效开发农村公路冠名的无形资源以发挥冠名的农村公路对潜在消费主体的影响和渗透，使农村公路冠名权可交易化。

特征理论认为，商品的需求并不是基于商品本身而是因为商品所内含的特征，人们购买这些商品和使用它们作为一种"投入"，把它们转化为效用，效用水平的高低依赖于物品所包含的各种特征的数量（Lancaster，1966）。假设 G 代表某路段的冠名权，t 表示交通量，w 表示道路在路网中的重要程度，l 表示道路里程，b 表示道路单位里程造价，K 表示单位道路特征包（w，t，l，b）的冠名权折算因子，f（·）表示冠名权的特征函数，则根据特征理论可知，农村公路冠名权 G 可表示为：$G = Kf$（w，t，l，b），该式就是农村公路冠名权的特征模型，冠名权 G 是关于 w、t、l 和 b 的连续变量。

价值是价格的基础，农村公路冠名权市场价格也是以农村公路冠名权价值为基础的，农村公路冠名权价值主要包括广告价值（A）和精神价值（S）两方面，如图 6.4 所示。其中广告价值是指拥有某段农村公路冠名权的一方通过对该段公路的恰当冠名而进一步扩大企业（或个人）的影响力和提高知名度并从中获得一定的效用；精神价值是指获得某段农村公路冠名权的一方由于对冠名权的经济投入而在公众面前树立的社会公益形象以及因对当地经济发展和社会福利水平提高等所带来的效用。综合而言，影响农村公路冠名权价值和市场价格的因素主要有该路段的交通量大小、道路在路网中的重要程度和道路里程等技术特征变量以及道路总造价和该地区的经济发展水平（以当地上年经济总产值计）等经济特征变量。因此，某段农村公路冠名权所产生的社会经济总效益 F 为广告价值总效益 U_A 和精神价值总效益 U_S 之和。

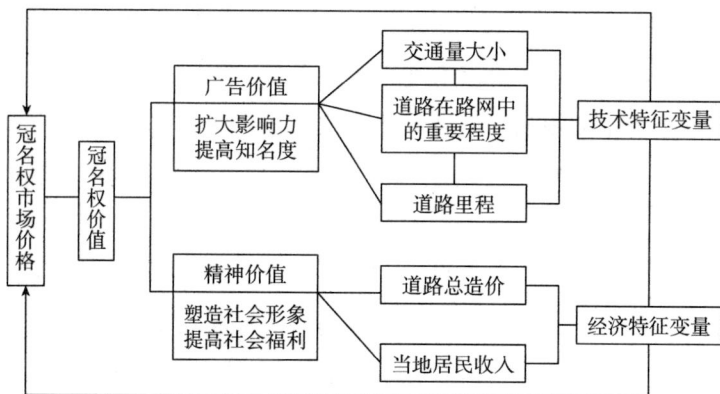

图6.4 农村公路冠名权的价值特征

$$U_{Aj}(G) = k_{1j}G - c_{1j}G \tag{6.8}$$

式中，U_{Aj}（·）表示农村公路冠名的广告价值效益，$j = g$ 或 i；k_{1j} 表示单位冠名权的广告收益因子，指冠名权拥有者预期一个单位冠名权广告效应可能带来的投资收益，它是农村公路冠名权最主要的商品属性，也是吸引投资者投资冠名权的根本动力；c_{1j} 表示单位冠名权广告效用的成本因子，它与冠名的广告制作与宣传有关，是产生冠名广告效应的基本投入。

$$U_{Sj}(G) = c_{2j}G + k_{2j}Y(G) \tag{6.9}$$

式中，U_{Sj}（·）表示农村公路冠名的精神价值效益，$j = g$ 或 i；c_{2j} 表示单位冠名权带来的社会形象效用转化因子，指冠名权拥有者预期单位冠名权给自身影响力与知名度提升所带来自身效用满足的货币化收益，它与拥有者的社会名誉偏好有关；k_{2j}表示单位社会福利增加的效用转化因子，指冠名权拥有者预期单位冠名权给当地经济发展和福利提高所带来自身效用满足的货币化收益，它与拥有者的社会公益偏好有关；Y（G）表示冠名后沿路居民收入的增加值，代表社会福利水平的提高，MY 为冠名权的边际社会福利。

由式（6.8）与式（6.9）可得某段农村公路冠名权所产生的社会经济总效益为：

$$F_j(G) = U_{Aj}(G) + U_{Sj}(G) = (k_{1j}G - c_{1j}G) + (c_{2j}G + k_{2j}Y(G)) \qquad (6.10)$$

对式（6.10）两边关于 G 求导得出：

$$\frac{\mathrm{d}F_j}{\mathrm{d}G} = k_{1j} - c_{1j} + c_{2j} + k_{2j}MY \qquad (6.11)$$

从式（6.11）可以看出：①$\mathrm{d}F_g/\mathrm{d}G$ 是政府 g 的出让冠名权的边际成本，$\mathrm{d}F_i/\mathrm{d}G$ 是农村投资者 i 取得冠名权的边际收益。②k_{1j}是一个很重要的投资回报因子，k_{1j}与 $\mathrm{d}F_j/\mathrm{d}G$ 呈正相关，k_{1j}越大则 $\mathrm{d}F_j/\mathrm{d}G$ 就越大，这说明投资者将倾向于对交通量大且重要程度高的农村公路冠名权进行投资以期获得较高的广告收益。③c_{2j}与 k_{2j}是两个重要的效用偏好诱导因子，c_{2j}、k_{2j}与 $\mathrm{d}F_j/\mathrm{d}G$ 呈正相关，c_{2j}、k_{2j}越大则 $\mathrm{d}F_j/\mathrm{d}G$ 就越大，这说明如果政府通过某些政策和制度安排激励投资者热心社会公共事业并对民生问题担负一定的社会责任，则投资者将会更积极地投资农村公路冠名权及农村公路的建设。

假设不同投资者的偏好水平无差异，C_{gi}表示单位冠名权从政府 g 到投资者 i 的转移成本因子；P_j 表示单位冠名权的期望市场价格，$j = g$ 或 i；则可推出交易后农村公路冠名权效益系统的最大化为：

$$\max \begin{cases} P_g G + C_{gi}G - F_g(G) \\ F_i(G) - C_{gi}G - P_i G \end{cases} \qquad (6.12)$$

其中：

$$\begin{cases} G = Kf(w,\ t,\ l,\ b) \\ F_j(G) = U_{Aj}(G) + U_{Sj}(G) = (k_{1j}G - c_{1j}G) + [c_{2j}G + k_{2j}Y(G)] \end{cases}$$

最大值存在的一阶必要条件是：

$$\frac{\mathrm{d}F_g}{\mathrm{d}G} - C_{gi} + P_g = 0，即\ P_g = \frac{\mathrm{d}F_g}{\mathrm{d}G} - C_{gi} = k_{1g} - c_{1g} + c_{2g} + k_{2g}MY - C_{gi}$$

$$(6.13)$$

$$\frac{\mathrm{d}F_i}{\mathrm{d}G} - C_{gi} - P_i = 0，即\ P_i = \frac{\mathrm{d}F_i}{\mathrm{d}G} - C_{gi} = k_{1i} - c_{1i} + c_{2i} + k_{2i}MY - C_{gi} \quad (6.14)$$

由上述推论，可把 P_j 视作农村公路冠名权的影子价格。

（三）农村冠名权双方叫价拍卖的成交条件和成交价格

由于 $\mathrm{d}F_g/\mathrm{d}G$ 是政府 g 出让单位冠名权的成本 c，$\mathrm{d}F_i/\mathrm{d}G$ 是农村投资者 i 受让单位冠名权的成本 v，所以根据双方叫价拍卖的交易条件可以知道农村公路冠名权交易达成的条件是：

$$\begin{cases} \dfrac{\mathrm{d}F_i}{\mathrm{d}G} \geqslant \dfrac{1}{4} + \dfrac{\mathrm{d}F_g}{\mathrm{d}G} \\ P_i \geqslant P_g \end{cases} \quad (6.15)$$

此时成交价格为：

$$P = \frac{P_g + P_i}{2} = \frac{1}{2}\sum_{j=g,i}(k_{1j} - c_{1j} + c_{2j} + k_{2j}MY) - C_{gi} \quad (6.16)$$

由式（6.16）可知，农村公路冠名权双方叫价拍卖的成交价格 P 既与拍卖双方的价值收益及效用偏好因子即 k_{1j}、c_{1j}、c_{2j}、k_{2j} 有关，还与冠名权在双方交易的转移成本 C_{gi} 有关。

五、基于实物期权的农村公路路边
土地开发权价值研究

土地开发是一种典型的不可逆投资，由于土地价格和未来收益的不确定性，不动产权益执行或放弃的可选择性，使土地利用决策有可选择的余地，决定了土地使用权是最具实物期权特征的不动产（Gosfield，2000）。在不确定性环境下，净现值法忽视了项目投资的不可逆性和投资决策的可递延性，也忽视了项目投资行为可改变性的价值特点，往往低估项目投资的真实价值（黎国华和黎凯，2003；彭红枫和郭海健，2002）。所以在价格不确定条件下，采用实物期权方法研究土地开发价值，更能反映不动产的动态价值（赵永生等，2006）。2006年交通部公布的《农村公路建设管理办法》提出了"鼓励利用农村公路路边资源开发权等方式筹集社会资金投资农村公路建设"，促使转让农村公路路边土地等资源开发权的筹资新模式得到运用和推广，但在这项融资方式背后到底如何确定农村公路路边土地开发权价值是相关政府部门和潜在社会投资者共同关注的问题，也是本节研究的主要问题。

（一）农村公路路边土地开发权的实物期权特征

农村公路路边土地开发权转让是农村公路建设的融资渠道之一，实质上就是"以地换路、以路带地、地路并举"的农村公路发展之道，转让者是当地政府部门，受让者是社会投资者，社会投资者通过对农村公路建设的出资获取该公路某路段旁边一定面积地块若干年的开发权。通过这种方式，政府部门既解决了农村公路建设部分资金，又促进了当地经济发展；而投资者则期待农村公路建好后公路两侧土地会慢慢增值，经过一些年后土地的开发收入不但能够回收修路费用，而且还有较大的利润空间，从这个意义上来说，农村公路路边土地开发权融资方式是可取的。当然这种投资肯定存在风险，风险就在于公路建好后的两侧土地今后能否如期升值，如果不能升值，投资者将可能不会对所获地块进行开发，由于前期对农村公路建设的出资是一项沉没成本，此时若放弃开发则投资者将净损失该部分投入。

实物期权是对实物资产投资的选择权，即期权持有者在进行投资决策时所拥有的能根据具体情况而改变自己投资行为的权利（Hull，2000）。

所以农村公路路边土地开发权实质上就是一份看涨实物期权，对政府来说，相当于卖出了一份看涨期权，最大的收益就是从投资者处筹集的资金；对投资者来说，相当于买入了一份看涨期权，若开发权所属土地升值，则土地开发的未来净回报也上涨，且收益不封顶，若开发权所属土地未升值，则投资者就不必开发，仅仅损失在获得农村公路路边土地开发机会时的支出，即给予政府对公路建设的费用支出。由于土地开发的基础资产是地租，因此这种投资农村公路路边土地开发权的基本价值是由投资获得的农村公路路边土地地租的未来价格的不确定性来决定的。农村公路路边土地开发权的期权特征如表6.10所示。

表6.10 农村公路路边土地开发权的期权特征因素

标的资产	开发权所属土地地租
市场价格	地租现价 P
执行价格	土地基础成本 C
到期期限	合同期 T
波动性	地租价格的不确定性 σ
贴现率	无风险利率 r
期权金	购买农村公路路边土地开发权所支付的道路建设费用 I_0

为了更进一步分析，本书将农村公路路边土地开发权投资分成两个阶段：投资评估阶段和开发经营阶段。首先，假定投资评估阶段中农村公路建设费用为初始投资 I_0，也就是购买农村公路路边土地开发权的费用，并假定投资费用均在 T_0 时刻发生，市场无风险利率为 r。在投资评估阶段的决策类似一美式看涨期权，假设评估得到农村公路路边开发权价值为 D，显然当 $D > I_0$ 时，投资者的决策才是投资，此时决策损益为 $D - I_0$；当 $D \leqslant I_0$ 时，投资者的决策是放弃，此时决策损益为0，即投资决策的价值为 $\max（D - I_0，0）$。在农村公路路边土地开发权投资评估阶段完成时，若投资决策是投资，则投资者能够选择对该农村公路路边土地进行开发，或者选择放弃开发。若农村公路路边土地开发权的持有者选择放弃该项目，则

该项目的损失仅限于公路建设阶段的初始投资 I_0；若农村公路路边土地开发权的持有者选择对该项目进行开发，即开发农村公路路边土地资源，则必须付出一定基础的开发经营成本 C，经营土地并获得价值会波动的土地资产地租 P，从而获得一定的利润 G。在此假定从投入初始投资 T_0 到开发阶段开始 T_1 的时间为 T_{01}，从开发阶段开始 T_1 到合同期结束 T_2 的时间即为 T_{12}，合同期 $T = T_2 - T_0 = T_{01} + T_{12}$，图 6.5 给出了农村公路路边土地开发权投资的整个过程。下面我们要解决的问题就是如何对这样的农村公路路边土地开发权价值进行定价。

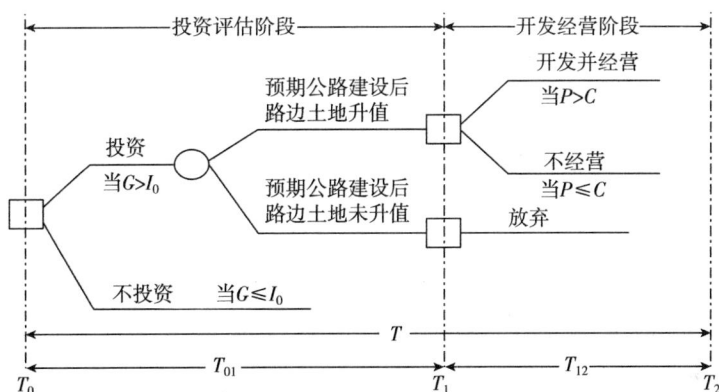

图 6.5　农村公路路边土地开发权投资过程

（二）农村公路路边土地开发权的价值计算

假设 6.1　农村公路路边土地合同期内土地单位时间经营量为 1 个单位。

假设 6.2　地租价格 P 服从几何布朗运动：$dP = \mu P dt + \sigma P dz$，$\mu$ 为地租单位时间的预期增长率，σ 为地租的波动率，dz 为一个维纳过程，$dz = \varepsilon \sqrt{dt}$，$\varepsilon \sim N(0, 1)$。

假设 6.3　土地开发后，土地重复经营，每单位时间投入的单位土地基础成本 C 不变，当地租 P 低于基础成本 C 时，则投资者就会无成本地闲置土地，当地租 P 高于基础成本 C 时，则投资者就能无成本地经营土地。

假设 6.4 经营土地资源的预期收入的风险贴现率为 i。

根据假设 6.3，若选择对农村公路路边土地进行开发，即投资者执行了农村公路路边土地开发权，在时刻 t，农村公路路边土地开发权持有者若经营单位土地的瞬间盈利为：

$$g_t(P) = \max(P_t - C, \ 0) = \begin{cases} P_t - C, \ P_t > C \\ 0, \ P_t \leqslant C \end{cases} \tag{6.17}$$

即只有当预期盈利为正时，投资者才会经营土地，显然 $g_t(P)$ 实质上是一份基于地租 P 且到期日为 t 的欧式看涨期权价值。

于是采用连续计算复利形式并根据假设 6.4 可知，农村公路路边土地开发权持有者在时间区间 $[0, \ T]$（$T = T_2 - T_0$）即整个合同期的盈利为：

$$G = \int_0^T \frac{g_t(P)}{e^{it}} dt = \int_0^T \frac{\max(P_t - C, 0)}{e^{it}} dt \tag{6.18}$$

这说明农村公路路边土地开发权的价值 $D = G$ 是基于地租 P 的常规欧式看涨期权价值 $\max(P_t - C, \ 0)$（$t \in [0, \ T]$）在合同期 T 的贴现总和。现在问题在于如何确定看涨期权 $g_t(P) = \max(P_t - C, \ 0)$ 在到期日 t 的价值。

为了确定农村公路路边土地开发权盈利的看涨期权 $g_t(P)$ 价值，设 $V = g_t(P)$，于是构造一个无风险投资组合 $\Pi = V - mP$，V 是农村公路路边土地开发权盈利，m 是套期保值比率，P 是地租，该投资组合意味着投资者持有一份具有看涨期权性质的农村公路路边土地开发权，同时卖空数量为 m 的地租。此时，投资者在 t 时刻的价值为 $V - mP$，dt 时间后投资组合的价值变化为 $d\Pi = d(V - mP) = dV - mdP$。

根据假设 6.2 可知，变量 P 遵循的是一般 Ito 过程：

$$dP = \mu P dt + \sigma P dz \tag{6.19}$$

并且衍生资产 V 是 P 的函数，从而由 Ito 定理（Hull，2000）有：

$$dV = \left(V'\mu P + \frac{1}{2}V''\sigma^2 P^2\right)dt + V'\sigma P dz \tag{6.20}$$

于是有:

$$d\Pi = dV - mdP = \left[\left(V'\mu P + \frac{1}{2}V''\sigma^2 P^2 \right)dt + V'\sigma Pdz \right] - m(\mu Pdt + \sigma Pdz)$$

$$= \left(V'\mu P - m\mu P + \frac{1}{2}V''\sigma^2 P^2 \right)dt + (V' - m)\sigma Pdz \quad (6.21)$$

要使投资组合 Π 经过 dt 后是无风险的，必须消除式（6.19）中的维纳过程，也就是使 $(V' - m)\sigma Pdz$ 为 0，即

$$m = V' \quad (6.22)$$

由于该组合是无风险投资组合，所以应该有:

$$d\Pi = dV - mdP = r\Pi dt = r(V - mP)dt \quad (6.23)$$

联系式（6.21）、式（6.22）和式（6.23），得到:

$$\frac{1}{2}\sigma^2 P^2 V'' + rPV' - rV = 0 \quad (6.24)$$

式（6.24）的边界条件是 $V = \max(P_t - C, 0)$，当 $t =$ 到期日 t 时。

于是根据 Black – Scholes 定价公式，可以得到基于地租的欧式看涨期权 $g_t(P) = V$ 在到期日 t 的价值为:

$$g_t(P) = V = P_0 N(d_1)e^{rt} - CN(d_2) \quad (6.25)$$

其中，$d_1 = \dfrac{\ln(P_0/C) + (r + \sigma^2/2)t}{\sigma\sqrt{t}}$，$d_2 = \dfrac{\ln(P_0/C) + (r - \sigma^2/2)t}{\sigma\sqrt{t}} = d_1 - \sigma\sqrt{t}$，$N(x)$ 为均值为 0、标准偏差为 1 的标准正态分布变量的累计概率分布函数，该函数可以直接用数值方法求解，如式（6.26），P_0 是地租 P 的初始值，P_0 值的估计取决于土地的地理位置和土地自身性质，t 是欧式看涨期权农村公路路边土地开发权盈利 $g_t(P)$ 的到期日。

因此，合同期为 T 的农村公路路边土地开发权价值 D 为:

$$D = G = \int_0^T \frac{g_t(P)}{e^{it}}dt = \int_0^T \frac{\max(P_t - C, 0)}{e^{it}}dt$$

$$= \int_0^T \frac{P_0 N(d_1)e^{rt} - CN(d_2)}{e^{it}}dt$$

$$= C\int_0^T \left[(P_0/C)N(d_1)e^{-(i-r)t} - N(d_2)e^{-it} \right]dt \quad (6.26)$$

$$d_1 = \frac{\ln(P_0/C) + (r + \sigma^2/2)t}{\sigma\sqrt{t}}$$

$$d_2 = \frac{\ln(P_0/C) + (r - \sigma^2/2)t}{\sigma\sqrt{t}} = d_1 - \sigma\sqrt{t}$$

$$N(x) = \begin{cases} 1 - N'(x)(a_1 k + a_2 k^2 + a_3 k^3), & x \geq 0 \\ 1 - N(-x), & x < 0 \end{cases}$$

$$k = \frac{1}{1 + \gamma x}, \quad \gamma = 0.33267$$

$$a_2 = -0.1201676, \quad a_3 = 0.937298$$

$$N'(x) = \frac{1}{\sqrt{2\pi}} e^{-x^2/2}$$

式（6.26）表明，农村公路路边土地开发权价值 D 和合同期 T、土地年基础投入 C、无风险利率 r、风险贴现率 i 以及地租的波动率等有关，且合同期 T 越长，农村公路路边土地开发权价值 D 就越大。

综合上述分析可以推断，当评估得到农村公路路边土地开发权价值 D 大于政府所需筹集的公路建设费用 I_0 时，投资者决策将会选择参与农村公路建设的融资活动以获取农村公路路边土地的开发权；当农村公路路边土地开发权价值 D 小于等于政府所需筹集的公路建设费用 I_0 时，投资者决策必定是放弃取得农村公路路边土地开发的机会，将不会参与政府农村公路建设的融资活动。

（三）算例

投资者通过投资建设一段农村公路获得了该段农村公路路边面积为 1000 平方米土地的开发权，土地转让开发经营期限为 $T = 40$ 年，设无风险利率 $r = 5\%$，该地块初始年地租价格为 $P_0 = 800$ 元，地租价格服从几何布朗运动：$dP = 0.08Pdt + 0.1Pdz$，即地租的预期年增长率 $\mu = 8\%$，地租的年波动率 $\sigma = 10\%$，若开发后要经营每年必须投入的基础成本 $C = 1000$ 元，投资者经营收入的风险贴现率为 $i = 12\%$。

将例中的上述参数代入式（6.26）的模型中，并运用软件 Matlab7.0

进行编程运算，程序见附录。图 6.6 中（a）为看涨期权 $g_t(P)$ = max $(P_t - 1000, 0)$ 到期日 t 的价值函数曲线，从中可以看出在第 6 年之前即 $t \leq 9$ 时，$g_t(P)$ 均为 0，说明看涨期权 $g_t(P)$ 在前 6 年均放弃执行，换句话说就是在合同期前 6 年地租价格 P 都低于基础成本 C，投资者则闲置土地不能取得盈利，从第 7 年开始地租价格 P 才升到高于基础成本 C，此时投资者才经营土地开始盈利。图 6.6 中（b）为 $g_t(P)$ 的贴现函数曲线或农村公路路边土地开发权价值 D 的被积函数曲线。

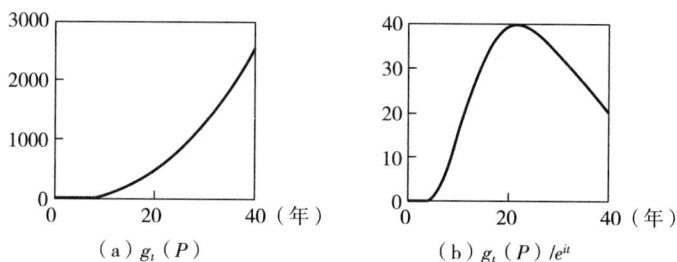

图 6.6 农村公路路边土地开发权价值的函数曲线

根据图 6.6（b）的积分函数曲线最后得到合同期为 40 年的农村公路路边土地开发权价值为 $D = 1201.149$ 元，显然只有当该地块对应路段农村公路建设预期拟融资资金低于 1201.149 元时，或者政府向投资者要价少于 1201.149 元的公路建设融资资金，投资者才会有兴趣投资购买该地块的开发权。

六、本章小结

农村公路建设项目的融资机制是典型的财政主导型，本章首先分析了农村公路的特点、性质和融资需求，根据各级政府事权划分原则确定了农村公路融资主体的分类标准和具体内容，并分析了中央、省、市（县）、乡村各级政府在农村公路融资中的职责和角色，以及农村公路建设的中央投入和地方投入的资金来源渠道和结构。其次分析并运用市场融资条件探讨了农村公路市场化融资方式的可行途径，提出利用各种金融工具从金融市场上开拓农村公路建设融资新渠道，以及在农村公路产品自身做文章，从产品市场上挖掘农村公路建设资金来源。最后定量研究了农村公路市场化两种融资方式，根据农村公路冠名权隐含的价值特征并运用博弈论的双方叫价拍卖原理研究了农村公路冠名权的影子价格、成交条件和成交价格，此外还运用实物期权理论建立了农村公路路边土地开发权定价模型并给出了一个实证算例。

第七章

财政引导型农村水电开发融资机制

一、农村水电开发的经济学属性和融资需求

（一）农村水电概述

1. 农村水电的定义

小水电是装机容量为5万千瓦及以下的电站及地方电网的总称，农村水电指的是装机在5万千瓦以下的小水电，通常对农村水电和小水电不作区分。本书的农村水电均指小水电。20世纪50年代，一般称500千瓦以下的水电站为农村水电站；到60年代，小水电站的容量界限到3000千瓦，并在一些地区出现了小型供电线路；80年代以后，随着以小水电为主的农村电气化计划的实施，小水电的建设规模迅速扩大，小水电站定义扩大到2.5万千瓦；90年代以后，国家计委、水利部进一步明确装机容量5万千瓦以下的水电站均可享受小水电的优惠政策，并出现了一些容量为几万至几十万千伏安的地方电网。

2. 农村水电管理特点

我国农村小水能资源点多面广，且多分布在边远地区，农村水电主要供县、乡工业企业和广大农村用电，几十年来，形成了我国农村水电在开发管理上以地方为主，以及农村用电由国家两大电网和地方电网中孤立小水电站供电的分散式管理体制。在这种体制下，中央政府负责制订农村水电的发展战略、目标、标准及政策方针，而关于规划、开发、运行、管理、设备制造等则均由地方政府承担，形成了"地方为主、小型为主和服务为主"的农村水电发展模式（见表7.1）。

表7.1 农村水电供电方式

供电方式	供电特点
地方电网供电	水电资源丰富的地区形成统一的发供用系统，由县小水电公司负责向农村供电，地方电网与国家电网在某点连接，以便充分利用季节性电能，调节丰枯电能
国家大电网供电	全国约在2/3的县靠国家大电网延伸供电，供电量占全国农村总供电量的80%左右，大电网覆盖区多为我国经济较发达地区
大电网趸售供电	在地方电网中小水电装机不多、电量不足的地区，采用大电网趸售给地方电网的办法向农村地区供电

3. 农村水电的发展现状

我国的小水电资源十分丰富，技术可开发量达到1.28亿千瓦时，约占全国水电资源可开发量的23%，居世界第一位。几十年的农村水电建设取得了巨大成就，创造了成功经验，"十五"、"十一五"、"十二五"期间，全国分别建成410个、400个、300个水电农村电气化县。到2018年底，全国农村水电装机容量8043.5万千瓦，占全国水电装机的22.8%；农村水电年发电量2345.6亿千瓦时，占全国水电年发电量的19%，农村水电发电量占我国绿色电能的11.3%，目前开发率为62.8%；全国已有1519个县开发建设了46515座农村小水电站，已经形成水电资产达5094.9亿元，发供电年收入687.2亿元，年实现税利53亿多元。

小水电是世界公认的清洁可再生能源，2006 年 1 月 1 日起施行的《可再生能源法》将小水电作为清洁可再生农村能源之一。随着《可再生能源法》的正式实施和《京都议定书》中清洁发展机制（CDM）项目的开展，农村水电作为可再生能源，将得到有力的政策保护和加速发展。

（二）农村水电开发的经济学属性界定

1. 奥斯特罗姆夫妇的物品细分理论

奥斯特罗姆夫妇认为，公共物品和私人物品的区分不能只局限在排他性和使用或者消费的竞争性方面的特征，还可以分为两类：竞争性可以分为高度可分的分别使用和不可分的共同使用；排他性可以分为可排他的和不可排他的。当没有实际上的技术来对一种物品进行打包或者控制潜在的使用者进入时，排他在技术上是不可行的；当排他的技术成本太高时，排他在经济上是不可行的。对物品性质的细分如表 7.2 所示。

表 7.2　物品类型

		消费或使用的竞争性	
		分别使用	共同使用
排他性	可行	私人物品	准公共物品
	不可行	准公共物品	纯公共物品

2. 农村水电的准公共物品性质

电力供给无论从技术还是成本都是很容易排除不付费者，但电力产品是共同消费，增加一个使用者的边际成本几乎为零，根据奥斯特罗姆夫妇的物品分类，电力产品应该是准公共物品。但在各种文献资料中对农村水电的经济学属性却鲜有讨论，本书认为农村水电是一类准公共物品，主要依据有：

（1）电力产品的公共服务性。由于电力产品的生产与销售瞬间必须完成平衡，无法储存，是一特定群体同时消费的物品，同时电力也是国家、社会稳定和经济发展不可缺少的产品，更是向所有社会成员提供平等生活权利、保证社会和经济平衡发展的产品，因此电力产品具有公共服务的属性。

（2）电力产品的部分非竞争性。在电力供应范围内，任一用户的电力消费都不会影响其他用户的消费，增加一个用户消费电力产品的边际成本为零，此时电力产品的消费是非竞争的；如果所有用户的负荷超过服务发电设备最大装机容量时，则用户之间的电力消费就具有竞争性，"拉闸限电"就是竞争性的表现，此时准许更多的用户消费电力就存在机会成本或拥挤成本。因此，电力产品实质上是布坎南意义上的俱乐部物品，根据发电设备装机容量可以判定多少用户被准许用电。

（3）农村电力供给的市场矫正性。农村处于电网末梢神经，由于输电过程中的电损率高和电网延伸配置的边际成本过大，加之政府对电力产品价格的管制，市场价格机制无法自由地调配农村电力供给，农村一度缺电，存在着大量的无电边远山区农村。而农村水电凭借农村地区的自然水资源，为农村提供价格合理的电力产品，可以弥补大电网对农村地区供电不足以及矫正市场失灵状况，当然农村水电产品的供给也是"选择性进入"、需要收费的，但是却能满足农村低收入用户的电力消费需求的普遍性服务产品。

（4）农村水电的社会群体受益性。农村水电在解决农村地区用电问题的同时，进一步缩小了农村与现代文明的距离，改进了农民的生产生活方式，带动了当地的经济发展和社会进步，对于激活农村消费市场、促进农民增收具有显著效应。

（5）农村水电的环境正外部性。在大电网无法提供符合农村地区收入水平的合理价格电力情形下，传统农村能源消费方式对生态环境的破坏具有显著的负外部性，而农村水电是清洁可再生能源，经过有序开发给农村提供清洁用得起的电力，反过来就是保护了当地的生态环境，对整个国家的环境保护具有积极的正外部性。

因此，作为农村基础设施和"六小"工程之一的农村水电是一类具有收费性质的准公共品，可以把农村水电列入非营利性农村基础设施范畴，而且实际上，农村水电电气化项目和农村小水电代燃料工程更具典型的非营利性特征。

（三）农村水电开发融资需求

通过历年农村水电开发情况数据可以获知农村水电历年的投资数据（见图7.1），总体来说，"十五"时期农村水电发展迅速，无论是年投资

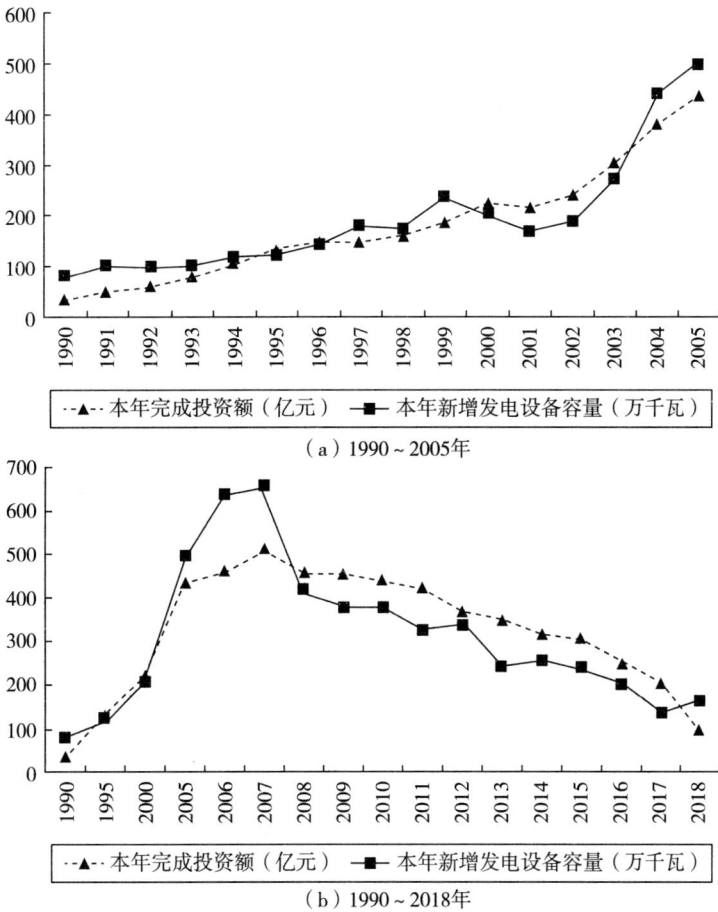

（a）1990~2005年

（b）1990~2018年

图7.1　农村水电历年投资

额还是年增发电设备均翻了一番，"十一五"农村水电投资达到顶峰，之后基于绿色、生态和安全考虑，从 2008 年起开始回落，"十二五"和"十三五"逐年下滑。根据《全国水电农村电气化"十一五"及 2020 年发展规划》，2006～2020 年农村水电规划新增装机总容量 5555.6 万千瓦，共需投资 4160.8 亿元，年均新增装机容量 370.4 万千瓦，年均投资 277.4 亿元。根据《全国小水电代燃料生态保护工程规划》，从 2002 年开始，用 18 年或稍长一点的时间，稳定地解决 2830 万户、1.04 亿农村居民的生活燃料和农村能源，总计新增电源投资为 1272.62 亿元；"十五"时期解决了 286 万户 1100 万农村居民的生活燃料和农村能源问题；"十一五"时期，准备解决 684 万农户、2630 万农村居民的生活燃料和农村能源问题；"十二五"、"十三五"时期全面实施小水电代燃料生态保护工程，解决 1860 万户、6670 万农村居民的生活燃料和农村能源。因此，农村水电的发展，资金问题是很重要的制约因素。

同时，由于农村水电开发建设期一般为 2～3 年，投资回收期要 8～12 年（含建设期），建设期、投资回收期较长，在较长的周期内存在着很多不确定因素，融资有一定风险；此外，农村水电的融资金额大，相应的贷款、担保程序、手续和相关文件非常复杂，因此，农村水电融资具有长期性、复杂性和风险性等特点。

二、农村水电开发的财政引导型融资机制分析

（一）农村水电开发财政引导型融资机制的理论和政策依据

1. 理论依据

德姆塞茨指出，在能够排除不付费者的情况下，私人企业能够有效地

提供公共产品，对于有不同偏好的消费者，可以通过价格歧视的方法进行差别收费。史密斯进一步认为，在公共产品的供给上，消费者之间可订立契约，根据一致性同意原则来供给公共产品，从而解决免费"搭车"的问题。

由于农村水电是收费性的准公共品，能够以较低的成本排除不付费者，因此，农村水电由私人企业部门兴办并提供电力产品要比由政府公共部门更有效，即农村水电具有市场化条件。但排除不付费者的选择性进入机制的成本是极低的甚至根本就不需要设计，因为农村水电的收费基础就是让农村低收入者也用得起电，其定价也受政府政策和居民收入水平规制，所以农村水电的"姓农"决定了它必然是准经营性的，若由市场主体的企业部门提供，就要政府财政在经济上给予适度的激励，以及政府的政策扶持。

2. 政策依据

《中华人民共和国电力法》指出电力事业投资，实行谁投资、谁受益的原则，国家鼓励、引导国内外的经济组织和个人依法投资开发电源，兴办电力生产企业，国家鼓励和支持利用可再生能源和清洁能源发电。《全国农村水电"十一五"及 2020 年发展规划》指出中央投资作为引导资金，采取政府引导、市场化运作、社会参与的方式，多渠道、多层次、多形式筹集农村水电建设资金。

综合起来，农村水电开发融资是以企业为主体的财政引导型融资机制。

（二）农村水电融资主体分类原则

考虑农村水电立足农村并服务农村的准公共品属性，以及政府引导的市场化运作特点，对农村水电开发项目的融资主体进行分类只需遵循两个原则。

1. 受益外部性原则

农村水电开发项目的受益外部性原则是指农村水电的供给者给项目区

提供电力所产生的效益溢出到项目区范围之外，使那些不负担农村水电开发和电力消费成本的其他区域也因此受益，如拉动外部区域的经济增长和劳动力就业，则受益区域就需要就所享的溢出效益对农村水电开发项目进行适当补偿。

2. 谁投资、谁受益原则

农村水电的开发者理论上是投融资者，根据市场化原理，农村水电由市场主体的企业提供和生产更有效，而"谁建、谁有、谁管、谁受益"就是农村水电开发的市场化运作法则，谁融资投资、谁建设、谁拥有、谁经营、谁受益。

（三）农村水电开发项目融资主体类型

农村水电开发项目的融资机制构成如表7.3所示。

表7.3　农村水电开发项目的融资机制构成

融资客体	开发目的	外部性范围	融资主体	财政引导方式
投资型农村水电开发项目	经济效益	项目区	民营企业	政策扶持
农村水电电气化项目	社会效益	项目区所在的农村和县市	公私合营股份制企业	财政资金和政策
农村小水电代燃料工程	生态效益	波及附近县市乃至整个社会	公私合营股份制企业	财政资金和政策力度加大

1. 民营企业

民营企业开发农村水电是以经济效益为目标实现资本利润最大化，其为农村水电开发项目进行融资的主体是由民营主体和社会经济组织构成。由于电力也是商品，投资者可从电力产品的生产和交换中获得经济效益，对于那些中小型水电项目，由于优惠政策较多，投资门槛相对较低，水电开发能给投资者带来直接的经济收益。根据国家水利部颁布的《小水电建设项目经济评价规程》（SL16-95），小水电财务基准收益率（IC）定为

10%。因此，小水电项目财务内部收益率（FIRR）大于或等于10%，则认为建设项目财务评价可行。当前小水电建设项目的财务内部收益率为15%左右，所以投资者可获得较好的回报。

在市场经济条件下，农村水电项目的经济效益是民营企业投融资者决策的首要依据，因此只有确保有合理的投资回报，民间资本才会进入农村水电开发行业。在当前国家对农村水电的社会效益和生态效益没有具体补偿政策之前，要确保投资回报，各地的做法是采用新电新价0.2~0.4元/千瓦时，即按投入确定价格，财务内部收益率在15%以上，大大激发了民间资本的投资热情。当然，民营企业开发农村水电的融资途径完全依靠自有资本和银行贷款，采用市场运作，业主在取得资源开发权后，自主组织资金、自主开发、自主经营。

为了扩大农村水电的融资渠道，加快开发速度，国家和地方政府早在20世纪80年代就开始鼓励个人投资小水电，并出台了一系列水电销售、税收等优惠政策启动民间资金发展农村水电，但实际进入的民间资本并不多。直到2002年，国务院批准"十五"时期在全国建设400个水电农村电气化县，恰逢全国性电荒出现，小水电资源丰富省份开始引发小水电投资热潮。但由于民间资本的自利性，投资开发小水电的利益核心就是项目本身，而对项目周边的农村社区发展、生态资源承载力等问题并不加以考虑，于是出现了跑马"圈河"、滥占资源、无序开发的小水电投资泡沫，2003年水利部开始整顿和清查"四无"小水电来挤压小水电投资泡沫，2019年出台多个清理整改农村小水电站的文件，农村水电发展已慢慢转变为有序开发、安全生产、绿色创建。但国家支持农村水电的发展方针和政策并没有改变，根据国务院和水利部2015年的发展规划，对我国民间资本投资小水电以及小水电发展给予了更多优惠政策，由此可以看出，以民营企业为融资主体的农村水电经济效益型开发模式仍然离不开国家政策的优惠和扶持。

2. 公私合营股份制企业

由于农村水电是准公共品，国家扶持农村水电的发展绝不仅仅是为了给民间资本开辟新的投资渠道，或者为了鼓励国有资本退出加快市场化进程，更看重的是农村水电发展的社会效益和生态效益。正是农村水电的社会效益和生态效益的溢出效应明显，涉及人数和受益范围广泛，只有对这些外部效益给予一定的补偿，通过外部性内部化的政府补偿手段，才能激励私人部门运用市场机制开发农村水电。按照英国福利经济学家庇古的观点，当生产存在外部经济性时，政府应对其进行补贴，从而使私人决策的均衡点向社会决策的均衡点靠近。因此，社会效益和生态效益才是政府给农村水电企业发放补助金、低息贷款和减免税的依据（孙廷容，2006）。

（1）社会效益型的公私合营股份制企业。

1）农村水电开发的社会效益。指农村水电对社会发展产生的积极作用和贡献，直接体现在促进了农村经济发展，加快脱贫致富步伐（盛律钧和洪林，2006）；促进了农村产业结构调整，带动工业化和城镇化；促进了农村精神文明建设，推动社会进步；促进了能源结构改善，保护了生态环境；促进了国际交流，扩大了对外开放。

2）农村水电电气化项目。目标是为了获得社会效益，促进电气化建设，通过电气化促进农村地区经济和社会发展。我国农村水电电气化建设在邓小平倡导下开始于 1985 年，主要是想依靠农村水电开发，解决农村用电困难，带动农村经济发展。在"七五"、"八五"、"九五"时期，水利部按国务院部署在全国连续组织三批农村水电初级电气化县建设，建成了 653 个农村水电初级电气化县，这些县基本上都实现了国内生产总值、财政收入、农民人均收入、人均用电量"5 年翻一番""10 年翻两番"，经济结构显著改善，发展速度明显高于全国平均水平。"十五"时期水电农村电气化县建设是在农村水电初级电气化建设基础上开展的，其覆盖范围绝大部分在 653 个初级电气化县的范围内。4 个五年的农村电气化建设提高了农村电气化水平，改善了农村基础设施和公共设施，带动了农村公路、防洪灌溉设施、人畜用水设施以及广播、电视和信息设施的建设，促进了农业增效、农民增收、农村发展，增加了地方财政收入，取得了巨大成就，为我国经济社会特别是农村经济社会发展做出了积极贡献。根据

《中国水电农村电气化2001－2015年发展纲要》，"十一五"时期水电农村电气化规划涉及400个县（市、区、旗），其中370个属于原来开展过电气化建设的县，30个不属于电气化建设县。《中国农村扶贫开发纲要（2011－2020年）》继续将农村水电作为行业扶贫基础设施项目，要求继续推进水电新农村电气化、小水电代燃料工程建设和农村电网改造升级。因此，农村电气化建设任务繁重，建设农村电气化也对农村水电提出了艰巨的挑战。

　　3）融资主体构成。追求社会效益型的农村水电电气化工程的投融资主体是由国家、地方政府、民营资本、电站所在的村组和村民联合组成的具有项目法人性质的股份制企业，这是一种公私合营的股份制企业。其中国家和地方财政资金以省、市、县级水利部门作为项目的责任主体，相关地方水电公司或农村电气化发展公司作为国有资本出资人代表和项目法人，国家投入的资金可以采取拨款，也可以采取财政贴息方式，国家投入的水电电气化资金必须要有合理回报（采用低回报），实行滚动发展，以保证国有资产资金的保值增值。水电电气化项目所在村组可以利用被征用的山、林、田、土等实物折价入股，并将折价入股的股权分解到户，村民可以利用以土地、资金、劳动力、材料、小额信贷和"相关补偿"等折价入股。除了入股资金以外，若水电电气化工程建设资金少，则资金缺口以电气化水电站未来上网的电费作质押，由地方水电总公司提供贷款担保，向金融部门申请贴息贷款。

　　由于农村水电电气化项目不完全是以经济效益来决定投资行为，而是以水电电气化目标的实现来进行投资建设，因此，要将水电电气化项目中的经济效益与社会效益分开，其中经济效益以企业投资行为为主，社会效益部分，则由国家投入资本金作为补偿。显然，只有在经济效益有保证的前提下，农村水电电气化项目才能实现以现代企业制度为核心的运作体制，才有实质性的市场化融资能力。

　　（2）生态效益型的公私合营股份制企业。

　　1）农村水电开发的生态效益。指相对其他传统的火电开发，因减少了对生态的破坏以及在使用过程中对环境不造成污染，维护了自然界生态系统平衡，而对人类的生产、生活条件和环境条件产生的有益影响和有利效果，它关系人类生存发展的根本利益和长远利益（盛律钧和洪林，2006）。农村水电开发的生态效益主要体现在两个方面：①减少了环境污染，1千瓦时小水电相当于350克标准煤，减少排放525克二氧化碳、11.58克二氧化硫、11.8克烟尘、1180克一氧化碳、4.44克氯化氮及大量废水污水对环境的污染和破坏。②农村水电代替薪柴可以节约木柴资源，减少森林砍伐。农村水电开发起到以电代柴的作用，使农村水电供电区约有2000万户居民使用电炊，遏制了森林砍伐，每年节约木材约900万立方米，保护了生态环境。

2）农村小水电代燃料工程。这是国家生态环境建设与农村水电的生态作用相结合的一种农村水电开发示范工程，其目标是获得生态效益，通过开发农村水电，替代农民生活用能所消耗的薪柴，减少森林砍伐，保护植被，巩固退耕还林成果，同时减少废气排放。《中共中央、国务院关于做好农业和农村工作的意见》（中发〔2003〕3号）提出，国家在2003年启动了小水电代燃料生态工程建设，并根据全国小水电代燃料工程规划，2003~2020年，国家用18年的时间基本完成全国农村小水电代燃料生态保护工程，涉及25个省、市、区和新疆生产建设兵团的886个县（市、区、旗、团），总面积350多万平方米，共有居民7080万户2.73亿人口，其中可实施小水电代燃料的有2830万户1.04亿人，共需装机2406万千瓦、年用电量340亿千瓦时。工程实施后，每年可减少木柴消耗1.89亿立方米，相当于全国农民薪柴消耗总量的2/3，保护森林3.4亿亩，减少二氧化碳2亿多吨，减少二氧化硫92万吨，实现生态效益360亿元，同时产生巨大的经济效益和社会效益。

3）融资主体构成。追求生态效益型的农村小水电代燃料工程的建设和融资主体是由国家、地方政府、社会投资、电站所在的村组和村民联合组成的具有项目法人性质的股份制企业。其中国家和地方投资部分所形成的资产的所有权属于国家，一般由地方水利电力产业集团有限责任公司作为国家投资出资人代表负责监管，履行小水电代燃料项目国有资产监督管理和保值运营的职责。根据水利部《小水电代燃料项目选择要求》（办水电函〔2007〕739号），中央补助投资占总投资的比例：西部地区和享受西部政策的地区45%左右、中部地区35%左右、东部地区20%左右。地方配套投资占总投资的比例：西部地区和享受西部政策的地区20%左右、中部地区30%左右、东部地区30%左右。其余投资部分由银行贷款以及民间投资解决。代燃料户村民则可将建设所征用、损毁的土地、青苗、林木以及房屋等补偿费按照政策入股。这种政府高资本金投入体制一方面保证了代燃料电站通过国家补助和地方政府配套的方式，降低贷款比例，减轻还贷负担，进而达到降低代燃料电价，使农民愿意用、用得起、长期用的目的；另一方面保证了电站收入可以满足项目还本付息、折旧、运行成本、枯水期回购电量等基本支出，实现保本微利。

由于小水电代燃料生态工程开发目标是生态效益，兼有经济效益和社会效益，应该以国家和地方政府配套投入为主，同时积极引导和鼓励干部职工和村民参与投资。而这种投资主体多元化投融资模式，要求小水电代燃料项目要明晰产权，实行企业化运作，确保投资者和出资人的合理回报，保证项目正常运行和还本付息，并使国家投资实现保值增值，滚动发展。

（四）政府引导方式

随着农村水电开发的外部受益范围扩大，国家和地方的财政引导力度也呈梯度增加趋势，追求经济效益为主的农村水电享受一般小水电政策待遇；追求社会效益为主的农村水电除可享受一般小水电优惠政策外，还能获得国家对农村水电电气化所产生社会效益的外部经济的资金和政策补偿；而以生态效益为主的农村小水电代燃料不但享有农村水电电气化项目的一切政策待遇，国家还特别对其生态效益的显著外部性加大资金投入力度和政策的特殊倾斜。

1. 一般经济效益型农村水电所享有的优惠政策

①对小水电实行"自建、自管、自用"的"三自"政策。

②"小水电要有自己的供电区"的政策。

③小水电实行"以电养电"政策。即小水电企业生产的利润不交所得税，直接用于小水电的滚动发展；国有小水电企业的利润，也用于发展小水电，不上缴财政。

④小水电实行低增值税政策。从1994年1月1日起我国实行了新税制，增值税率为17%。国家财政部（1994）004号文规定，县以下小水电生产单位增值税减按6%计征。

⑤实行新电新价，根据还本付息和有适当利润的原则对新建小水电站定价，确保投资者利益；现在新建的电站由于普遍实行新电新价，一站一个价，这部分电站的上网电价达250元/兆瓦时，比旧电站上网电价也要高2倍左右。

⑥国家对小水电优先提供政府贷款，并逐年提高在农业发展银行等政策性银行中的贷款比例，并由中央银行配套资金到基层银行，以确保项目的资金需求。

⑦鼓励外资进入小水电建设、运作市场，外商可以BOT等形式单独开发/经营小水电站，也可以与国内投资者合资建设和管理，国家将在融资方面提供方便。

⑧国家对小水电调节性能好和实现流域梯级开发的项目实行优先立项审批，鼓励投资者对资源优越的小水电的开发。

此外，有些地方政府给小水电立项、融资、上网等给予方便和协调。

综观全国各地对小水电的优惠政策发现，还没有什么产业能有这么多优惠。

2. 社会效益型的农村水电电气化项目除坚持执行上述一般小水电行之有效的八条方针政策外，还享有社会效益补偿性的新政策

⑨按照《中华人民共和国可再生能源法》的要求，确保农村水电就近供电，余电全额上网。按照同网同质同价的原则，缩小各类电站电价差距，使农村水电价格保持总体合理水平，确保农业、农村、农民的利益。

⑩对列入国家计划的农村水电站及配套电网项目，土地使用享受农业

产业结构调整的相关优惠政策，按地方重点工程给予土地征用审批；属于利用"四荒"土地资源的项目，依照有关政策法规办理。

⑪安排中央专项建设资金和政策性专项贷款的水电农村电气化县建设项目，各级财政都应按合理的比例筹集资本金。

⑫贫困地区的小水电项目可作为扶贫项目，列入国家扶贫资金支持范围。

地方政府另外还针对水电农村电气化项目专门出台了一系列配套政策。

3. 生态效益型的农村小水电代燃料工程在继续贯彻农村水电电气化项目的既定12条优惠政策的基础上，追加享有生态效益外部经济的特别财政补助和政策照顾

⑬供电企业对代燃料电量只收取过网成本，确保代燃料到户电价农民能够承受。

⑭项目电站发电量部分用于供给项目区代燃料用电，按照代燃料电价获取收入；丰水期剩余电量上网销售，按照余电上网电价获取收入。

⑮扩大财政资本金占比，中央补助投资占总投资的比例：西部地区和享受西部政策的地区45%左右、中部地区35%左右、东部地区20%左右。地方配套投资占总投资的比例：西部地区和享受西部政策的地区20%左右、中部地区30%左右、东部地区30%左右。

地方各级政府也纷纷出台了小水电代燃料工程的一揽子优惠政策。

总体而言，不难发现，政府对农村小水电建设的这些引导政策不仅随收益外部性扩大而呈梯度纵向增加，而且从横向角度看，既有宏观层面对农村水电行业的调控，包括：一是农村水电市场的准入门槛和水电市场建设，如①、②、⑤、⑦四条；二是税收方面的优惠，如③、④两条；三是政府财政资金的直接投入和补助，如⑪、⑫、⑮三条。又有微观层面对农村水电项目的激励，包括：一是项目立项审批的放松和照顾，如⑧和⑩两条政策；二是项目建设的信贷支持，如第⑥条；三是项目建成后电力的生产销售，如⑨、⑬、⑭三条。具体如表7.4所示。

表 7.4　政府引导方式

政策类型	政府引导政策	生态效益型农村小水电代燃料工程								社会效益型农村水电电气化项目				⑬	⑭	⑮
		经济效益型一般水电														
		①	②	③	④	⑤	⑥	⑦	⑧	⑨	⑩	⑪	⑫			
宏观调控政策	市场准入和建设	√	√			√		√								
	税收优惠			√	√											
	资金补助											√	√			√
微观项目政策	立项审批								√		√					
	信贷支持						√									
	生产销售									√				√	√	

（五）农村水电开发的资金来源和构成

1. 资金来源

我国农村水电开发的资金主要来源于中央财政资金、国内银行贷款、自筹资金、利用外资及其他资金（见图 7.2）。

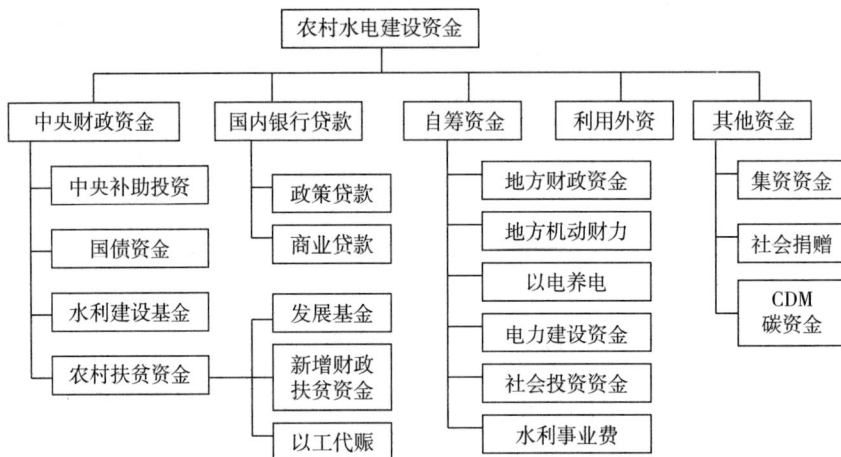

图 7.2　农村水电开发资金来源

（1）中央财政资金。中央财政投入包括中央补助投资、国债资金、水利建设基金和农村扶贫资金四类。

中央补助投资是中央财政预算内基本建设资金，也称中央财政预算内专项资金或中央水利基本建设资金，是指纳入国家基本建设投资计划，由中央预算内基建支出预算（拨款），用于水电农村电气化县建设项目和小水电代燃料工程的中央财政预算内（或专项）资金。

农村水电国债资金重点投向水电农村电气化项目、小水电代燃料工程和农村电网改造等重要农村基础设施建设的领域。

水利建设基金是用于水利建设的专项资金，由中央水利建设基金和地方水利建设基金组成。中央水利建设基金主要用于关系国民经济和社会发展全局的大江大河重点工程的维护和建设，主要来源于从中央有关部门收取的政府性基金（收费、附加）中提取3%，应提取水利建设基金的中央政府性基金（收费、附加）项目包括车辆购置附加费、港口建设费、铁路建设基金、市话初装费、邮电附加、中央分成的电力建设基金。地方水利建设基金主要用于城市防洪及中小河流、湖泊的治理、维护和建设，主要来源于：①从地方收取的政府性基金（收费、附加）中提取3%，应提取水利建设基金的地方政府性基金（收费、附加）项目包括养路费、公路建设基金、车辆通行费、公路运输管理费、地方交通及公安部门的驾驶员培训费、地方分成的电力建设基金、市场管理费、个体工商业管理费、征地管理费、市政设施配套费；②有重点防洪任务的城市要从征收的城市维护建设税中划出不少于15%的资金。只有具有防洪和流域综合治理的重点农村水电建设才能获得水利建设基金的投资。

国家农村扶贫资金包括不发达地区发展资金、新增财政扶贫资金、"以工代赈"资金、扶贫开发贷款等方面，可用于农村水电及其电网建设，只有贫困地区的小水电项目可作为扶贫项目，水电站项目所在村组和村民可利用扶贫资金入股农村水电开发。

（2）国内银行贷款。国内银行贷款包括国家政策性银行贷款和商业银行贷款。

政策性银行包括国家开发银行和农业发展银行，政策性银行贷款是国家用于扶持地区、行业发展的政府贴息贷款。为贯彻落实党中央、国务院关于重点扶持农村水电建设及启动小水电代燃料工程的要求，2003 年水利部与国家开发银行签订了开展农村水电行业贷款合作纪要。按照该纪要的要求，在湖南、广西、贵州等地先行试点，广西签订了 80 亿元农村水电的贷款协议。对小水电代燃料项目贷款，国家开发银行分行可直接与负责小水电代燃料项目实施的项目公司签订合同，发放贷款；也可以由水利厅（局）下属的省级电网公司、省级电源公司等作为指定借款人，统借统还，并按银行的要求向小水电代燃料项目融资；贷款期限最长不超过 15 年，宽限期一般不超过 3 年（国家开发银行支持中小企业发展的政策）。2007 年由水利部水电局和中国农业发展银行组织的农村水电建设信贷考察组到重庆进行考察调研，开始了农业发展银行支持农村水电的信贷支持，并在办贷程序、手续、流程等上给予简化，在贷款利率上给予一定优惠，截至 2007 年 11 月底，投放贷款 7.6 亿元，重点支持了洮河、黄河支流以及黑河、疏勒河流域小水电建设、风电建设以及农业生态环境建设。

农业银行是最早支持农村小水电开发的国有商业银行，并成为金融机构支持农村水电建设的主力军。自 20 世纪 80 年代以来，农业银行一直把支持开发利用中、小水电资源作为信贷服务的重点，并且连续发布了多个关于农村水电贷款的通知和意见，如《关于搞活小水电贷款的联合通知》、《关于印发〈中国农业银行农村水电贷款管理暂行办法〉的通知》、《加强中小水（火）电专项贷款管理工作意见》等。此外，中国建设银行、中国工商银行和中国银行也给农村水电开发提供贷款。

近年来，金融机构逐步成为农村水电建设资金来源的主体，中国农业银行及中国建设银行还为农村水电专门设立专项贷款，用于支持地方小水电建设。随着市场经济的进一步发展，金融机构在农村水电开发中的融资作用将会越来越突出。

（3）自筹资金。自筹资金是地方性资金，其来源包括：①地方财政预算内小水电专项事业费；②地方财政机动财力；③省电力部门返还的以电养电资金；④按国家规定征收的电力建设基金；⑤企业、团体和个人投资入股联合办电；⑥卖用电权；⑦经批准发行股票和债券；⑧对有防洪、灌溉任务的电站实行水利事业费分摊；⑨超收留成能源基金；⑩实行新电新价。

地方机动财力主要包括地方各级财政部门掌握的预备费、超收分成和以前年度结余资金等。电力建设基金是国家为加快电力事业的发展，按规定在全国范围内征收 0.02 元/千瓦的电力建设基金，上网水电电量的电力建设基金也由大电网供电部门向用户征收，部分返回给各县水利（水电）局，作为小水电专项建设基金。地方超收留用的能源交通重点建设基金，只能用于能源交通建设。卖用电权方式也是经国务院批准集资办电、筹措电力建设资金的一项政策。实行"新电新价"政策为新建的农村水电站增大造血功能，也使地方自筹资金能力得到加强。

水利事业费是指国家用于发展水利事业的经费，包括水利事业单位机构经费和专项经费，主要来源于：①各级财政部门核拨的财政补助收入；②从财政专户核拨以及经财政部门批准留用的预算外资金；③上级主管部门核拨的补助收入和所属单位的上缴收入；④水利事业单位开展有偿服务和综合经营取得的收入用于弥补水利事业费不足部分；⑤水利事业单位取得的其他方面收入。

农村水电企业发行股票和债券是指具备条件的农村水电企业可申请股票上市或发行建设债券，筹措农村水电建设资金。2002 年，农村水电上市企业从资本市场募集资金 42.8 亿元，其中，首次发行股票募集资金 32.5 亿元，配股募集资金 8.8 亿元，发行企业债券募集资金 1.5 亿元。截至 2006 年，全国水利系统已有新疆汇通水利，四川乐山电力、明星电力、岷江水电、西昌电力、广安爱众，重庆三峡水利、乌江电力、涪陵水电，福建闽东电力，浙江钱江水利，广西桂东水电，湖南郴电，河南世纪光华，安徽水利，云南文山共 16 家公司实现了上市，在我国股市上形成了中小水电板块。

由于农村水电属于地方性准公共品，农村水电的开发建设主要是地方政府部门的事，因此，地方自筹资金理应成为农村水电开发最重要的资金渠道，必须广开门路及动员地方各界力量进行多渠道、多层次筹集农村水电开发资金。

（4）利用外资及其他资金。农村水电开发利用外资的项目不多，只有那些有着优越的地理区位、丰富的小水电资源和投资环境的地区农村水电项目才能赢得外资的青睐。例如，湖北从2000年农村小水电才开始利用外资，其长阳招徕河水利水电枢纽工程、恩施州大龙潭水利枢纽工程、保康县寺坪水利水电枢纽工程三个工程总投资124177万元，引进日本协力银行贷款94.09亿日元（合人民币7.24亿元）；此外湖北的南漳峡口水利水电枢纽工程、竹山松树岭电站工程、来凤垃圾滩水利水电枢纽工程、宣恩县洞坪水利水电枢纽工程等项目计划总投资16.9亿元，引进世行贷款1.1345亿美元。

其他资金来源是指以上资金来源中未包括的资金，如集资款、捐赠、CDM碳融资等。一般情况下，农村用电主要靠地方政府和广大农民自己集资建设，而农民对小水电建设也有很高的积极性，特别在有着丰富水电资源的南方一些省份，那些10千伏以下的输变电工程均由受益农民负责集资修建，特别是贫困的山区，政府给予适当支持。"十五"时期以来，在国家的扶持下，大批农村集体和农民集资开发农村水电，集资办电成为农村水电建设资金的一个比较重要的来源。

CDM碳融资（李志武等，2007）是小水电的一种新融资渠道，碳融资是指为减少经合组织国家温室气体排放而购买温室气体减排量的交易，是《京都议定书》为经合组织国家在减少温室气体排放并同时帮助发展中国家和经济转型国家投资于对气候变化有利的技术和基础设施方面提供的机遇。水电站利用水能发电可以减少CO_2的排放量。CDM碳融资就是让经合组织国家的企业购买发展中国家的CO_2的减排量指标。我国待开发的小水电如有10%按照CDM规则开发成功，则共有9150兆瓦的小水电，可产生2400万吨二氧化碳总量/年的减排量，CDM总收入达48亿美元。如甘肃省张掖市小孤山水电站项目，设计总装机容量9.8万千瓦，总CO_2减排量为372.3万吨，每吨CO_2减排量的交易价为4.5美元，项目业主得到1500万美元的无偿投资，相当于153美元/千瓦。

2. 资金构成

上述农村水电建设资金的构成如表7.5所示。由于我国长期忽视对农村水电投资相关数据资料的收集统计，使得我国农村水电建设资金的许多历史数据缺乏，在各类统计年鉴中很少出现，通过大量的文献资料查阅。从表中数据可以看出，全国农村水电建设总投资年年递增；银行贷款和自筹资金在总投资中所占比重越来越高，两者相加占农村水电总投资的65%～80%，是农村水电建设资金的主要来源；中央政府投入则不太稳定，时高时低；利用外资虽然金额不大，所占比重也较低，但无论是绝对投资额还是相对比例都呈逐年递增趋势，证明了农村水电对外资有一定的吸引力；其他资金占农村水电总投资的比重则越来越低，从近20%下降至10%不到，进一步说明了国家在不断规范农村水电建设行业以及农村水电开发"政府引导、市场运作"方针政策的贯彻实行。总体来说，"十三五"农村用电量保持平稳，基本维持在9200亿～9500亿千瓦时，已建成的农村小水电发

表7.5　全国农村水电开发资金来源和比重

年份	资金来源	中央政府	国内贷款	自筹资金	利用外资	其他资金	合计
1994	投资额（亿元）	10.24	39.13	31.92	2.75	19.34	103.38
	比重（%）	10.03	38.33	30.27	2.66	18.71	100
2003	投资额（亿元）	35.86	119.18	100.3	10.47	44.14	309.95
	比重（%）	11.6	38.5	32.4	3.4	14.2	100
2005	投资额（亿元）	30.28	174.67	175.98	17.12	40.81	438.86
	比重（%）	6.9	39.8	40.1	3.9	9.3	100
2016	投资额（亿元）	52.9	—	6.7	—	—	249
	比重（%）	21.24	—	2.69	—	—	100
2017	投资额（亿元）	46.5	60.24	5.9	—	115.68	200.0
	比重（%）	20.3	26.3	2.9	—	50.5	100
2018	投资额（亿元）	15.7	12.5	3.7	—	68.1	100.1
	比重（%）	15.7	12.5	3.7	—	68.1	100

资料来源：1994～2005年数据来自中国农村水电及电气化网（www.shp.com.cn）和李志武、赵建达等编著的《中国民营资本与小水电》，2016～2018年数据来自《农村水电年报》，部分数据缺失，2019年起未见农村小水电开发资金结构统计数据。

电量也维持在 2300 亿~2500 亿千瓦时，农村小水电建设已趋于饱和。加之对农村地区的生态、水土和环境问题的日益重视，农村小水电新增建设投资逐年递减，农村小水电发展的基本方向发生根本调整，由粗放式增长转变为提质增效和绿色发展。

自 2019 年起，遵循农村水电绿色发展、生态保护、惠及民生等方面的经验原则，水利部全面推动农村水电安全监管和安全生产标准化、绿色小水电创建工作，印发了长江经济带小水电站生态流量监管、长江经济带小水电站退出工作实施方案编制、长江经济带小水电清理整改工作协调等相关文件，统筹推进，分类指导开展小水电站综合清理整改和小水电增效扩容改造增值项目建设。截至 2019 年底，全国累计创建 338 座绿色小水电示范电站，累计创建 2789 座安全生产标准化电站，1997 座电站完成增效扩容建设，累计修复减脱水河段 2850 千米，巩固新增水库库容 278 多亿立方米，新增改善灌溉面积 2406 余万亩，长江经济带 25655 座小水电站有 21640 座需整改、3123 座需退出。农村水电发展进入新的篇章。

三、PPP模式在农村水电开发融资中的应用研究

（一）PPP 模式概述

1. 简介

PPP（Private – Public Partnership）即公共部门与私人企业合作模式，是指政府、营利性企业和非营利性企业以某个项目为基础而形成的相互合作关系的模式。PPP 是一个完整的项目融资概念，其最原始的形式是在 1985~1990 年备受关注的 BOT 模式。较早的、比较正式的 PPP 模式出现在 1992 年英国保守党政府提出的"私人融资计划"（Private Finance Initiative，PFI）中。当时，PFI 模式大多用于运输部门的建设（在英国曾高达85%）（毛燕玲等，2007）。但是现在，作为 PFI 的后继者，PPP 被广泛运用于各种基础设施项目的融资。

PPP 有广义和狭义之分。广义的 PPP 泛指公共部门与私人部门为提供（准）公共物品或服务而建立的各种合作关系，是一系列项目融资模式的总称，包含 BOT、TOT、DBFO 等多种模式；而狭义的 PPP 是指一种具体的融资模式即公私合营模式（万冬君等，2006）。广义的 PPP 可以分为外包、特许经营和私有化三大类：①外包 PPP 通常是政府投资，将整个项目中的一项或几项职能承包给私人部门，或者私人部门受政府之托，代为管理维护设施或提供部分公共服务，并通过政府付费实现收益；②特许经营类项目包括 TOT、BOT 等形式，是政府授权项目公司在一定时间内经营项目，私人部门与公共部门分担项目风险、共享项目收益，项目公司可以直接向最终消费者收取费用；③在私有化类 PPP 项目中，私人部门负责项目的全部投资，在政府的监管下，通过向用户收费以收回投资并实现利润。因此，PPP 不是一种固定的模式，而是一系列可能的选择，如服务或者管理合同、计划—建设，计划—建设—运营，等等。

2. PPP 模式的经济学背景

公共品供给理论和实践都证明，在纯公共物品和其他各种物品之间并不存在鸿沟，公共物品的非排他性和非竞争性是随着社会的发展动态变化的。就公共物品的非竞争性而言，公共物品的消费存在一个"拥挤点"，在该点之内，消费者可以自由地免费享用公共物品的收益，但当公共物品的使用人数超过这一点后，每增加一个消费者就会对其他消费者造成影响，在这种情况下，这些公共物品的消费就具有了可竞争性，从而成为准公共产品。准公共产品具有的一定的经济物品的特性使通过引入某种程度的市场机制成为更有效率的选择。这样 PPP 应运而生，以适应这些准公共物品的特性，将政府提供与私人提供各自的优点结合，避免两者的劣势，经过市场实践的考验，证明这些创新的安排有生命力。PPP 既利用了私人企业的效率，又通过政府的参与解决了一些私有化经营无法避免的宏观上的问题（王灏，2004）。

3. 与其他模式的比较

为了深化对 PPP 模式的认识，有必要了解一下当前比较流行的几种融资方式，并结合狭义 PPP 概念进行比较。

BOT（Build－Operate－Transfer）融资模式，以政府提供的一种项目建设和经营特许权协议为基础，由本国或外国公司作为投资者和经营者安排融资、承担风险、建设项目，并在有限的时间内经营项目并获得合理的回报，最后根据协议将项目归还给政府。

TOT（Transfer－Operate－Transfer）融资模式，即将建设好的公共工程项目移交给外商企业或私营企业进行一定期限的运营管理，该企业组织利用获取的经营权，在一定期限内获得收入，在合约期满后交回给所建部门或单位。

ABS（Asset－Backed－Securitization）融资模式，以项目所属的资产为支撑的证券化融资，具体而言，是以项目所拥有的资产为基础，以项目资产可以带来的预期收益为保证，通过在资本市场发行债券来募集资金。

通过表 7.6 的比较可以知道，PPP 模式更多地适用于政策性较强的准经营性基础设施项目建设。这些项目有一定的现金流入，但无法实现自身的收支平衡。政府需要对这类项目给予一定的政策倾斜和必要的资金补偿。由于这类项目政策性较强，要求政府对这些项目应有较强的调控能力。

表 7.6　PPP 与其他融资模式比较

比较对象	融资模式			
	PPP	BOT	TOT	ABS
短期内资金获得的难易程度	较易	难	易	难
项目的所有权	部分拥有	拥有	可能部分或全部失去	不完全拥有
项目经营权	部分拥有	失去（转交之前）	可能部分或全部失去	拥有
融资成本	一般	最高	一般	最低
融资需要的时间	较短	最长	一般	较长

续表

比较对象	融资模式			
	PPP	BOT	TOT	ABS
政府风险	一般	最大	一般	最小
政策风险	一般	大	一般	小
对宏观经济的影响	有利	利弊兼具	有利	有利
适用范围	有长期、稳定现金流的项目	有长期、稳定现金流的项目	有长期、稳定现金流的已建成项目	有长期、稳定现金流的项目，在国际市场上大规模筹集资金

资料来源：冯锋，张瑞青. 公用事业项目融资及其路径选择——基于 BOT、TOT、PPP 模式之比较分析 [J]. 软科学，2005，19（6）：52－55.

（二）农村水电开发的 PPP 融资应用模型

根据图 7.3 可知，农村水电 PPP 融资模式经历两个阶段。

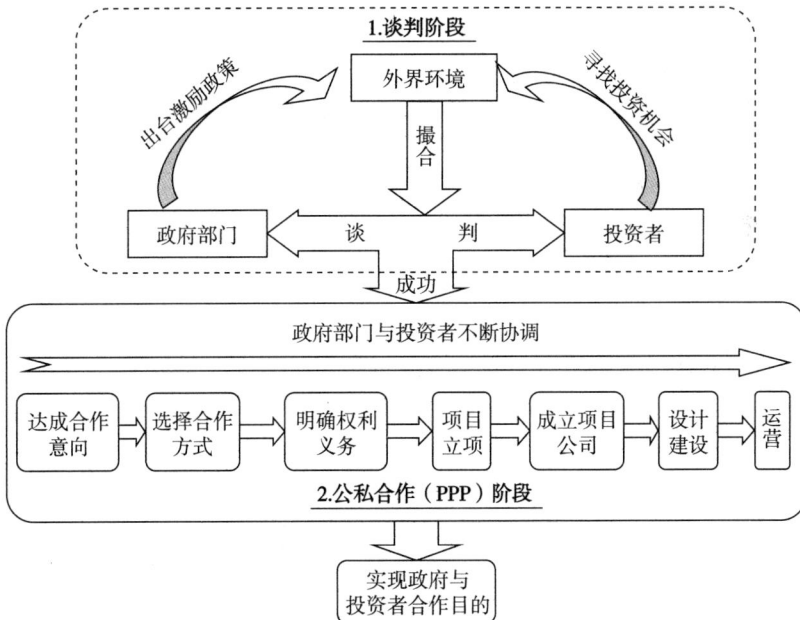

图 7.3　农村水电 PPP 融资模式

1. 谈判阶段

鉴于农村水电的公益性，为吸引民间资本，政府必须通过政策优惠吸引社会踊跃投资，而一些意欲投资农村水电项目的私人部门根据资源条件、资本条件、政策条件等内部优势和外部机会对项目进行初步可行性分析，同时综合考虑自身不足和外界风险权衡计量利弊得失，若初步判断项目可行，则潜在的投资者就会与政府有关部门或代表机构进行合作谈判。一般来说，在 PPP 模式中，对于水电项目的一些基础工程建设、库区移民和移民安置等涉及与当地协调的前期工作，投资者都尽量想由政府部门承担，而投资者乐意投资的部分主要是大坝、引水隧洞、电站等工程，这些在谈判中都是首先要明确的，此外，投资者还会尽量争取政府的融资担保和更优惠的财税政策。

2. 合作阶段

如果双方谈判成功，则进入合作阶段，这就是公私合作（PPP）阶段，在此阶段，双方进一步达成合作意向，签订合作协议，并选择具体的合作方式和项目资本结构，同时明确双方合作在项目寿命期内的责任义务及所享的投资回报和效用，然后对项目进行可行性论证和环境影响评估，编制可行性研究报告，并报上级水利部门审查和发展改革委员会批复进行项目立项，立项工作就绪后，注册成立具有独立法人性质的水电有限公司，建立工程管理体系，制定规章制度，聘请设计单位进行工程勘测设计，向社会招标施工单位，聘请监理单位全程控制工程质量，而政府职能部门也会执行质量监督任务，经常开展质量监督活动，对不足之处要求限期整改，工程结束后就进入项目试运行发电，就是进入项目运营阶段，实现政府和投资者的合作目的。而在整个合作阶段，都贯穿着政府部门和投资者双方之间的不断协调与沟通过程。

（三）农村水电开发 PPP 融资模式应用前景

根据上文可以知道，PPP 模式非常适合政策扶持且有稳定现金流的准经营性项目，而农村水电开发项目恰恰具备这些优势。

首先，国家大力发展农村水电电气化和小水电代燃料等工程，出台了许多鼓励和支持非国有经济成分投资小水电的优惠政策，农村水电行业的投资政策环境非常优越。2004 年《国务院关于投资体制改革决定》指出要放宽社会资本的投资领域，允许社会资本进入基础设施、公用事业及其他行业和领域。政府通过注入资本金、贷款贴息、税收优惠等措施，鼓励和引导社会资本以独资、合资、合作、联营、项目融资等方式，参与经营性的公益事业、基础设施项目建设。从 2006 年开始的农村水电改革进一步明确了要推进投资体制改革，实现投资主体多元化，发挥国有资本引导作用，推行股份制、股份合作制办电，鼓励集体资本、非公有资本开发农村水电。以及上文所述的多项针对不同农村水电开发模式的具体税收优惠、经济激励等措施保证了非国有经济成分投资农村水电的基本回报。在大量国家政策支撑下，农村水电基本形成了在政府引导下的投融资主体多元化的市场化运作格局，既有传统的水利企业、电力企业，又有社会法人、私人、外商、上市股份公司，各种主体形式并存，各投资主体按照互惠互利的原则组建有限责任公司或股份有限公司进行开发，主要形式有：水利系统企业和电力系统企业合作开发，省、县水电企业与民营企业或外资合作开发，民营企业或外资独立开发。而省、县水电企业与民营企业或外资合作开发其实就是一种 PPP 农村水电融资模式。

其次，由于 PPP 融资模式独特的合作和风险分散机制，使用 PPP 融资模式的农村水电融资和开发过程中每个阶段的风险都能由公共部门和私营部门通过合理机制被有效地分配，使风险向更有承担能力的部门转移，在很大程度上降低了私营部门的投资风险。并且 PPP 的公私合作形式灵活，双方除资金外，可用土地使用权、劳动力、设备、技术、施工工程款等入股甚至还能以水权参股。此外，由于有政府背景的国有企业合作，农村水电开发的立项审批、移民安置补偿等前期工作进展会更加顺利，许多与当地政府部门和百姓的沟通协调工作可交由水电企业去完成。当然，对于公共部门的水电企业来说，与私营企业特别是外资企业合作不但能引进资金，使政府部门以一定资金建设更多的项目，缓解政府部门公共建设的资金压力，还能引进先进的技术和管理方式，有利于提高项目资金的使用效率，保证项目的质量。

因此，PPP模式对农村水电开发合作双方是一种双赢的融资方式，并且随着非公有制经济成分的不断扩大，民营企业的不断成长，利用外资的步伐不断加快，政府管理体制的不断完善，政府角色的逐步转换，今后这类准经营性的农村水电PPP模式将有更广阔的应用空间。

四、农村小水电代燃料工程融资结构实证分析

（一）项目概况

1. 自然地理情况

道县位于湖南南部，毗邻两广，辖7个街道、11个镇、4个乡，369个行政村，总人口83万人，土地面积2447平方米。道县自秦始皇建县以来，历为郡、府、州、治所，至今已有2200多年历史，宋代理学家周敦颐、清代书法大师何绍基等历史名人均出生在这里，特别是道县发现了玉蟾岩古稻作化石遗址，把中国稻作文化提前了1500年，成为考古史上重大发现。道县四面环山，中部为盆地，东邻九嶷山，西靠萌渚岭，北邻都庞岭，湖南第二高峰海拔2015米的韭菜岭就位于道县，是"七山半水分半田，余为道路和村庄"的格局。泡水河流域位于著名的九嶷山西北面、道县的东南部，属湘江潇水河的一级支流。

2. 社会经济概况

道县经济发展速度较快，特别是民营经济的迅速崛起，成为经济发展的最活跃成分，2019年全县实现国内生产总值221.7亿元，财政收入14.97亿元，农村居民人均可支配收入17155元，是永州经济发展较好的县。泡水河流域内辖2个镇1个乡，总人口5.6万人，流域面积508平方

千米，河流长度 60 千米，流经山区，谷窄、流短、水急，雨期多暴雨，是国家水利部"小水电代燃料"的试点区，含 23 个小水电开发群的试点工程。出于地理位置和历史原因，在未实现村村通电之前，流域内村民大多数采用木材作为生活、加工、烧炭和取暖燃料，炉灶十分简陋，能量利用率很低，每户平均薪柴 14 立方米，每年共消耗木材达 20 万立方米以上，由于砍伐的均为生长较缓慢的杂木，一旦砍伐，再难以生长，对森林植被破坏较大。2003 年道县县委、县政府提出了发展"生态、环保、效益"经济的思路，结合国家实施的退耕还林、长江防护林、生态公益林建设及旅游开发等措施，在全县实行封山育林、生态环境综合整治和保护潇湘母亲河行动，其中泡水河流域就是重点整治区之一，组成了专门的班子，开展了泡水河流域生态环境综合整治，关闭了开挖 60 年的湘源锡矿，实施退耕还林和封山育林。

3. 水资源开发

道县气候温和，雨量充沛，属中亚热带湿润性季风气候区，多年平均年降雨量在 1700 毫米以上，径流深 1020 毫米。境内水系发育，河流纵横，落差大，水能理论蕴藏量 36.18 万千瓦，可供开发量 23.5 万千瓦，开发潜力巨大。泡水河流域是小水电代燃料生态工程的试点，全流域控制集雨面积 508 平方千米，其中上游为山区，群山起伏，溪河纵横，最高海拔 1815 米，控制集雨面积 320 平方千米，其中森林覆盖率达 70.4%。流域内年降雨量 1828 毫米，年径流深 1360 毫米，平均河流坡降达 20.5‰，由于落差集中，降水量大，水能资源十分丰富，理论蕴藏量 56.3 兆瓦，可开发量 42 兆瓦，开发条件优越。

经规划，泡水河流域共可开发电源点 20 处，电站总装机容量 40.69 兆瓦，年发电量为 1.65 亿千瓦时，电站总投资 1.27 亿元。同时，对泡水河流域进行了输配电网规划，新建 110 千伏变电站 1 座，新建 35 千伏变电站 3 座，35 千伏线路 19.1 公里，10 千伏线路 180 公里，通过新建 110 千伏线路 19 公里将泡水河流域电网与江华岭东地方电网相连，电网投资 2380 万元。

4. 小水电代燃料试点工作情况

道县对小水电代燃料工程试点完成规划后，自 2003 年下半年开始着手在泡水河流域进行试点规划，选择大坪（1500 千瓦，水头 191 米）、车子江（1000 千瓦，水头 9 米）、杰仕口（1500 千瓦，水头 210 米）三个水电站作为试点电源，均为径流式水电站，总装机容量 4000 千瓦，平均年发电量为 1570 万千瓦时，根据预测，最高年发电量可达 1950 万千瓦时，最低年发电量也有 835 万千瓦时，并通过泡水河流域电网将三个电站联网，配套供电网络采用 10 千伏降压后供电，共需架设 10 千伏及以下线路 230 公里，升、降压变压器 34 台，总容量 7000 千伏，工程总投资为 1785 万元。试点供电范围为洪塘营瑶族乡、横岭瑶族乡和驷马桥镇的大洞田村、东江源、大河、杨家等 20 个无电行政村，总户数 3890 户，总人口 15603 人，保护退耕还林面积 8.4 万亩，生态公益林 15 万亩，户均拥有装机容量 1.02 千瓦，户均拥有电量 4035 千瓦时。按照保本经营满足银行贷款偿还能力计算，供电价为 0.23 元/千瓦时，每户年用电量 1200 千瓦时，电费支出为 276 元，约占户均年收入的 3%，政府实行补贴后，村民都能承受，加之村民长期缺电、少电，盼电呼声极高。新建水电站网，自投产之日起，增值税按 6% 的比例征收，所得税全额返还给生态电站，建设期间房产税、车船使用税、土地使用税等，可按税收管理权限报批，给予减免照顾。其中县里留成的部分全额返还电站。

由于以小水电代燃料是一项纯公益性工程，只能保本微利，不允许有较多的盈利，相对抗风险能力较差，电量调控能力弱，因此必须依靠经济实力较强和电量调控能力的经济组织，以市水利电力有限责任公司作为以小水电代燃料的投资主体，对小水电代燃料工程实行经营管理，通过网络调控，保证电量供应，同时接受当地政府和用电协会的监督。因此，在三个生态电站的资金筹措方面，采取多渠道灵活多样的办法筹集开发资金，除国家和地方政府配套投入外，①道县人民政府出台了开发小水电有关税收优惠政策，引导投资者开发小水电，政府为投资者提供服务，在泡水河流域水电开发中，道县政府完成了"三通"等前期准备工作，为电站修公路提供补偿，开通程控电话，帮助协调矛盾，创造了较好的经济投资环境。②积极引导村民入股，将工程征地等补偿费按照政策入股，鼓励村民投工投劳工资入股，同时鼓励干部职工集资入股，通过发动村民入股，一是有利于提高村民的收入，增加他们的电费支付能力，二是有利于自我监督管理。③县政府对生态电站建设所需资金缺口，由生态电站未来电费作为质押，县水电总公司提供贷款担保，向银行申请长期贷款。

（二）模型建立

1. 参数设立

根据《小水电建设项目经济评价规程》，当电站容量小于6000千瓦，且在一年内投产，免征所得税时，规划项目允许用简化方法进行经济评价。投资 $I = Nk_N$；年收益 $B = aNh(1-\eta)S$；年运行费 $C = \rho_c \phi Nk_N$；还贷资金可按未分配利润额和折旧费的某一比率计算；税金及附加 $T = \varsigma B$。其中，N 表示电站装机容量（单位：千瓦）；k_N 表示单位千瓦投资（单位：元/千瓦）；h 表示装机利用小时（单位：小时）；S 表示计算电价（单位：元/千瓦时），就是供电价0.23元/千瓦时；a 表示有效电量系数，取 $a = 0.7$；η 表示厂用电与网损率，取 $\eta = 10\%$；ρ_c 表示年运行费率，$\rho_c = 5\%$；ϕ 表示固定资产形成率，取 $\phi = 1.0$；ρ_d 表示综合折旧率，取 $\rho_d = 5\%$；ς 表示税率（是指销售税金及附加，包括增值税、教育费附加、城市维护建设税），取 $\varsigma = 6.12\%$。由于大坪、车子江、杰仕口三个生态水电站装机容量共4000千瓦，小于6000千瓦，因此可以把这三个水电站建设项目的融资捆绑成一个生态水电站进行融资分析。

设本案例在规划中拟获得占项目总投资 I（1785万元）比重为 α_1 的政府资本金投入，申请项目总投资 α_2 比例的银行长期贷款，引进项目总投资 $1 - \alpha_1 - \alpha_2$ 比例的包括当地代燃料户、企业、个人的社会投资。其中政府资本金在计算期内不分配利润，"以电养电"；银行贷款期限为20年，固定利率贷款，利率执行央行规定的2003年长期贷款利率5.76%，按年等额偿还本金和贷款利息；社会投资是以项目的经济效益为投资目的的，每年从项目的可分配利润中提取应付利润。

案例中的生态电站是发供一体的小水电站，事实上代燃料电站因地理位置偏僻通常都是发供一体的小水电站，并且是具有调节丰枯水量的一定调节能力的水电站。《小水电建设项目经济评价规程》指出，小水电的生产期和小水电工程主要设备和输电线路的折旧年限均为 20 年，因此本案例的计算期也设为 20 年。根据税法规定，一般的小水电行业正常所得税率 $\tau = 33\%$，当然各地在实践中往往会采取适度减免政策，但案例中道县给予代燃料电站所得税全额返还的税收优惠，于是 $\mu = 0$。

2. R、K、λ 计算

若项目采用固定利率 5.76%，按年等额偿还本金和贷款利息，根据《小水电建设项目经济评价规程》，还贷资金主要从收益和折旧费中提取，于是 $\alpha_2 I$ 银行贷款 20 年的还贷利息为 $\alpha_2 I \times [1 + 19/20 + 18/20 + \cdots + 1/20] \times 5.76\% = \alpha_2 I \times [(1 + 20) \times 20/(20 \times 2)] \times 5.76\% = 0.6048 \times \alpha_2 I$，于是 $\alpha_2 I$ 银行贷款 20 年的收益率 $K = (\alpha_2 I + 0.6048 \times \alpha_2 I)/\alpha_2 I = 1.6048 \cong 1.6$。

$(1 - \alpha_1 - \alpha_2)I$ 的资金为社会投资者的资本金投入，最低投资收益率取小水电财务基准收益率 10%，由于投资者每年都能从净收益中享受分红，同上，$(1 - \alpha_1 - \alpha_2)I$ 份额的资金所能获取的 20 年收益率 $\lambda = 1 + [(1 + 20) \times 20/(20 \times 2)] \times 10\% = 2.05$。

设生态电站年发电量为 x 万千瓦时，于是水电站年最高发电量 $x_{max} = 1950$ 万千瓦时，年最低发电量 $x_{min} = 835$ 万千瓦时，多年平均发电量 $x_a = 1570$ 万千瓦时。《小水电建设项目经济评价规程》指出，小水电建设项目各变化量的随机分布可近似用正态分布来描述，当资料不足时，均值和均方差可用下式估计：

均值 $\bar{x} = (x_{max} + 4x_a + x_{min})/6 = 1510$ 万千瓦时

均方差 $\sigma_x = \sqrt{\left(\dfrac{x_{max} - x_{min}}{6}\right)^2} = 185.7$ 万千瓦时

于是 x 服从均值为 1510，均方差为 185.7 的正态分布，即 $x \sim N(1510, 185.7)$。

年净收益 B_N = 年收益 - 年运行 - 年税金及附加 = $B - C - T$，根据上述，$B = 0.7 \times 4000 \times (x/4000) \times 0.9 \times 0.23 = 0.1449x$，$C = 0.05 \times 1 \times I$，

$T = 0.0612 \times B$，于是 $B_N = B - C - T = 0.1449x - 0.05I - 0.0612 \times 0.1449x = 0.13603212x - 0.05I$，由于每年的年净收益中需要偿还贷款本金和利息并给投资者分配利润，于是电站 20 年的总收益 $TB = 20 \times B_N$。即 $TB = 20 \times B_N = 2.7206424x - I = 2.7206424x - 1785$。代燃料电站 20 年的利润率 $R = TB/I = 0.001524169412x - 1$。$R$ 的均值 $\overline{R} = 0.001524169412 \times \overline{x} - 1 = 1.30149581212 \cong 1.3$。$R$ 的均方差为 $\sigma_R = 0.001524169412 \times 96.3 = 0.28306874319664 \cong 0.283$。因此 R 服从均值为 1.3、方差为 0.283 的正态分布，即 $R \sim N(1.3, 0.283)$，密度函数为 $f(R) = \dfrac{1}{\sqrt{0.283 \times 2\pi}} e^{-\frac{(R-1.3)^2}{2 \times 0.283 \times 0.283}}$。

3. 模型建立

将上述参数代入具有政府补助的基础设施项目融资结构模型中，可以得到如下模型。

$$
\begin{cases}
\max\limits_{\alpha_1 > 0} u_1(\alpha_1, \hat{s}_2(\alpha_1)) = \max F_1(\alpha_1, \alpha_2) = \max 1 - \alpha_1 - \alpha_2 \\[2mm]
\max F_2(\alpha_1, \alpha_2) = \max\limits_{\alpha_2} \alpha_2 \left(1 - \int_0^{\alpha_2 K} f(R)\,\mathrm{d}R\right) \left\{\left[\overline{R} - \left(\alpha_2 K + \dfrac{1-\alpha_1-\alpha_2}{1-\mu\tau}\lambda\right)\right]\right. \\[2mm]
\left(1 - \int_0^{\frac{1-\alpha_1-\alpha_2}{1-\mu\tau}\lambda + \alpha_2 K} f(R)\,\mathrm{d}R\right) - \left(\overline{R} - \dfrac{1-\alpha_1}{1-\mu\tau}\lambda\right)\left(1 - \int_0^{\frac{1-\alpha_1}{1-\mu\tau}\lambda} f(R)\,\mathrm{d}R\right)\right\} \\[2mm]
= \max\limits_{\alpha_2} \alpha_2 \left(1 - \int_0^{\alpha_2 K} f(R)\,\mathrm{d}R\right) \left\{\left[\overline{R} - \alpha_2 K - (1-\alpha_1-\alpha_2)\lambda\right](1 - \right. \\[2mm]
\int_0^{(1-\alpha_1-\alpha_2)\lambda + \alpha_2 K} f(R)\,\mathrm{d}R) - \left[\overline{R} - (1-\alpha_1)\lambda\right]\left[1 - \int_0^{(1-\alpha_1)\lambda} f(R)\,\mathrm{d}R\right]\right\} \\[2mm]
f(R) = \dfrac{1}{\sqrt{0.283 \times 2\pi}} e^{-\frac{(R-1.3)^2}{2 \times 0.283 \times 0.283}} \\[2mm]
\overline{R} = 1.3, K = 1.6, \lambda = 2.05 \\[2mm]
\alpha_2 < (\lambda - \overline{R})/(\lambda - K) \\[2mm]
\lambda\alpha_1 + (\lambda - K)\alpha_2 \geq \lambda - \overline{R} \\[2mm]
0 < \alpha_2 < \overline{R}/K \\[2mm]
0 < \alpha_1 < 1 - \alpha_2
\end{cases}
$$

（三）模型求解和分析

1. 模型求解

运用 Matlab7.0 软件对上述模型进行编程，具体程序见附录。首先求出第一个函数 $F_1(\alpha_1, \alpha_2)$ 的最大值 F_1^0 为 0.6341，以及第二个函数 $F_2(\alpha_1, \alpha_2)$ 的最大值 F_2^0 为 0.1853，再对加权和效用函数 $U(\alpha_1, \alpha_2) = \frac{1}{F_1^0}F_1(\alpha_1, \alpha_2) + \frac{1}{F_2^0}F_2(\alpha_1, \alpha_2)$ 求最大值，得到该小水电代燃料工程融资结构模型的最优解 $(\alpha_1, \alpha_2, 1-\alpha_1-\alpha_2) = (0.6936, 0.2239, 0.0825)$，即要完成该小水电代燃料工程并有效地引入市场机制，并使各参与方目标得到满足、风险分配合理的最佳融资结构是国家或财政补助总投资额 69.36% 的资本金，投资者投入 8.25%，其余的 22.39% 从银行贷款。由此可见，对公益性强的农村基础设施项目的投资建设，若按市场机制实行企业运作，财政的有力引导是关键，国家或财政的资本金注入以及政策鼓励是必不可少的。

2. 投资者和银行的风险分析

根据前文中的分析以及本节各参数的设定：

（1）可以绘制 α_1 给定时，投资者投资小水电代燃料工程的风险曲线，图 7.4 就是当 $\alpha_1 = 0.6936$ 时投资者的风险概率 $p_H = \int_0^{(1-\alpha_1-\alpha_2)\lambda+\alpha_2 K} f(R)\,dR$ 函数曲线。

（2）代入各项参数数据，可以进一步计算其他的风险数据。

1）银行把资金贷给投资者的风险，就是前文中银行贷款的风险概率 p_B，经运算，$p_B = \int_0^{\alpha_2 K} f(R)\,dR = 0.0044$，即银行的贷款风险值为 0.44%。

2）投资者获得银行贷款后的投资风险，就是投资者与银行合作后的风险概率 p_H，经运算，$p_H = \int_0^{\frac{(1-\alpha_1-\alpha_2)\lambda}{1-\mu\tau}+\alpha_2 K} f(R)\,dR = \int_0^{(1-\alpha_1-\alpha_2)\lambda+\alpha_2 K} f(R)\,dR = 0.032$，即投资者与银行合作成功后不能正常保本微利的风险值为 3.2%。

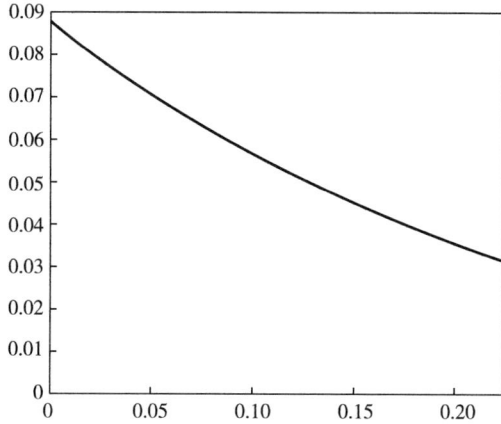

图 7.4　$\alpha_1 = 0.6936$ 时投资者的风险曲线

3）投资者没有获得银行贷款的投资风险，就是投资者未与银行合作风险概率为 p_{H0}，经运算，$p_{H0} = \int_0^{\frac{1-\alpha_1}{1-\mu\tau}\lambda} f(R)\,\mathrm{d}R = \int_0^{(1-\alpha_1)\lambda} f(R)\,\mathrm{d}R = 0.088$，即投资者未与银行合作而不能正常保本微利的风险值为 8.8%。

因此，通过投资者与银行的合作，投资者可以分散给银行的部分风险大小为 $\int_{\frac{1-\alpha-\alpha_{21}}{1-\mu\tau}\lambda+\alpha_2 K}^{\frac{1-\alpha_1}{1-\mu\tau}\lambda} f(R)\,\mathrm{d}R = \int_{(1-\alpha_1-\alpha_2)\lambda+\alpha_2 K}^{(1-\alpha_1)\lambda} f(R)\,\mathrm{d}R = 0.056$，即通过从银行贷款能够使投资者规避 5.6% 的风险。

五、本章小结

农村水电项目融资机制属于典型的财政引导型。本章首先从分析农村水电准公共品性质和农村水电项目的财政引导型融资机制的理论和政策依据入手，分析了不同类型农村水电项目的融资主体，以及从政策层面研究了财政对农村水电项目的具体引导方式。其次分析了农村水电项目融资的中央财政资金、国内银行贷款、自筹资金、外资等资金来源和构成。再次在分析 PPP 融资模式基础上建立了农村水电项目的 PPP 应用模式，并对 PPP 融资模式在农村水电项目建设融资的应用前景作了分析。最后结合第五章的研究成果对农村小水电代燃料工程的融资结构进行了实证分析，结果表明，小水电代燃料工程的最佳融资结构是：国家或财政补助必须达到项目总投资额的 69.36%，银行贷款的 22.39%，投资者资本金投入的 8.25%，说明财政引导型融资机制，国家或财政的资本金注入以及政策鼓励是项目融资成功并实行企业化运作的关键。

第八章

非营利性农村基础设施融资创新途径探索

一、实现非营利性农村基础设施
融资创新的保障措施

（一）进一步明晰农村基础设施产权，落实建管主体

产权不清是当前农村基础设施建设主要依赖政府投入、市场化运作不力的重要原因，由于大部分农村基础设施具有非排他性和非竞争性的经济学属性，其正外部性的覆盖面广泛，导致这些农村基础设施的所有权、经营权、使用权、受益权难以界定，产权模糊，国有资本退出机制受阻，并且农村的产权制度改革进程缓慢，许多项目没有按照"谁投资、谁受益、谁拥有"的原则来运作，因而影响了民营企业和农民的投资热情。

布坎南提出了在所有权和经营权合一的前提下，可以通过所有权变更的方式把公共物品的政府所有或公共所有转变为私人所有。产权经济学家德姆塞茨认为，"产权的一个主要功能是引导人们实现外部性较大地内在化的激励"。也就是说，产权的界定可以使与外部性相关的成本或收益内

在化，能激发当事人有效运用资源的动力，从而降低成本，提高经济效益。科斯第二定理也告诉我们，当交易成本大于零时，不同的权利界定，会带来不同效率的资源配置。

从产权经济学理论而言，如果政府是农村公共品的唯一产权主体，农村基础设施均由政府提供，则社会任何自然人或团体法人都不拥有产权，会造成许多农村基础设施的产权主体虚无，而模糊的产权归属也将导致对农村基础设施的过度使用，产生"拥挤"，资源配置效率低下。由此应使部分作为公共品的农村基础设施成为商品，建立产权交易市场，由供求关系决定农村基础设施建养责任，方能发挥市场对资源优化配置的基础作用，条件一是农村社会公众可以通过公平契约产生产权主体；二是这类农村基础设施的生产和供给能够遵循市场原则。

因此，要鼓励农村基础设施的市场化管理和商业化运作，就必须加快农村基础设施的产权制度改革，可以先从外部性范围小、受益面容易分割的小型基础设施产权入手，改革逐渐向外部性覆盖范围大、投资规模大的中大型基础设施推进，改革过程的目标就是要通过制度的设计使农村基础设施的产权能够界定到自然人或法人，明晰产权，明确责任，并能运用市场竞争机制，充分调动各方面投资建设和管好农村基础设施的积极性，使每项农村基础设施的产权都能配置到最能充分利用资源、最适合拥有的主体。

自21世纪初起，国家发展和改革委员会已经开始改革农村基础设施产权制度，并且先从小型基础设施入手，对于一些单个农户受益的项目，项目建设所形成的资产归农户个人所有；对一些受益人口相对分散，产权难以分割的工程，通过承包、租赁、股份合作或组建使用者协会等方式，将所有权与经营权分离，将经营权与工程管护责任相统一；对于一些具有一定收益、适合经营的基础设施，通过公开拍卖，转让工程的所有权和使用权。

（二）加强立法，保障国家财政的农村投入力度

虽然从"十五"时期开始，连续四个五年计划解决"三农"问题成为

国家工作的重中之重，建设社会主义新农村和加快农村基础设施建设成为解决"三农"问题的长期战略和有效途径，国家和各级政府也逐步加大了对农村基础设施和公共服务等的投入力度，但相对农村庞大的历史欠账，现阶段国家财政投入仍是杯水车薪，财政投入远远不足，而且这种投入还存在着国家政治和政策风险，一旦政策变动，就可能无法维持现有的投入水平，导致旧账未还又添新账，因此，没有法律法规明确的国家财政投入是缺乏保障的。此外，几乎每一项中央财政投入都要求地方财政予以配套，对于发达地区或省级财政来说不难办到，但对欠发达地区以及市县级财政来说，其财政收入维持自身机构运转和各项事业经费尚且艰难，哪里还有剩余资金进行配套，所以国家财政资金在一些贫困地区几乎无法发挥杠杆作用。

由于大部分农村基础设施属于准公共品，虽然可以通过明晰产权以及引进市场机制实现选择性进入，使投资主体和资金来源多元化，但无论哪种运作方式都需要国家财政的引导才能完全使外部性内在化，消除准公共性特征采用私人供给方式，当然这种财政引导的方式和力度要视项目的经营性、外部性和属地而定，可以采取财政直补、财政贴息贷款、财政资本金投入等多种形式。可以说，国家财政投入或引导是农村基础设施融资机制实现市场化的先决条件，必须要有财政资金的先期投入保证，才能引导社会资金跟进，发挥四两拨千斤的杠杆作用，因此，要实现新农村建设和农村基础设施建设的可持续资金投入，国家财政投入是关键，必须立法予以保证。

我国还没有关于农业投入的立法，但已有一些专家和学者呼吁提出要立法完善农业投入体制，逐步建立与市场经济体制下政府职能、公共财政职能相适应的财政支持"三农"政策体系，确保国家财政每年对农业的总投入的增长幅度应当高于国家经常性收入的增长幅度，确保地方财政将一定比例的财政收入投入农业基础设施，确保国家固定资产投资用于农村的增长幅度应当高于国家固定资产投资的增长幅度等，通过立法，把国家的一些重大支农政策制度化、规范化，建立农村基础设施投入的长效机制。

（三）构建完善的农村金融体系

长期以来，农村金融体系存在着供需矛盾突出、服务体系不完善、体制机制不健全、机构功能不完备、基础建设不配套和政策扶植不到位等缺陷，农村金融成为整个金融体系中最薄弱的环节，被严重边缘化。随着农村金融机构网点的大量撤并，农村资金被邮政储蓄等金融机构大量抽走，农村金融产品日趋单一，农村政策性金融机构功能严重萎缩，农村的金融抑制现象愈发严重，成为制约农村经济社会发展的瓶颈，一方面农村大量项目因得不到资金而被搁置，另一方面大量资金从储蓄机构流出农村，尤其对资本密集型的基础设施行业来说，农村金融体系扭曲是造成农村基础设施融资能力后天不足的直接原因。

农村基础设施建设资金来源除部分来自各级财政补助外，绝大部分需要自筹，自筹方式主要有申请财政贴息贷款、向商业性金融机构间接融资、从金融市场上直接融资以及企业和个人投资等。也就是说，金融机构和组织包括政策性的和商业性的，因其资金使用成本相对较低，简便易操作，成为农村基础设施建设的重要融资渠道，是项目市场化运作的实现方式之一，无论农村基础设施是完全由私人供给，还是由公私合作供给，来自金融机构的间接融资是项目不可或缺的资金来源，总而言之，各类金融机构和组织构成的农村金融体系成为搭建"亲农型"农村基础设施融资平台的重要组成部分。

因此，必须改革和重构农村金融体系，构建一套健康、完善、高效的农村金融体系为农村基础设施建设提供充足的资金支持。所幸的是，自2006年以来，在政府众多政策和国内外社会各界的共同关注下，农村金融体系的改革和创新正逐步推进，并取得了一定的成就，农发行等农村政策性金融机构拓宽了支农业务范围，政策性功能更加完善；成立了邮政储蓄银行，邮政储蓄资金开始回流农村；明确农村金融机构和网点新增存款的支农比例；农村金融机构准入门槛放宽，外资银行和股份制银行等多种所有制金融机构相继诞生，等等。农村金融体系改革在不断深化和发展，引导社会资金持续支持"三农"、反哺"三农"，农村基础设施融资渠道将不断得到拓宽。

（四）服务型政府的建立

一直以来，政府直接投资是政府宏观调控中的一项重要经济职能，自上而下层级式行政指挥是政府主要的宏观调控行为，这种政府宏观调控模式已越来越不适应市场经济和经济全球化发展的需要，常常出现政府角色的越位、错位、缺位等现象，行政垄断和审批依然严重，限制非公有制经济的行业准入，对涉及公平的公共产品和服务供给不足，等等，说明政府职能界定中计划色彩依旧较浓，社会服务型政府还未建立。在农村基础设施供给过程中，政府不但财政投入不足，而且引入市场机制时所提供的服务还不到位，在农村基础设施的投融资市场上，政府主要充当担保人角色，而不是牵线人角色。

事实上，农村基础设施的融资不但需要政府的直接投资，更多的是政府从政策上引导并撮合非公有制经济涉入农村准公共品领域，建立市场化运作的融资机制，增强农村基础设施融资的自我生长能力，而引导和撮合的主要工作就是提供服务，需要政府角色向服务型转变，担当纽带和桥梁，有效协调并促进银行、企业和项目，银行、担保机构和项目以及项目和资本市场之间开展广泛的合作，合理疏导项目的融资需求，借鉴国际经验，积极推动各类金融机构创新适应农村建设的金融产品，为农村基础设施的产权制度改革提供切实的保障，因此，服务型政府是农村基础设施市场化融资的推动者。

随着市场经济体制的不断完善，政府机构改革的不断深化，政府的职能也在不断发生转变并朝着建立服务型政府的方向不断努力，产权制度改革、社会福利制度改革也会随之推进，农村基础设施的政府直接供给或市场运作范围将逐步明确。党的十七大提出要加大机构整合力度，探索实行职能有机统一的大部门体制，十一届人大一次会议接着出台了大部制改革方案，是中国进行的第六次政府机构改革，推行大部制，进行机构合并，有助于减少和规范行政审批，简化公务手续和环节，提高政策执行效能，使政府职能更加适应市场经济的发展，更加注重公共服务和改善民生，体现了中央建立服务型政府的决心，同时也给农村基础设施融资机制向市场化方向迈进带来了新的契机。

二、非营利性农村基础设施融资创新的可行途径

（一）组合 BOT 融资模式

农村基础设施包括经营性基础设施、非经营性基础设施以及准经营性基础设施三类。其中经营性基础设施的建设和运营完全可以运用市场机制进行融资；准经营性基础设施也能够在财政引导下实行市场化运作；而非经营性基础设施，由于收益不可分割，公益性突出，一般情况下只能由财政主导安排，市场机制失灵。但 BOT 模式通过对农村可经营性基础设施和非经营性基础设施进行组合融资，使非经营性农村基础设施也能间接地运用市场机制筹集建设资金。

BOT 模式适合具有长期稳定现金流的项目，因此，对于可经营性的农村基础设施，如农村农产品批发或集贸市场、农村小水电等，以及资源丰富的农村，如旅游资源、矿产资源等，可以考虑采用组合 BOT 模式融资建设农村基础设施。这种农村经营性和非经营性基础设施组合 BOT 融资模式的思想是：首先，地方政府与有意向进行设施经营或资源开发的民营企业或外资企业接洽交流；其次，双方就特许权协议内容进行谈判，在谈判过程中政府的筹码就是具有长期稳定现金流的设施或资源，而政府对特许权的要价必须使待建的非经营性基础设施成为特许权费用的一部分；最后，政府在授予民营企业或外国资本一定期限的资源开发或设施经营的特许权

时，附带设计一个让特许权获得者的项目公司建设若干项农村基础设施的子协议，在该子协议中，民营企业或外资企业必须承诺在一定时间内建设完成协议中约定数量和质量的非经营性基础设施，并且建成后无偿提供给政府或当地乡村。于是，非经营性基础设施就可搭乘经营性基础设施融资的"便车"，以虚拟 BOT 模式融得建设资金。如图 8.1 所示。

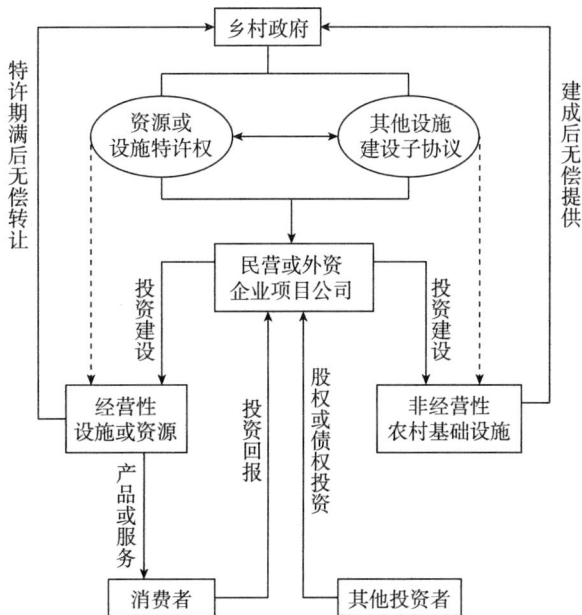

图 8.1 农村基础设施建设 BOT 融资模式

因此，在农村，通过组合 BOT 模式筹集基础设施建设资金是可行的，而且好处多多：①有助于缓解项目地贫困政府和乡村基础设施建设资金和配套资金压力，解决自有资金不足的困难，为经济不发达地区农村举办公用事业指出了一条阳光大道；②可为当地乡村引进先进的管理技术，开阔项目地政府和农民的视野，为农村的改革创新提供动力；③有利于发展地方经济，毫无疑问，引进民营企业或外资企业，必然会提高项目地乡村就业，增加农民收入和政府财政收入，并能改善当地产业结构；④特许期满后，项目地政府和乡村还能无偿获得具有一定剩余价值的可经营设施或资源。

总体来说，组合 BOT 融资模式是一种农村基础设施建设融资的新思路，在庞大的农村基础设施建设资金缺口下，该模式将具有广阔的应用空间。事实上，有些地区农村公路建设的融资中"以地换路"等就是对该模式的一种实践。

（二）成立农村建设投资公司

根据区域经济学的观点，从空间结构来讲，城市与乡村是核心与外围的关系，就经济增长角度而言，城市与乡村是主导和基础的关系。农村空间分布密度和人口分布密度是以城市为核心呈梯度递减趋势，距离核心城市越远的村落，其人口密度和经济活跃程度就越低，基本上是几户一村，没有工业也没有商业。但无论是城市还是农村，只要有人口居住的地方就有基础设施，当然其规模、类型与人口多寡、经济发展水平成正比。在人口越多越集中、工商业越发达的农村，其基础设施种类就越多、规模也相应越大。所以，与城市相比，农村基础设施总体来说具有"小、多、散"等特点，规模较小，数量较多，分布较广，相应地，单个农村基础设施的建设投资就具有"投资小、风险大"的特点，而把一个县市所有农村的基础设施汇总到一起则总的投资规模就相当大了。

因此，可以县或市为单位，由县市政府授权，成立农村建设投资公司，是国有控股有限责任公司，负责农村基础设施建设、融资和农村建设的国有资产经营。确保各项资金可以发挥最大效益，其资金主要来源于中央和地方政府投入新农村建设的财政预算内资金以及专项建设资金，国内外融资资金，农村存量资产的盘活资金。公司的建设和经营范围主要包括农产品流通设施、农村沼气工程、义务教育校舍、农村信息服务站、农村饮水工程、乡镇综合文化站、农村环保设施等。

组建农村建设投资公司的优势包括：①发挥规模经济优势，对相同性质的农村基础设施进行集中采购，可以摆脱乡村各自为战的局面，充分发挥项目组合的优势，加大公司在供求市场上进行价格和质量谈判的筹码，有效发挥集中采购后的规模优势，降低建设项目原材料成本和建设成本，提高原材料质量和项目建设质量。②优化农村基础设施的供给结构，通过乡村基础设施的"存量"来弹性调整"增量"的基础设施投入，根据村落的大小、村情民意和需求量来合理规划和配置基础设施，使基础设施的供给方式适应当地"三农"的发展需求，避免"一刀切"和"千村一面"现象。③提高资金利用效率，降低资金成本和风险，通过整合各项支农资金进行统筹管理，可以集中力量办大事，取消不合理的中间费用，避免工程重复建设和部门职责不清，降低管理成本，又可盘活存量资产，通过资产转让和市场化运作，使资产滚动发展，实现保值增值。④更具融资优势，通过集合农村各类基础设施，发挥项目集聚后的资产规模、信息等优势，可以对集聚资产进行整合重组，使投入建成的基础设施转变为可市场化的资本，再通过金融市场使资本转变为再建设资金，形成单一项目公司无法比拟的融资优势。⑤可以兼顾公平，通过建设资金在地区内各乡村的转移，对经济状况差的乡村在基础设施的供给规模上可以适度倾斜，保障贫困农村的居民也能享有一致的生产生活条件和公共服务水平，防止农村马太效应的扩大，加快地区内农村基础设施的一体化进程。

农村建设投资公司是通过整合各种资金来源并以改善民生为重点而成立的，必须由国有资本控股，同时为了控制国有控股可能出现的委托代理问题和防止发生道德风险，应加强监管，具体措施包括：①通过协议方式引进优秀的民营资本持股，使民营资本和国有资本互相渗透，优化股权结构，弥补国有股所有者虚位和多层次的委托代理问题，提升经营管理水平和市场适应能力，规范公司治理结构。②由每个乡镇选举一名代表共同组成监事会，监管资金使用和安排，防止资金不当使用，维护农民的基本权利，保障支农资金切实合理地用于农村。③达到一定金额的项目必须实行公开招投标，防止徇私舞弊和腐败，以确保资金使用效益，避免建设资金的损失和浪费。④必须向社会公开财务，由于农村建设投资公司的资金来源主要来自支农资金，是带有公益性质的机构，除接受政府和乡镇代表的监管外，当地农村和农民应享有知情权，农民有权了解公司的财务和资金状况，以确保国家支农资金合理使用。

（三）以农村建设公司为依托，发行企业集合债券

论资产规模来说，县市级农村建设投资公司应该属于中小企业，从我国目前企业债券发行情况来说，中小企业很难满足发行债券的条件。但发行债券具有筹资成本较低、发行额度相对较大、债券期限长、所获资金比较稳定等优势，相对银行贷款，按目前的利率水平，债券利息至少比银行贷款少1个百分点，如每年农村建设投资公司需向银行贷款1亿元，其中发行5000万元，则每年可节省利息支出50万元，可以建一所希望小学。因此，通过发行债券筹集农村基础设施建设资金，对于具有一定公益性特点的农村建设投资公司来说不啻为一条理想的融资渠道。

虽然县市级农村建设投资公司资产规模小，但一个省往往包括几十个县（市），由几十个县市级农村建设投资公司联合起来，总的资产规模就非常可观了，完全可以相当于一个大型企业，因此，可考虑由一个地区若干个农村建设投资公司联合起来统一发行集合式企业债券。

这种农村建设投资公司企业集合债券发行的思路是：首先，上级政府筛选并框定需要发行债券进行融资的若干家农村建设投资公司，同时选择统一担保机构、信用评估机构和债券承销商，并确定债券发行规模。其次，选定的农村建设投资公司组成债券联合发行人，各家发债公司向各自的担保机构提供资产质押或收益权抵押等反担保措施，有条件的农村建设投资公司还可提供县级特定税收质押，然后由各担保机构分别就自己所担保的发债公司，向统一担保机构承担连带保证责任，再由统一担保机构对集合债券提供统一担保。再次，债券发行方案获批后，组织发售，回笼资金，分配发行收入到各农村建设投资公司。最后，按照发行方案中的还本付息方式，各农村建设投资公司筹集资金还本付息（见图8.2）。因此，这种农村建设投资公司联合发行企业集合债券的融资模式其债务是公司各自负担的，但发行的债券却是1只，所筹集的资金由所有公司共享，按协

议约定在各家农村建设投资公司进行分配。

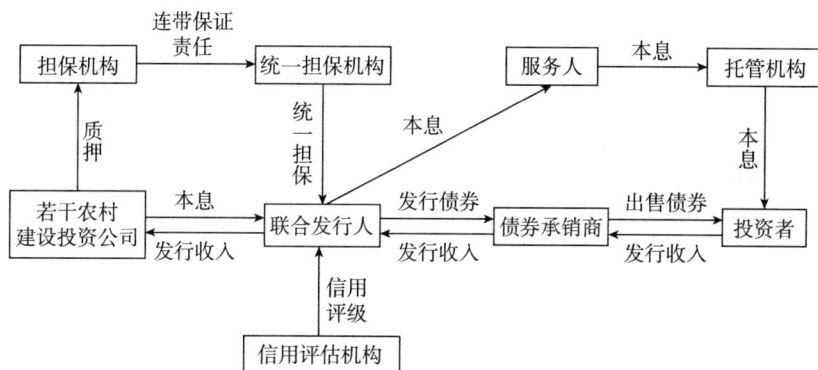

图 8.2 农村建设投资公司集合债券发行

三、本章小结

本章从明晰农村基础设施产权、立法保障国家财政的农村投入、完善农村金融体系和建立服务型政府四个方面构建非营利性农村基础设施融资创新途径的保障措施，在此基础上提出三种新型非营利性农村基础设施融资途径，分别是组合 BOT 融资模式、组建农村建设投资公司、以农村建设公司为依托发行企业集合债券。

第九章
研究结论与展望

一、主要结论与创新点

（一）主要结论

第一，对农村基础设施投资的实证分析表明，农业基本建设投资与第一产业总产值、农民收入构成长期正向均衡关系，但农业基本建设投资短期会阻碍第一产业总产值和农民收入的增长；农村水电建设投资都与农民人均纯收入、乡镇企业增加值构成了长期正向均衡关系，且农村水电建设投资是农民收入和乡镇企业增加值的格兰杰原因。同时，问卷调查结果表明，现阶段农村基础设施建设还处于物质文明设施的完善阶段，其他社会范畴的农村基础设施处于起步阶段；农村精神文化生活设施和卫生环境设施严重缺乏延缓了农村的社会进步；农民最希望的三项基础设施改造项目依次是农村的环境卫生设施、文化健身设施和村道硬化改造。

第二，提出融资机制的新定义，运用系统科学的自组织理论把融资机制划分成内生融资机制和外部融资平台两模块，其中内生融资机制是一个内生长系统，在此基础上提出三类非营利性农村基础设施融资机制，分别是财政主导型、财政补助型和财政引导型。进而提出建立"融资主体竞争协同，融资客体功能互补，资金来源形式多样"自生长式非营利性农村基础设施融资机制，以及搭建以"项目吸引、金融支持、产品创新、政府推动"为内容，以"爱农、为农、便农、利农"为服务宗旨的"亲农型"非营利性农村基础设施建设融资平台。

第三，提出市场化融资方式是财政主导型融资机制的有益补充，从融资对象的可市场化和融资环境的可市场化两方面提出公共物品市场化融资的条件，探讨了农村公路市场化融资方式的可行途径：利用各种金融工具从金融市场上开拓农村公路建设融资新渠道，如发行农村公路建设特种国债、交通企业债券和农村公路建设福利彩票等；在农村公路产品自身做文章，从产品市场上挖掘农村公路建设资金来源等，如农村公路广告经营权、农村公路绿化权、农村公路冠名权、路边资源开发权等。得出农村公路冠名权双方叫价拍卖的成交条件和成交价格。运用所建立的农村公路路边土地开发权价值算式对算例进行运算，得出合同期为40年的农村公路路边土地开发权价值为1201.149元。

第四，在分析农村水电财政引导型融资机制基础上建立了农村水电PPP融资应用模式，根据文中所建立的一类需要政府补助并且可市场化运作的非营利性基础设施项目融资结构模型，对农村小水电代燃料工程的融资结构进行了实证分析。结果表明，小水电代燃料工程的最优融资结构是：国家或财政补助69.36%，银行贷款22.39%，投资者投入8.25%，说明财政引导型融资机制，财政补助资金注入及政策引导是项目融资成功并实行企业化运作的关键。

第五，从明晰产权、立法保障、完善农村金融体系和服务型政府四个方面构建非营利性农村基础设施融资创新途径的保障措施体系，提出三种非营利性农村基础设施融资创新途径，分别是组合BOT融资模式、组建农村建设投资公司、以农村建设公司为依托发行企业集合债券。

（二）创新点

第一，重新界定了融资机制的内涵，基于系统科学的自组织理论研究了融资机制的形成过程，把融资机制划分成内生融资机制和外部融资平台两模块，其中内生融资机制是一个内生长系统，在此基础上提出三类非营利农村基础设施融资机制，分别是财政主导型、财政补助型和财政引导型。提出建立"融资主体竞争协同，融资客体功能互补，资金来源形式多样"自生长式非营利性农村基础设施融资机制。

第二，非合作博弈和合作博弈理论应用于一类需要政府补助并且可市场化运作的非营利性基础设施项目融资结构的研究，从资本结构理论入手分析项目的债务价值和投资者价值，并考察了政府与投资者的完全信息动态博弈过程以及投资者和银行的合作博弈过程，建立了多目标优化模型、给出了求解步骤。

第三，定量研究了两种农村公路市场化融资方式，对农村公路冠名权双方叫价拍卖进行博弈分析，并运用实物期权理论方法建立农村公路路边土地开发权定价模型。

二、研究不足之处

第一，对财政补助型农村基础设施融资机制未做深入和具体的研究，由于本书主要研究关于政府公共部门和具有法人性质私人部门的融资行为，着重从财政和市场间的交互关系研究非营利性农村基础设施融资机制间的转化，而财政补助型融资机制涉及的主要是自然人性质的农户个人和集体的融资行为，不在本书重点研究范围。

第二，非合作博弈和合作博弈理论应用于一类需要政府补助并且可市场化运作的非营利性基础设施项目融资结构的研究中建立的多目标模型，简化了前提条件，只对小水电代燃料工程做了实证分析，缺乏更多实际数据的分析。

第三，由于农村基础设施内涵广泛，未涉及教育医疗等其他农村基础设施对农村经济贡献的定量分析。

三、研究展望

第一，农村基础设施应该建设到什么程度是一个值得期待的问题，城乡基础设施的差距应该如何衡量和评价，基础设施的城乡一体化实现的判别标准、依据和方法是什么，等等，都是本书感兴趣并有意努力的方向。

第二，如何对农村基础设施本身进行市场挖潜并运用各式金融工具创新农村基础设施领域的融资途径是社会各界的共同目标，也是本书未来继续关注的重要内容。

第三，深化投融资体制改革，服务社会主义新农村建设，仍是又快又好地建设农村基础设施的必要条件，但通过什么形式和内容的制度设计实现政府、企业、金融机构和社会之间协调配合并有效提供农村公共品至今没有得到满意解决，本书今后还将继续关注。

第四，融资结构优化模型中的参数和目标设定是一个不断更新的过程，并且没有最优的参数和目标体系，未来还将进一步对本书的融资结构模型中的参数条件和目标设计进行完善，同时对多目标优化模型的算法进行深入研究。

附　录

一、农村基础设施与农村社会进步现状调查问卷

　　说明：一村最多调查两份且一户只能调查一份；采取"调查员问→调查对象答→调查员记录"的访谈式问卷，切不可由调查对象自己填写；可以对群体调查；主要调查中青年。

调查对象地址	＿＿＿省＿＿市（县）＿＿乡＿＿村		调查对象姓氏		
性别		职业	1. 务农　2. 养殖　3. 经商　4. 手艺　5. 外出务工　6. 其他＿＿＿		

　　1. 贵村是否属于新农村建设村？ A. 是　　　　B. 否

　　2. 请问，您所在村建有以下哪些设施？（打"√"）

村内小路	硬化路面	泥石路	书报阅览室	有	没有
沼气	有	没有	文艺休闲室	有	没有
自来水	有	没有	技术培训站	有	没有
有线电视	有	没有	健身器材	有	没有
宽带	有	没有	运动场所	有	没有
污水排放管道	有	没有	医院诊所	有	没有
垃圾固定倾倒点	有	没有	幼儿园	有	没有
卫生厕所	有	没有	小学	有	没有

3. 请问，您所在的村以下情况是（　　　）？（打"√"）

出行交通	很方便	比较方便	一般	不太方便	很不方便
买药就医	很方便	比较方便	一般	不太方便	很不方便
村子环境卫生	很整洁	比较整洁	一般	有点脏乱	很脏乱
村民邻里关系	很和睦	比较和睦	一般	不太和睦	很不和睦
村子的整体发展状况	非常兴旺	比较兴旺	一般	有点萧条	很萧条
集体性文体活动	经常组织		偶尔组织		从没组织过
免费技能培训	经常组织		偶尔组织		从没组织过
村民对新思想新观念	接受很快		需要一些时间		很抵制

4. 贵村免费组织过哪些农民技能培训？（　　　）

A. 种养加工技术　　　B. 电子机械技术　　　C. 手工艺技术

D. 其他_____　　　E. 什么也没有

5. 贵村组织过哪些活动？（　　　）

A. 文化名人和技术专家进村活动　　　B. 农业技术培训

C. 副业技术培训　　　D. 体育比赛

E. 唱歌、跳舞等文娱活动　　　F. 其他_____

G. 什么活动也没有

6. 您觉得村民最希望参加哪些活动？（限选三项）（　　　）

A. 文化、科技知识学习　　　B. 农业技术培训

C. 副业技术培训　　　D. 体育比赛

E. 唱歌、跳舞等文娱活动　　　F. 打扑克麻将

G. 什么活动都不喜欢参加

7. 请问，您对所在的村环境卫生的评价？（打"√"）

柴草乱堆	很普遍	一般	很少
粪土乱堆	很普遍	一般	很少
垃圾乱倒	很普遍	一般	很少
污水乱泼	很普遍	一般	很少
禽畜乱放	很普遍	一般	很少

8. 与五年前相比，您如何评价村子和村民变化？（打"√"）

村民的收入渠道	更多	没变化	更单一
生活水平	提高	没变化	降低
与县城的差距	更大	与以前差不多	缩小了
与外界交流合作机会	增多	与以前一样	
看书读报现象	更普遍	没变化	更少
对时事政策	更关心	一般	不关心
参加学习培训的村民	更多	一般	更少
发家致富村民	更多	一样	少了
留村的青壮年	更多	没变化	少了
村民言行举止	更文明	与以前一样	更粗鲁
村民对自身形象	更在意	无所谓	
村民能力水平	提高	与以前一样	
打架斗殴事件	更多	一般	少了
赌博现象	更普遍	与以前一样	少了
封建迷信活动	更普遍	与以前一样	少了
村里的社会风气	更好	与以前一样	更差
农闲的业余生活	更丰富	与以前一样	少了
对未来生活感觉	更有盼头	没想过	更艰难

9. 您没事的时候都干什么？（限选三项）（　　　）

A. 看电视　　　　　　B. 做家务　　　　　　C. 看书报纸杂志消遣

D. 串门聊天　　　　　E. 打牌打麻将　　　　F. 参加学习培训

G. 逛街　　　　　　　H. 锻炼身体或参加集体娱乐活动

I. 其他_____

10. 为改善投资环境和生活条件，组织农民义务兴修基础设施，您的想法是（　　　）

A. 乐意参加　　　　　B. 不想参加　　　　　C. 给一定补贴才参加

11. 您最希望对农村进行哪方面改造？（限选三项）（　　　）

A. 进村和村内道路　　　B. 自来水　　　　　　C. 卫生设施

D. 农田水利灌溉设施　　E. 学校　　　　　　　F. 文化健身场所

G. 其他_____

二、农村公路路边土地开发权价值程序

H_m = @ function_m ;

H_mF = @ function_mF ;

H_mFF = @ function_mFF ;

quad(H_mFF,0 ,12. 6027)

quad(H_mF,12. 6027 ,15. 4033)

quad(H_m,15. 4033 ,40)

quad(H_mFF,0 ,12. 6027) + quad(H_mF,12. 6027 ,15. 4033) + quad(H_

m,15. 4033 ,40)

xx = 0 :0. 1 :12. 6 ;

xx1 = 12. 7 :0. 1 :15. 4 ;

xx2 = 15. 5 :0. 1 :40 ;

yy = function_mFF(xx) ;

yy1 = function_mF(xx1) ;

yy2 = function_mF(xx2) ;

plot(xx,yy,xx1 ,yy1 ,xx2 ,yy2) ;

function yy6 = function_m(t)

p0 = 500;

c = 1000;

r = 0. 05;

vi = 0. 12;

% yy6 = p0. * function_N(function_d1(t)). * exp(− (vi − r). * t) − c. * function_N(function_d2(t)). * exp(− vi. * t);

yy6 = p0. * function_N(function_d1(t)). * exp(r. * t) − c. * function_N (function_d2(t));

function yy6 = function_mF(t)

p0 = 500;

c = 1000;

r = 0. 05;

vi = 0. 12;

% yy6 = p0. * function_N(function_d1(t)). * exp(− (vi − r). * t) − c. * function_NF(function_d2(t)). * exp(− vi. * t);

yy6 = p0. * function_N(function_d1(t)). * exp(r. * t) − c. * function_ NF(function_d2(t));

function yy6 = function_mFF(t)

p0 = 500;

c = 1000;

r = 0. 05;

vi = 0. 12;

% yy6 = p0. * function_NF(function_d1(t)). * exp(− (vi − r). * t) − c. * function_NF(function_d2(t)). * exp(− vi. * t);

yy6 = p0. * function_NF(function_d1(t)). * exp(r. * t) − c. * function_ NF(function_d2(t));

```
function yy3 = function_N( x )
a1 = 0.4361836;
a2 = -0.1201676;
a3 = 0.937298;
yy3 = 1 - exp( ( - x.^2 )./2 )./sqrt( 2 * pi ).* ( a1.* ( 1./( 1 +
0.33267.* x ) ) + a2.* ( 1./( 1 + 0.33267.* x ) ).^2 + a3.* ( 1./( 1 +
0.33267.* x ) ).^3 );


function yy3 = function_NF( x )
a1 = 0.4361836;
a2 = -0.1201676;
a3 = 0.937298;
yy3 = exp( ( - ( - x ).^2 )./2 )./sqrt( 2 * pi ).* ( a1.* ( 1./( 1 +
0.33267.* ( - x ) ) ) + a2.* ( 1./( 1 + 0.33267.* ( - x ) ) ).^2 + a3.*
( 1./( 1 + 0.33267.* ( - x ) ) ).^3 );


function yy5 = function_d1( t )
p0 = 500;
c = 1000;
r = 0.05;
q = 0.1;%0.2
yy5 = ( log( p0/c ) + ( r + q^2/2 ).* t )./( q.* sqrt( t ) );


function yy4 = function_d2( t )
p0 = 500;
c = 1000;
r = 0.05;
```

$q = 0.1$；

yy4 = $(\log(p0/c) + (r - q\hat{}2/2) . * t) . / (q. * sqrt(t))$；

三、非营利性基础设施项目融资结构模型程序

function f = objfun1 (x)

f = $- (1 - x(1) - x(2))$；

function f = objfun2 (x)

R = 1.3；

K = 1.6；

ranb = 2.05；

sigm = 0.283；

f = $- (x(2) * (1 - (normcdf(x(2) * K, R, sigm) - normcdf(0, R, sigm))) *$
$((R - x(2) * K - (1 - x(1) - x(2)) * ranb) * (1 - (normcdf((1 - x(1) - x(2)) *$
$ranb + x(2) * K, R, sigm) - normcdf(0, R, sigm))) - (R - (1 - x(1)) * ranb) * (1 -$
$(normcdf((1 - x(2)) * ranb, R, sigm) - normcdf(0, R, sigm)))))$；

function f = objfun3 (x)

R = 1.3；

K = 1.6；

ranb = 2.05；

sigm = 0.283；

f = $- (1 - x(1) - x(2)) / 0.6341 - ((x(2) * (1 - (normcdf(x(2) * K,$
$R, sigm) - normcdf(0, R, sigm))) * ((R - x(2) * K - (1 - x(1) - x(2)) *$

ranb) * (1 − (normcdf((1 − x(1) − x(2)) * ranb + x(2) * K, R, sigm) − normcdf(0, R, sigm)))) − (R − (1 − x(1)) * ranb) * (1 − (normcdf((1 − x(2)) * ranb, R, sigm) − normcdf(0, R, sigm)))))))/0. 1853;

```
function[ c, ceq] = confun( x)
R = 1. 3;
K = 1. 6;
ranb = 2. 05;
sigm = 0. 283;
c = [ − x( 2 ) ; x( 2 ) − R/K; − R + x( 2 ) * K + ( 1 − x( 1 ) − x( 2 ) ) * ranb;
x( 1 ) + x( 2 ) − 1];
ceq = [ ];


x0 = [ − 1,1];
options = optimset( ' LargeScale ' , ' off ' );
[ x, fval, flag, output] = fmincon( @ objfun1, x0, [ ], [ ], [ ], [ ], [ ], [ ],
@ confun, options)
x = 0. 3659      0. 0000
fval = − 0. 6341
flag = 1


[ x, fval, flag, output] = fmincon( @ objfun2, x0, [ ], [ ], [ ], [ ], [ ], [ ],
@ confun, options)
x = 0. 7436      0. 2564
fval = − 0. 1853
flag = 1


[ x, fval, flag, output] = fmincon( @ objfun3, x0, [ ], [ ], [ ], [ ], [ ], [ ],
```

@ confun , options)

x = 0. 6936 0. 2239

fval = − 0. 9371

flag = 1

$1 - x(1) - x(2) = 0.0825$

参考文献

［1］尼古拉斯·巴尔. 福利国家经济学［M］. 北京：中国劳动社会保障出版社，2003.

［2］曼瑟尔·奥尔森. 集体行动的逻辑［M］. 上海：上海人民出版社，2003.

［3］黄恒学. 公共经济学［M］. 北京：北京大学出版社，2002.

［4］丹尼斯·C. 缪勒. 公共选择理论［M］. 北京：中国社会科学出版社，1999.

［5］强伟娟. 新农村建设背景下的农村公路供给问题研究［D］. 北京：北京交通大学，2007.

［6］刘宇飞. 公共品供给问题经济学分析［D］. 北京：北京大学，1999.

［7］Goldin K D. Equal Access VS Selective Access：A Critigque of Public Goods Theory［J］. Public Choice，1979，29（Spring）：53－71.

［8］Demsetz H. The Private Production of Public Goods［J］. Journal of Law and Economics，1970，13（10）：293－306.

［9］迈克尔·麦金尼斯. 多中心体制与地方公共经济（中文）［M］. 毛寿龙译. 上海：上海三联书店，2000.

［10］莱斯特·梭罗. 中国的基础设施建设问题［J］. 经济研究，1997（1）：59－65.

［11］亚当·斯密. 国富论（上）［M］. 北京：商务印书馆，1979.

［12］凯恩斯．就业、利息和货币通论［M］．北京：商务印书馆，1999．

［13］Rosenstein – Rodan P N. Notes on the Theory of the Big Push ［C］// H. S. Ellis. Economic Development for Latin America ［M］. New York：Martin Press，1966．

［14］罗斯托．经济成长阶段：非共产党宣言［M］．北京：商务印书馆，1962．

［15］汤姆·汉克斯．新经济增长理论［M］．上海：上海财经大学出版社，1999．

［16］Holloway G，Nicholson C，Delgado C，Staal S，Ehui S. Agroindustrialization Through Institutional Innovation：Transactions Costs Cooperatives and Milk – market Development in the East – African Highlands ［J］. Agricultural Economic，2000，23（3）：279 – 288．

［17］Issah I，Khan T Y，Sasaki K. Do Migrants React to Infrastructure Between Urban and Rural Areas Development of an Extended Harris Todaro Model ［J］. Review of Urban & Regional Development Studies，2005（1）：68 – 88．

［18］Zhang Xiaobo，Fan Shenggen. How Productive is Infrastructure? A New Approach and Evidence from Rural India ［J］. American Agricultural Economics Association，2004（5）：492 – 501．

［19］舒尔茨．改造传统农业［M］．北京：商务印书馆，1987．

［20］朱彤书．近代西方经济理论发展史［M］．上海：华东师范大学出版社，1989．

［21］罗斯托．从起飞进入持续增长的经济学［M］．成都：四川人民出版社，1988．

［22］艾伯特·赫希曼．经济发展战略［M］．北京：经济科学出版社，1991．

［23］朱柏铭．公共部门经济学［M］．杭州：浙江大学出版社，2003．

［24］张钢．公共管理学引论［M］．杭州：浙江大学出版社，2003．

［25］E. S. 萨瓦斯. 民营化与公私部门的伙伴关系［M］. 北京：中国人民大学出版社，2002.

［26］任俊生. 中国公共产品价格管制［M］. 北京：经济管理出版社，2002.

［27］Ramamurti R，Raymond V，et al. Development Studies［R］. Washington：World Bank，1991.

［28］Levine R. Financial Development and Economic Growth：Views and Agenda［J］. Journal of Economic Literature，American Economic Association，1997，35（2）：688 - 726.

［29］韩廷春. 金融发展与经济增长：基于中国的实证分析［J］. 经济科学，2001（3）：31 - 40.

［30］尼尔斯·赫米斯，罗伯特·伦辛克. 金融发展与经济增长——发展中国家（地区）的理论与经验［M］. 余昌淼等译. 北京：经济科学出版社，2001.

［31］Bouman C A. Markov Random Fields and Stochastic Image Models［C］. IEEE International Conference on Image Processing，1995.

［32］Townsend R M，Yaron J. The Credit Risk Contingency System of an Asian Development Bank［J］. Economic Perspectives，2001（3）：31 - 48.

［33］Adams，Dale W，et al. Udermining Rural Development with Cheap Credit［M］. Boulder CO：Westview Press，1984.

［34］Gow H，Winnen J. Up - and Downstream Restructuring，Foreign Direct Investment，and Hold - Up Problems in Agricultural Transition［J］. European Review of Agricultural Economics，1998（25）：331 - 350.

［35］OECD. Agricultural Finance and Credit Infrastructure in Transition Economics［C］. Proceedings of OECD Expert Meeting，1999.

［36］娄洪. 长期经济增长中的公共投资政策［J］. 经济研究，2004（3）：10 - 19.

［37］杨军. 基础设施投资论［M］. 北京：中国经济出版社，2003.

［38］唐建新，杨军．基础设施与经济发展［M］．武汉：武汉大学出版社，2003．

［39］李泊溪，刘德顺．中国基础设施水平与经济增长的区域比较分析［J］．管理世界，1995（2）：106－111．

［40］林毅夫．加强农村基础设施建设　启动农村市场农业［J］．经济问题，2000（7）：2－3．

［41］岳军．农村公共产品供给与农民收入增长［J］．山东社会科学，2004（1）：84－87．

［42］陈文科，林后春．农业基础设施与可持续发展［J］．中国农村观察，2000（1）：9－21．

［43］杨林，韩彦平，孙志敏．公共财政框架下农村基础设施的有效供给［J］．宏观经济研究，2005（10）：56－59．

［44］朱国忱．农村基础设施投资的乘数效应分析［J］．农业与技术，2006（3）：168－170．

［45］袁立．基础设施投资对农村经济增长作用的分析［J］．四川行政学院学报，2006（3）：88－90．

［46］彭代彦．农村基础设施投资与农业解困［J］．经济学家，2002（5）：79－82．

［47］鞠晴江．基础设施与农村经济发展关系的实证分析［J］．安徽大学学报，2006（3）：113－116．

［48］辛毅．农业生产成本与农村基础设施建设相关性的理论与实证分析［J］．价格理论与实践，2006（7）：46－47．

［49］徐翔，王洪亮．关于农民增收途径的实证分析［J］．生产力研究，2003（2）：24－26．

［50］卢现祥．西方新制度经济学［M］．北京：中国发展出版社，1996．

［51］盛洪．制度经济学在中国的兴起［J］．管理世界，2002（6）：149－153．

［52］曹吉鸣，郭建新．城市公用事业推行民营化的探讨［J］．基建优化，2002（4）：23－25.

［53］卢洪友．公共品生产的市场化与制度创新［J］．中央财经大学学报，2002（4）：22－26.

［54］吕恒立．试论公共产品的私人供给［J］．天津师范大学学报（社会科学版），2002（3）：1－7.

［55］葛兆强．经济增长、金融制度与融资机制创新［J］．天津社会科学，1997（2）：39－44.

［56］郑泽华．经济增长中融资机制的变迁［J］．经济评论，2002（1）：87－90.

［57］李国民．融资制度的概念界定与功能分析［J］．青海师范大学学报（哲学社会科学版），2004（1）：20－25.

［58］丁健．城市公共建设投融资机制研究［J］．财经研究，1999（6）：17－21.

［59］钱维．改革基础设施投资制度的建议［J］．宏观经济管理，2006（6）：58－59.

［60］蒋海，屈家树，时旭辉等．市场经济条件下多元化多渠道的林业投融资机制研究——以广东省林业为例［J］．管理世界，2002（3）：90－95.

［61］林森木．城市基础设施管理［M］．北京：经济管理出版社，1987.

［62］刘立峰．国债政策可持续性及财政风险度量［J］．宏观经济研究，2001（8）：42－45.

［63］魏陆．开放经济下的财政政策风险研究［M］．上海：上海财经大学出版社，2003.

［64］杨邦杰．新农村首先要建好基础设施［J］．建设科技，2006（6）：16－17.

［65］黄卫红．农村固定资产投资若干问题研究［J］．中国农业会

计，2006（8）：14－16.

［66］杨华．加大农村基础设施投入建设社会主义新农村［J］．理论界，2006（4）：40－41.

［67］顾焕章，周曙东．新时期促进农村经济发展的十大对策［J］．农业经济问题，2004（12）：25－28.

［68］杨明洪．农业增长方式转变的农业投资问题研究［J］．投资研究，2000（4）：5－14.

［69］陈立双，张谛．对我国改革开放以来农业投资的实证分析［J］.中国农村经济，2004（4）：40－46.

［70］陈池波．构建政府宏观农业投入机制的思考［J］．农业经济问题，2002（5）：52－55.

［71］王广起，张德升．我国农村基础设施供给机制的完善与创新［J］．经济纵横，2006（5）：29－31.

［72］刘家伟．我国农村基础设施投融资模式研究［J］．中央财经大学学报，2006（5）：52－56.

［73］陈秀芝，侯军岐．我国农村基础设施融资方式创新初探［J］.农业经济，2004（5）：37－38.

［74］彭代彦．农村基础设施投资与农业解困［J］．经济学家，2002（5）：79－82.

［75］曹力群．农村金融体制改革与农户借贷行为研究「R］．课题报告，2000.

［76］温铁军．深化农村金融体制改革如何破题［EB/OL］．http：//www. ahnw. gov. cn/2006nwkx/html/200411/％7BA489A176－5F3C－4713－98C8－150CB216F32A％7D. shtml，2004－11－08.

［77］李霞．西部地区农村经济发展的投融资制度研究［D］．兰州：甘肃农业大学，2007.

［78］何广文．中国农村金融供求特征及均衡供求的路径选择［J］.中国农村经济，2001（10）：40－45.

［79］吴庆．政府在基础设施投资中应该发挥的作用［J］．投资研究，2000（12）．

［80］黄如宝，王奋伟．融资租赁在基础设施项目融资中的应用分析［J］．建设监理，2003（1）：68－69.

［81］李志远．农村基础设施投资研究［D］．保定：河北农业大学，2007.

［82］张晋东．政府在基础设施领域引入竞争机制过程中的作用［J］．经济纵横，2005（9）：12－14

［83］杨林，韩彦平，孙志敏．公共财政框架下农村基础设施的有效供给［J］．宏观经济研究，2005（10）：56－59.

［84］廖家勤．财政紧约束下有效促进农村基础设施建设的政策选择［J］．农村经济，2006（3）：56－59.

［85］胡静林，周法兴．PPP 模式在新农村基础设施建设中的应用［J］．中国财政，2006（9）：47－48.

［86］贾康，孙洁．新农村基础设施建设中 PPP 模式的应用［J］．地方财政研究，2006（5）：4－7.

［87］Robin W Boadway，David E Wildasin．公共部门经济学（第二版）［M］．北京：中国人民大学出版社，2000.

［88］王小娟．滨海新区基础设施投融资机制构建的研究［D］．天津：天津工业大学，2007.

［89］柏良泽．公共服务研究的逻辑和视角［J］．中国人才，2007（3）：28－30.

［90］汪慧玲．我国农村公共产品供给的经济学分析［J］．经济问题，2007（5）：4－7.

［91］丘健雄，张晓慧．公私合营（PPP）与私人融资计划（PFI）背后的经济学原因［EB/OL］．http：//jzsb.114news.com/html/13/7213－44163.html，2007－03－29.

［92］安虎森．区域经济学通论［M］．北京：经济科学出版社，2004.

［93］沈满洪，何灵巧．外部性的分类及外部性理论的演化［J］．浙江大学学报（人文社会科学版），2002（1）：152－160．

［94］张宏军．西方外部性理论研究述评［J］．经济问题，2007（2）：14－16．

［95］刘伦武．基础设施投资对经济增长推动作用研究［D］．南昌：江西财经大学，2003．

［96］李炜，吴永高．如何界定非营利性设施用地［N］．中国国土资源报，2005－02－05．

［97］肖海翔．"公私部门伙伴关系"模式：新农村基础设施供给的新选择［J］．财经理论与实践，2007（2）：19－23．

［98］许金博．农业基本建设项目主要建设内容的会计核算［J］．中国农业会计，2006（12）：28－29．

［99］于爱芝，李崇光．我国财政农业基本建设投资波动及其影响研究［J］．南方经济，2000（6）：53－56．

［100］徐义平．农田水利基本建设与农业产业结构调整浅析［J］．中国农村水利水电，2000（10）：1－3．

［101］方芳，钱勇，柳士强．我国农业基础设施投资的实证分析［J］．财经研究，2004（2）：89－96．

［102］周爱民，徐辉，田翠杰．金融计量学［M］．北京：经济管理出版社，2006．

［103］张世英，樊智．协整理论与波动模型——金融时间序列分析及应用［M］．北京：清华大学出版社，2004．

［104］罗伟．中国国防支出与 GDP 的动态协整思考［J］．军事经济研究，2007，28（1）：36－38．

［105］李日舜．在市场竞争中评估小水电在国民经济中的基础地位和作用［J］．江西水利科技，1996（6）：126－129．

［106］孟新华．山区农村小水电可持续发展问题与对策［J］．中国农村水利水电，2001（12）：37－38．

［107］葛建新，谌清华，蒋智梅．关于宜黄县农村小水电项目环境影响评价的思考［J］．江西能源，2007（2）：19-21．

［108］程回洲．小水电资源利用与新农村建设的建议［J］．中国水能及电气化，2006（9）：2-5．

［109］徐鸿武．论文明与现代文明结构［J］．中国特色社会主义研究，2004（1）：36-38．

［110］邓淑莲．中国基础设施的公共政策［M］．上海：上海财经大学出版社，2003．

［111］苏力华，刘后根，林斌．矛盾与对策：农村劳动力素质现状及分析［J］．农业经济，2007（1）：55-56．

［112］王如松．从农业文明到生态文明——转型期农村可持续发展的生态学方法［J］．中国农村观察，2000（1）：2-8．

［113］周法兴．社会主义新农村基础设施建设策略研究［J］．财政研究，2006（10）．

［114］丁关良．美国的农业立法［J］．世界农业，2001（6）：19-21．

［115］赵长峰．略论新时期美国的农村经济政策［J］．经济问题，2008（1）：112-114．

［116］李新生，谢元态．美国农村金融体制、运作及启示［J］．江西财经大学学报，2003（3）：59-62．

［117］肖东平，陈华．美国的农村金融体制及借鉴意义［J］．当代亚太，2006（6）：23-28．

［118］许晓东，郑晓燕，谢元态．美国农村资本支持体系分析及其借鉴［J］．经济前沿，2004（5）：37-39．

［119］宿一兵，汤庆熹．美国公共服务理论对中国农村公共服务改革之启示［J］．湖南农业大学学报（社会科学版），2005（6）：8-10．

［120］黄立华．美国农村公共产品的供给及启示［J］．北方经贸，2007（1）：117-119．

［121］高强，王富龙．美国农村城市化历程及启示［J］．世界农业，

2002（5）：12 – 14.

[122] 郭建军．日本城乡统筹发展的背景和经验教训［J］．国际农业，2007（2）：27 – 30.

[123] 匡远配，汪三贵．日本农村公共产品供给特点及其对我国的启示［J］．日本研究，2005（4）：49 – 55.

[124] 高强．日本城市化模式及其农业与农村的发展［J］．世界农业，2002（7）：28 – 30.

[125] 中国农经信息网．国外合作组织发展的新趋势新特点［EB/OL］．http：//www. coopcn. com/Article_ Show2. asp？ ArticleID = 318，2005 – 09 – 05.

[126] 建设部赴日村镇建设考察团．富有特色的日本农村建设［J］．城乡建设，2005（10）：62 – 63.

[127] 金洪云．日本的农村振兴政策［J］．中国党政干部论坛，2006（4）：42 – 44.

[128] 杨海水．日本怎样推进农村城市化［EB/OL］．http：//cbzs. mca. gov. cn/article/qkjx/200801/20080100011268. shtml，2008 – 01 – 30.

[129] 张利庠，缪向华．韩国—日本经验对我国社会主义新农村建设的启示［J］．生产力研究，2006（2）：169 – 171.

[130] 魏志江．韩国的农村开发政策及对我国新农村建设的启示［J］．社会纵横，2006（10）：11 – 12.

[131] 黄立华．韩国的新村运动及其启示——有关农村公共产品供给的成功经验［J］．鲁东大学学报（哲学社会科学版），2007（2）：116 – 118.

[132] 姜爱林．韩国农业农村发展立法及其若干法规内容概述［J］．法律文献信息与研究，2006（3）：12 – 18.

[133] 郭庆方，滕华勇．韩国新农村运动的合作经济机制分析及其启示［J］．中国合作经济，2005（2）：53 – 54.

[134] 李强．韩国农业农村立法：对中国发展的若干启示与建议［J］．时代中国，2006（9）．

[135] 李水山，许泳峰．韩国的农业与新村运动［M］．北京：中国

农业出版社，1995.

［136］金瑛．韩国如何推动乡村建设［N］．学习时报，2006 - 04 - 10.

［137］李水山．韩国的农民合作组织和农村金融业［EB/OL］．http：//www. xslx. com/htm/jjlc/nyjj/2002 - 11 - 23 - 11395. htm，2002 - 11 - 23.

［138］杨继红．试论利用 BOT 发展直接融资业务的现实选择［J］．农村金融与市场经济，1998（3）：12 - 15.

［139］樊洁．投融资体制改革［J］．探索与求是，1998（6）：46.

［140］吕晓伟．我国小型民营企业融资问题探讨［J］．中州学刊，2002（1）：36 - 38.

［141］严谷军．融资机制与经济增长［J］．金融与经济，1999（8）：9 - 10.

［142］许国志．系统科学［M］．上海：上海科技教育出版社，2004.

［143］李秉祥．市场转型期我国环境保护投融资主体事权划分的研究［J］．社会科学辑刊，2005（3）：65 - 70.

［144］周润健．我国将加快农村基础设施产权制度改革［EB/OL］．http：//finance. sina. com. cn/g/20070809/22283868418. shtml. 2007 - 08 - 09.

［145］曹龙骐．金融学［M］．北京：高等教育出版社，2003.

［146］庞皓，黎实．对金融产出核算理论与方法的再研究［J］．财经科学，1997（1）：26 - 30.

［147］梁红．金融机构合并财务问题处理方法的探讨［J］．西南金融，1999（6）：6 - 7.

［148］席月民．金融机构的分类及其社会责任探析［J］．成人高教学刊，2007（2）：50 - 54.

［149］王先庆，文彬．《金融市场学》案例教学：探索与启示［J］．广州市经济管理干部学院学报，2002（2）：64 - 68.

［150］章奇．推动农村金融改革的多元思考［J］．中国农村信用合作，2005（7）：17 - 19.

［151］严瑞珍，刘淑贞．中国农村金融体系现状分析与改革建议

［J］．农村经济问题，2003（7）：56－61．

　　［152］朱隽．农发行：农村基础设施建设等可获贷款支持［N］．人民日报，2007－04－15．

　　［153］张正平．邮政储蓄抽走了农村资金吗？［N］．经济学消息报，2004－07－21．

　　［154］李亚．邮政储蓄资金回流农村情况调查［EB/OL］．http：//www. zgjrjw. com/news/gztt/20071031/16572932793. html，2007－10－31．

　　［155］刘泽平，姜锦铭．外资银行进军中国农村金融市场［N］．环球，2008－01－24．

　　［156］何广文，冯兴元．农村金融体制缺陷及其路径选择［J］．中国农村信用合作，2004（8）：23－25．

　　［157］贺伟．中国农民非正规金融机构借贷比重超过55%［EB/OL］．http：//news. xinhuanet. com/fortune/2005－12/29/content_ 3986847. htm，2005－12－29．

　　［158］赵祥．西方企业融资结构理论的演进以及对我国的启示［J］．学术论坛，2005（2）：109－113．

　　［159］汤洪波．现代资本结构理论的发展：从 MM 定理到融资契约理论［J］．金融研究，2006（2）：70－77．

　　［160］房滨．西方企业资本结构理论综述与借鉴［J］．现代企业，2007（10）：67－68．

　　［161］肖林．融资管理与风险价值［M］．上海：上海人民出版社，2003．

　　［162］许玉晓，王家传．我国农业信贷制度构建：基于金融抑制理论的分析［J］．金融理论与实践，2007（9）：13－15．

　　［163］陈立中．农业基础设施投资与经营管理研究［D］．南宁：广西大学，2004．

　　［164］缪之湘，钟锋雨．我国农村公路建设融资渠道探析［J］．交通财会，2006（5）：30－32．

［165］毛燕玲，傅春，肖教燎．进一步加强新农村基础设施建设的对策建议［J］．经济师，2007（4）：228－229．

［166］李扬．当前中国宏观经济调控的几个问题［J］．财经问题研究，2007（9）：3－9．

［167］Shan S，Thakor A V. Optimal Capital Structure and Project Financing［J］. Journal of Economic Theory，1987（42）：209－243.

［168］张维迎．博弈论与信息经济学［M］．上海：上海人民出版社，2006．

［169］Nash I F. Two Person Cooperative Game［J］. Econometrica，1953（21）：128－140.

［170］顾新，郭耀煌，罗利．知识链成员之间利益分配的二人合作博弈分析［J］．系统工程理论与实践，2004（7）：24－30．

［171］蔡志明．议价行为的博弈理论与博弈实验研究［J］．华东师范大学学报（哲学社会科学版），1999（6）：68－74．

［172］Alexey V Didkovskiy. Project Financing，Risk Allocation and Security Structure［J］. The Ukrainian Journal of Business Law，2003（5）：8－9.

［173］克里斯·查普曼，斯蒂芬·沃德．项目风险管理过程、技术和洞察力［M］．北京：电子工业出版社，2003．

［174］宏观经济研究院课题组．公共服务供给中各级政府事权——财权划分问题研究［J］．宏观经济研究，2005（5）：3－8．

［175］沈荣华．政府公共服务职责划分的指导原则和改革方向［J］．中国行政管理，2007（1）：9－14．

［176］潘文轩．城市公共品供给中各级政府事权与财权的划分［J］．城市问题，2006（9）：74－80．

［177］马永新．浅谈农村公路建设资金的筹集与管理［J］．经济论坛，2007（12）：123－124．

［178］周正祥，王跃明．论我国公路交通科技创新［J］．发明与创新，2004（12）：12－13．

［179］周正祥．我国县乡公路改造融资的资金来源［EB/OL］．http：//www.chinavalue.net/Article/Archive/2008/2/19/99907.html，2008 – 02 – 19.

［180］赖怀福，付光琼．中国农村公路建设资金结构现状［J］．交通世界，2004（8）：34 – 39.

［181］胡方俊，史玉光，邹光华．现阶段我国公路建设融资渠道创新［J］．交通财会，2007（1）：9 – 12.

［182］Jaarsma C F, van Dijk T. Financing Local Rural Road Maintenance［J］. Transportation Research Part A，2002（36）：507 – 524.

［183］Lancaster K J. A New Approach to Consumer Theory［J］. Journal of Political Economy，1966（1）：132 – 157.

［184］Gosfield G G. A Primer on Real Estate Options［J］. Real Property，Probate and Trust Journal，2000，35（Spring）：129 – 195.

［185］黎国华，黎凯．实物期权定量分析及投资决策应用［J］．中国软科学，2003（2）：143 – 145.

［186］彭红枫，郭海健．用实物期权法评估矿产资源开发项目投资价值［J］．中国地质矿产经济，2002（9）：25 – 29.

［187］赵永生，张文娟，屠梅曾．基于多资产期权的土地资源组合开发优化研究［J］．中国人口·资源与环境，2006，16（6）：108 – 112.

［188］John C Hull. 期权、期货和其他衍生产品［M］．北京：华夏出版社，2000.

［189］王伟．公共物品理论与电力体制改革中的政府作用［J］．求是，2006（z4）：27 – 28.

［190］孙廷容．小水电代燃料的综合评价理论与系统动力学仿真研究［D］．西安：西安理工大学，2006.

［191］盛律钧，洪林．中国农村水电开发模式与政策探讨［J］．中国水能及电气化，2006（2）：17 – 23.

［192］李志武，赵建达等．中国民营资本与小水电［M］．南京：河海大学出版社，2007.

［193］毛燕玲，傅春，肖教燎．发达国家公共项目融资渠道及对中国的启示［J］．商场现代化，2007（10）：298-300.

［194］万冬君，王要武，姚兵．基础设施 PPP 融资模式及其在小城镇的应用研究［J］．土木工程学报，2006（6）：115-119.

［195］冯锋，张瑞青．公用事业项目融资及其路径选择——基于 BOT、TOT、PPP 模式之比较分析［J］．软科学，2005，19（6）：52-55.

［196］王灏．政府与民间融资 PPP 模式助推城市轨道交通建设［J］．投资北京，2004（11）：33-36.

［197］Kraus A，Litzenberger R H. A State - Preference Model of Optimal Financial Leverage ［J］. The Journal of Finance，1973，28（4）：911-922.

［198］Diamond D W. Financial Intermediation and Delegated Monitoring ［J］. The Review of Economic Studies，1984，51（3）：393-414.

［199］Mayers S C. The Capital Structure Puzzle ［J］. Journal of Finance，1984，39（3）：575-592.

［200］Ross S A. The Determination of Financial Structure：The Incentive - Signalling Approach ［J］. Bell Journal of Economics，1977，8（1）：23-40.

［201］Leland H E，Pyle D. Information Asymmetry，Financial Structure，and Financial Intermediation ［J］. Journal of Finance，1977，32（2）：371-387.

［202］Myers S C，Majluf N S. Corporate Financing and Investment Decisions When Firms Have Information That Investors Do Not Have ［J］. Journal of Financial Economics，1984，13（2）：187-221.

［203］Jensen M C，Meckling W H. Theory of the Firm：Managerial Behavior，Agency Costs and Ownership Structure ［J］. Journal of Financial Economics，1976，3（4）：305-360.

［204］Hart O. Corporate Governance：Some Theory and Implications ［J］. Economic Journal，1995，105（430）：678-689.

［205］Harris M，Raviv A. Capital Structure and the Informational Role of

Debt [J] . Journal of Finance, 1990, 45 (2): 321 - 349.

[206] Williamson O E. The Logic of Economic Organization [J] . Journal of Law, Economics, and Organization, 1988, 4 (1): 65 - 93.

[207] Aghion P, Bolton P. An Incomplete Contracts Approach to Financial Contracting [J] . Review of Economic Studies, 1992, 59 (3): 473 - 494.

[208] Dewatripont M, Tirole J. A Theory of Debt and Equity: Diversity of Securities and Manager - Shareholder Congruence [J] . The Quarterly Journal of Economics, 1994, 109 (4): 1027 - 1054.

[209] Hart O. Financial Contracting [J] . Journal of Economic Literature, 2001, 39 (4): 1079 - 1100.

[210] Nash J. The Bargaining Problem [J] . Econometrica, 1950, 18 (2): 155 - 162.

[211] Harsanyi J C. Utilities, Preferences, and Substantive Goods [J] . Social Choice Welfare, 1997 (14): 129 - 145.